时尚中的心理学
从消费到营销

白玉苓 著

PSYCHOLOGY IN FASHION

中国纺织出版社有限公司

内容提要

时尚消费作为一种社会心理现象，一直是驱动消费的重大商业元素，反映了消费者对美好生活的追求和向往，本书综合心理学、社会学、营销学知识，回答时尚消费的概念、符号的含义，研究时尚消费中消费者个体及其心理活动的表现及规律，分析感觉、直觉、情绪、个性、动机、态度等心理因素的产生及参与时尚消费活动的表现和特征，分析流行文化、可持续时尚等影响下消费者心理和行为的新变化，为企业和品牌的营销寻找突破口和新思路。

图书在版编目（CIP）数据

时尚中的心理学：从消费到营销／白玉苓著．－－北京：中国纺织出版社有限公司，2024.2
ISBN 978-7-5229-1359-9

Ⅰ．①时… Ⅱ．①白… Ⅲ．①消费心理学 Ⅳ．①F713.55

中国国家版本馆CIP数据核字（2024）第011230号

责任编辑：苗　苗　　责任校对：寇晨晨　　责任印制：王艳丽

中国纺织出版社有限公司出版发行
地址：北京市朝阳区百子湾东里A407号楼　邮政编码：100124
销售电话：010—67004422　传真：010—87155801
http://www.c-textilep.com
中国纺织出版社天猫旗舰店
官方微博 http://weibo.com/2119887771
天津千鹤文化传播有限公司印刷　各地新华书店经销
2024年2月第1版第1次印刷
开本：880×1230　1/32　印张：9.25
字数：200千字　定价：68.00元

凡购本书，如有缺页、倒页、脱页，由本社图书营销中心调换

前言
PREFACE

"爱美之心，人皆有之"。对"美"的向往和渴望使"时尚"一直是人们永恒追求的主题。实际上，时尚与我们日常生活如影随形，渗透在我们生活的各个方面。比如，2023年的秋冬，如果你穿着浅色卡其色风衣、咖色针织衫、搭配棕色烟管裤……那么，你一定是走在了时尚的最前头，因为你穿搭的颜色正是2023年时尚界流行的"美拉德风"。当然，时尚不仅影响着我们的服装和服饰，还影响着我们生活的其他方面，比如"来一场说走就走的旅行"曾经一度成为年轻人追捧的时尚。只不过前者是一种"物的时尚"，而后者是一种"行为的时尚"。

时尚作为一种社会心理现象，一直是消费背后的推手。时尚消费意味着人们参与消费的需求和动机发生了变化，消费者不仅关注商品的"物"的本身，更在意商品背后的非物质性的存在，即通过消费来表现他"心中的时尚"，表达自我审美、精神或文化诉求等心理需要。那么，时尚中的心理是什么？形成时尚心理机制的原理是什么？时尚对消费者和营销者有哪些影响？或者说，消费者个体如何认识时尚背后的"自我"，营销者如何通过时尚产品或品牌来影响消费者？实际上，当在追问有关时尚中的种种心理问题，并尝试着对其做出各种回答时，正是这种不断地追问和探索，促使了本书的写作。

本书建立在心理学、社会学、营销学等学科基础之上，研究时尚消费心理的产生、发展及其规律。本书内容阐述了时尚、时髦、流行、消费、时尚消费等基本概念，提出时尚消费的符号价值理论，揭示感觉、知觉、情感、思维、个性、需要、动机、态度等心理要素与时尚心理的内在关系，分析文化、流行文化和消费文化，解释从众、暗示和模仿等心理形成机制，强调"可持续时尚"是消费者和营销者共同选择和未来的方向。但愿本书的内容能够掀起时尚心理学研究的一点点面纱。

笔者来自办学特色鲜明的时尚高校——北京服装学院，在学校"立足新时代，彰显中国美"的时尚教育理念以及"与美同行"的校训引导下，大批教师投入到与时尚相关的不同学科的研究中来，因此诞生了本书——北京服装学院高水平教师队伍建设项目（BIFTTD202001）的研究成果。

在写作过程中，笔者参考了大量的文献资料，在此谨对所涉及的专家学者表示诚挚的感谢。由于作者水平有限，虽尽心竭力，但不少研究仍需要深化和拓展，难免有疏漏及不足之处，敬请读者批评指正。

白玉苓
2023年10月于北京

目 录
CONTENTS

01 | 第一章　时尚、流行与消费

一、时尚的内涵　// 002

二、时尚的外延　// 008

三、时尚、流行和时髦　// 012

四、消费、消费者和时尚消费　// 017

02 | 第二章　时尚消费的符号价值

一、符号的含义　// 028

二、时尚消费的符号化意义　// 033

三、符号价值及其构成　// 038

四、符号理论在品牌营销中的应用　// 047

03 | 第三章　消费者的个体特征

一、年龄和消费心理　// 054

二、时尚与怀旧　// 064

三、女性的力量　// 068

四、体型和体貌　// 073

五、职业和收入　// 077

04 | 第四章　消费者的感觉和知觉

一、感觉和知觉的产生　// 084

二、感觉与营销　// 088

三、感知的选择性　// 100

四、时尚消费中的流行色　// 107

五、消费者的错觉　// 122

05 | 第五章　消费者的情绪和思维

一、情绪引起身体变化　// 128

二、获得愉悦感　// 135

三、消费中的情感表现　// 138

四、冲动性购买　// 145

五、时尚与思维　// 148

06 第六章 个性、自我概念与身体意象

一、个性和服装 // 158

二、品牌个性 // 164

三、自我概念的形成 // 169

四、多重自我和消费 // 174

五、自我概念与产品的象征性 // 176

六、自我概念与身体意象 // 180

07 第七章 需要、动机和态度

一、需要、欲望和需求 // 192

二、动机过程与动机冲突 // 198

三、着装的动机 // 201

四、态度的形成 // 210

五、态度的改变 // 217

08 第八章 社会、文化与未来

一、群体与角色 // 226

二、从众、暗示和模仿 // 239

三、文化与消费文化 // 254

四、流行文化 // 262

五、可持续时尚 // 267

参考文献 // 286

第一章

时尚、流行与消费

时尚是现代社会最为常见的社会现象之一,在人们的生活中可以说无处不在,充斥于人们生活的各个角落,影响着人们的服饰、观念、行为等各个方面。作为重要的社会现象,时尚对消费者的影响越来越大,营销领域开始把时尚概念引入对消费者心理和行为的研究中。实际上,时尚也是社会学领域中一个非常重要的研究论题。

一、时尚的内涵

提起时尚,你可能会想到巴黎、米兰、伦敦的时装周,T台上模特儿的光鲜亮丽(图1-1),奢侈品店里的金碧辉煌或者商业街上的俊男靓女等。那么,什么是时尚?

图1-1 时尚可不只是T台上的时装秀

对时尚的理解，不同的人有不同的看法。有人说："时尚就是流行""时尚就是穿衣打扮""时尚就是由时尚领域如时装、美容、演艺等所引领的风尚"等。

从研究者的角度来说，时尚可以理解为大众对某种物质或非物质对象的追随与模仿，它能给参与其中的人带来情感愉悦与行动方便。而且，时尚往往不是一种个体行为，它存在于某一阶层、群体或区域内，有时，时尚也表现为全社会的共同行动。

事实上，时尚的定义颇为复杂，由于研究领域的不同，研究者对时尚内涵的界定不尽相同。

时尚的研究最早起源于社会心理学，德国社会学家、哲学家格奥尔格·齐美尔（Georg Simmel，1858—1918）在《时尚的哲学》一书中提出："所谓时尚，是一种特定范式的模仿，是社会相符欲望的满足。一般来说，时尚具有这样的特殊功能，它把个人引向每个人都在行进的道路上，它提供一种把个人行为变成样板的普遍性原则。但同时又满足了对差异性、变化、个性化的要求。"齐美尔认为时尚是"阶级分野"的产物，时尚是具有等级性的，当社会较高层通过时尚把他们自己和较低阶层区分开来，当较低阶层开始模仿较高阶层的时尚时，较高阶层就会抛弃这种时尚，重新制造另外的时尚。正如其表述的"时尚的本质存在于这样的事实中：时尚总是只被特定人群中的一部分人运用，他们中的大多数只是在接受它的路上。一旦一种时尚被广泛地接受，他们就不再把它称作时尚了；时尚的发展壮大导致的是它自己的消亡，因为它的发展壮大即它的广泛流行抵消了它的独特性"。

美国社会学家布卢默（Herbert Blumer，1900—1987）认为，

时尚是一种"流行的或被接受的风格",并认为在某些领域具有较高的价值,个体通过集体和个体行动创造了他们自己的社会现实。

1968年,日本学者藤竹晓提出了"拟态环境的环境化"问题,他认为,由于人们是根据媒介提供的信息来认识环境和采取环境适应行动的,这些行动作用于现实环境,便使现实环境越来越带有"拟态环境"的特点,以至于现代人已经很难在两者之间做出明确的区分,此为拟态环境的环境化。比如,现实生活中的很多生活方式或价值观念,最初并不具有代表性或普遍性,但一旦进入了大众传播渠道,很快就会吸引人们的注意,甚至会发展成为一种随处可见的社会现实中的流行现象。由此,藤竹晓指出:"时尚不但包括某种思想浪潮或行为方式渗入社会各个方面的过程,还包括在渗透过程中,随着时尚设计的领域不断增多,时尚的理念不断地改变人们的价值判断的过程。"

除此之外,有些学者从美学角度解释时尚,认为时尚是一种审美,是社会对于艺术、美和审美观念三者之间关系的外在表现,时尚随着社会对美的看法的变化而变化。这是因为,无论哪一种时尚现象,都是人们的一种选择,而选择又基于某个特点鲜明的变化,并且这个变化在当时看来符合审美的标准。这一方面解释了为什么时尚与审美具有多元化的特点;另一方面,说明了在时尚的成因中,审美是一个重要因素。也就是说,正是基于审美的需要,人们才会选择时尚,并且不断创造新的时尚。

> **小知识**
>
> ### 路易十四——法国时尚的"缔造者"
>
> 路易十四（Louis XIV，1638—1715）是法国波旁王朝的国王。他是一位名副其实的时尚热衷者，时装、香水、美食、美酒、假发、高跟鞋都是他喜欢的物品，路易十四不仅塑造了自己的公众形象，也不遗余力地塑造着法国的国家形象。1662年，路易十四下令巴黎夜晚应有照明，这样一来"街道将会在夜晚更加繁忙……生意人会更加自由地活动"。巴黎成为全世界第一个"不夜城"。1656年，路易十四颁布专利证书，确立香味商人行会的合法地位，法国香味业正式诞生。路易十四还为奢侈品设立了法国化的新标准，由此为法国创造了庞大且利润丰厚的奢侈品贸易市场。到17世纪末，法国大餐和法国时装已成为法国国家形象密不可分的组成部分。在这位被称为"太阳王"的路易十四的带领下，"法国制造"的口碑达到了前所未有的高度。在当时，法国的高级时装定制是最好的，"Haute Couture"在法语中的意思是"高级缝纫"或"高级定制"，意味着奢华的制高点。从时装到美食，从家具到室内装潢，法国制造的商品，在当时被其他国家的人们追捧和仰慕。时至今日，优雅、时尚及奢侈观念的格调与法国仍密切相关，法国的风尚依然引领世界潮流，可以说，路易十四以一己之力把法国缔造成一个时尚王国，奠定了法国时尚中心的世界地位。

从历史角度看，时尚是历史的复活和延续，因为时尚经常反映过去，新的时尚往往是从以前的时尚演变来的，正如奢侈品牌香奈儿（Chanel）创始人加布里埃·香奈儿（Gabrielle Chanel）女士曾经说过这么一句话："Fashion passes, style remains."。翻译过来的意思是："时尚会过去，但风格永存。"

例如，当下消费者所喜爱的时尚风格之一"复古风"（图1-2），就是利用旧时代的时尚元素和图案，结合现代服装的裁剪、设计思路，营造出怀旧的时尚效果，看上去有年代感，但是却散发着满满的现代气息，给人一种低调、内敛却丝毫不失潮范儿的即视感，达到既有年代感又极具时尚品位和格调的视觉效果。

图1-2 红、棕和咖色等服饰表达出"复古风"穿搭效果（见文后彩图1）

综合以上各种观点，时尚可以表述为：时尚是指在一定时期内出现的一种特定的生活方式和文化现象，它表现为人们对某些具有特定意义的观念、行为和物品的尊崇和偏好。时尚一般由少数人率先提出，并因在一定范围内受到多数人的仿效和追逐而流行，随后逐渐消退。时尚涉及生活及消费的各个方面，如衣着打扮、饮食、行为、居住、情感表达与思考方式等。

时尚所体现的各种外在的、不同的、丰富多样的具体形态和行为特点，实际上是源于人们内在观念意识的指引，不同的时尚理念，有不同的时尚形式的表达。因此，可以说，本质上时尚是一种意识形态，体现为各种形式的表象。

不仅如此，社会学家长期以来把时尚看作体现社会阶层和社会变革的窗口，他们对于时尚领导者、时尚流行特点和时尚周期进行了较系统的分析。经济学家把时尚理解为对稀缺的追求，对时尚产品的需求特点、时尚周期和产业特点等进行了分析。文学家则把焦点放在时尚的符号含义和社会表达上。

对于企业的营销来说，时尚作为消费者较高的精神需求，具有新奇性、差异性、短暂性、周期性等特点，而分析需求是企业营销的起点。而且，往往是由企业提供的时尚产品来完成时尚现象与行为的表现。从消费者的角度，时尚能够带给消费者感觉美观、唤起情绪、认知新奇、行为前卫的各种体验感受，消费者可以把产品或品牌作为时尚的载体，来追求个性，从而体现时尚消费潮流的特殊性。

小知识

时装秀T台

T型台原为建筑词汇，在时装界指时装表演中模特儿用以展示时装的走道。由于其形状大多是一个"T"字，所以以前一直称作T型台或T台。19世纪后期，商业设计师雇佣女人穿着他们设计的华服出席舞会，以求获得足够多的关注，并被媒体报道。进入20世纪，诸多高级时装设计师开始雇佣模特或者用人偶模特，为精英客户展示他们最新的设计。这些私人且不正式的秀场，除了模特儿随意的走秀外，还会为宾客准备茶点。直至1910年前后，时装秀才被排入日程，或者说"时装表演"开始演变成一个热门的活动。到了1918年，由于不断涌入的国外买手来欧洲观看最新的潮流趋势，裁缝屋开始在固定的日期举办时装秀，每年两次，渐渐演变成我们现在看到的时装周的雏形。"二战"期间，欧洲许多高级定制屋由于战争而暂时停止营业，但美国百货公司的时装表演和公益时装秀，开始变得流行起来。从1980年之后，时装秀逐渐受到品牌的重视并获得了越来越高的社会关注度。如今，T台秀变得更加丰富与精彩，科技感满满，除了惯常的走秀外，还会有各种精妙绝伦的歌舞表演等。

二、时尚的外延

在我们了解了时尚的内涵之后,接下来讨论一下时尚的外延。在日常生活中,人们常有一种误解是,仅将时尚理解为着装上的新潮。服装尤其是现代的时装最能体现一个时代的风尚,所以fashion在英文中又有"时装"的意思。例如,美国纽约时装学院英文即Fashion Institute of Technology(FIT),北京服装学院的英文翻译Beijing Institute of Fashion Technology(BIFT),这两个学校的名称中的"Fashion"都恰如其分地表达了服装或时装的含义。

但显然时尚又不局限于时装,时尚表现的范围非常广泛,它既可以发生在一些日常生活的琐碎小事上,如服饰和发式,也可以发生在社会互动和交往的内容与形式上,如语言和娱乐形式,同样,也可以发生在价值观和人生的追求上,如婚恋现象和职业的选择。甚至连建筑风格、手机设计、汽车造型等一样能反映时尚。实际上,英文fashion的本义是一种"流行的式样",从行为的样式直至物的样式,包含的范围十分广泛。因此,将时尚等同于时装是不准确的。就如前文中所说的FIT和BIFT这两所大学,其专业设置和课程设置不仅限于服装,而是涵盖了服装、珠宝、化妆品、鞋履,以及公共艺术、媒体艺术、环境设计等更广泛的时尚领域。

1957年,日本学者南博在其《社会心理学体系》一书中,将时尚分为三大类。

第一类,物的时尚。物的时尚以衣食住行等方面的物质媒介的流行为基础,它离不开商品的销售,并依赖企业的宣传。生活中人们对物的时尚很好理解,包括一个人对头发、面部、眉毛、嘴唇、耳朵等自身身体器官或部位的直接修饰，或者指一个人的着装、珠宝饰品等对自己的间接装饰，以及他所用的手机、开的汽车、住的房子等各种实体的物质来体现时尚。

第二类，观念的时尚。也称思想的时尚，广义上包括人们的思维方式、感受方式、社会思潮、新的学术观点及其他与人类精神产品有关的各种时尚现象，诸如流行歌曲、流行语、畅销书、流行哲学等，可见，观念的时尚主要是指某一种精神现象的流行。在现代，传播媒体、出版物和演艺经纪公司的宣传、策划、"包装"，都能够直接或间接地促进某一观念时尚的形成。当然，历史上每一次大规模的社会思潮变动都会引起社会生活形态的大变革，其中自然也包括时尚观念的改变，而这也往往通过物体现出来。比如，服饰时尚的发展即是如此。

古希腊、古罗马崇尚自由开放，其服饰也自然简约，主要是简单的长袍和人体美学相结合，人们不喜欢复杂的饰品，多余的装饰。在封建禁欲主义统治的中世纪，男女都将皮肤包裹得十分严实，人们被严密地包裹遮盖在宗教色彩极浓的宽衣大袍之下。进入文艺复兴时期，人们追求美饰美物，服饰以华丽、精致、造型独特为主要特点，奢华富有的风气日益盛行，新思潮活跃在社会各领域，宣扬人生价值和人性自由解放，使服饰从中世纪"神"的世界进入明朗的"人"的现实生活。从单一化向个性化、多元化发展，反映了当时的社会经济和文化风貌。

第三类，行为的时尚。行为时尚的形态主要体现为行为方式，包括工作方式、生活方式、休闲方式、娱乐方式、运动方式等。比如上网、SOHO族、布波族、太空舞步、Hip-Hop舞、背包旅行等时尚行为。

行为的时尚反映了人们在工作、旅游、休闲、兴趣等方面的时尚。这种行为的流行一般都是以群体行为的形式出现的，如20世纪80年代我国流行的交谊舞曲当时可谓风靡一时，唤起了多少人的青春回忆，以及曾经出现的"托福热""网球热""高尔夫球热""红酒热""爵士乐热"（图1-3）等。

图1-3 听爵士乐被认为是一种"行为的时尚"

应该说，不论哪种形态的时尚现象，其背后都隐藏着相应的时尚观念，只不过有的时尚纯粹是一种观念时尚，有的更多体现为一种行为方式或物质形态。从另一角度讲，时尚现象往往始于时尚的观念。

除以上三种类型的时尚之外，南博认为现代社会实际上也存在着某些人（新闻人物、明星人物、知名人物）的时尚现象，他们对大众形成了同样具有吸引力的心理魅力。例如，20世纪80年代流行乐坛上的"四大天王"、20世纪90年代流行的校园歌手等。

人物时尚的对象既可以是在世的对象，也可以是已故的对象。前者无须赘述，后者如"猫王"普莱斯利（Elvis Presley）、甲壳虫乐队主唱约翰·列侬（John Winston Lennon）、歌手邓丽君等。人们对这些特殊人物（明星、名人）的特别（甚至过分）关心、崇拜、追随、模仿，也成为一定范围的时尚现象。

可见，时尚是一种复杂的社会现象，涉及人们的衣食住行、行为方式、社会观念和风气等方方面面，而且，时尚的概念随着时代的进步不断变化。随着人类文明的不断演化和全球经济的快速发展，时尚的内涵和外延得以拓展和延伸，时尚与人们的生活更加密不可分，时尚的经济属性逐步凸显，成为引领消费和生产的新趋势，并发展形成引领潮流的时尚产业。

目前，国内外尚没有关于时尚产业的统一定义，但已经形成了一些关于时尚产业的共性认识。比如，认为时尚产业是跨越高附加值先进制造业与现代服务业产业界限的多产业集群组合。或者认为，时尚产业本身并不是一个独立的产业门类，而是通过各种技艺、创意、传播、消费的因素，对各类传统产业资源要素进行整合、提升、组合后形成的一种较为独特的产品、商品运作模式。也有的认为时尚产业是以文化为依托、技术为基础，通过创新、创意和创造对各类传统产业资源要素进行整合、提升后形成的新兴产业链，是跨越先进制造业与现代服务业产业界限的综合化产业等。

总之，时尚正在以多种不同的方式对世界产生重大的影响。有时代性、多层次、多样化特征的时尚产业拥有庞大的规模和复杂的体系，它与服饰、化妆品、家纺、运动用品、家具、汽车、数码产品、媒体等各种产业融合发展，构成了一个复杂的时尚生态系统，它与人们的生活方式息息相关，成为推动传统产业升级转型、促进消费升级的重要推手。

同时，随着消费水平提升和消费意识的转换，具有消费能力的消费者更注重商品的时尚性特征，并且对产品或品牌品质的衡量从"使用"转变为"审美"需求时，时尚产业将迎来快速发展期，时尚产业成为体现消费活动的质量、内容、活力、影响力的新兴产业。

三、时尚、流行和时髦

日常生活中，时尚的具体表现形态多种多样。汉语的时尚、时髦、时新、阵热、流行、摩登、新潮、风尚、时狂，英语的 fashion、smart、style、fad、mode、vogue、boom、trends、craze 都是有关时尚的不同表现形态的名称，其相互间的划分标准包括流行范围的大小、持续时间的长短、追求者身心投入程度的高低，以及具体的流行领域。

为了表达的方便，人们一般不做具体的划分，认为时尚、流行和时髦三个词语是相同的，并且经常相互替代使用，在翻译成英文时，都译为 fashion 也不会错。

从《现代汉语词典》中可知，"流行"的意思是传播很广泛，盛行。例如，《茉莉花》这首民歌在我国就很流行。"时尚"在字典中的解释是当时的风尚。"时髦"是形容人的装饰衣着或其他事物入时。例如，人们常说的赶时髦。

在有关时尚的汉语词语中，历史最为悠久的当属"时髦"。"髦"字最早见于《诗经》中的《风·柏舟》，原指少男少女的一种发型，尤其指儿童垂在前额的短头发。那时的人们在未满十八岁以前，处在童年期的小孩不束发，秀发松弛，故统称"垂髫"；当男孩成年人以后，通常不会再蓄前额的刘海，但从出生时的一束胎发一直没剪，称为"髦"，表示儿女即便长大了对父母而言依旧是孩子。"毛中之长毫曰髦"，这是后人对"髦"的进一步说明，之后大家就把秀发中最长的称为"髦"，进一步引申为人中俊杰。

《后汉书》中有载："孝顺初立，时髦允集。"汉顺帝是东汉第七位皇帝，这一句意思是汉顺帝首登帝位时，当朝的知名人物陆续前去参加登基大典。这里的"时髦"指人中英豪、杰出人物。《乐雅》曰:"髦,俊也。"《旧唐书》中有:"朕安临万邦,思弘大佛,务擢非次,招纳时髦。"其中的"时髦"也是指人才俊杰的意思。那么,将英才称为时髦,与毛发相关,是因为古人认为"士中之俊,犹毛中之髦"。这里的"髦"是指马颈上的长毛,这处长毛是马的皮毛中最与众不同的。

可见,古人称"髦"者乃是时代的俊杰,而"时髦"一者,乃为一时的"英俊之士"。唯因其是时代的俊杰,能引发一般大众"见贤思齐",后世再进行延伸,"时髦"这个词,才变成如今新奇趋时尚潮流之意。由此可见,"时髦"一词在我国早已用了一千多年了。

现在,人们在口头交流时,或在某些地域区域中,更倾向用时髦一词。如果说出时髦和时尚的区别,那就是时髦一般指新颖的、流行的、符合时势潮流的短暂的时尚,时髦处于风格与时尚之间。

时尚与流行的关系非常密切,有观点认为时尚的传播、普及和发展,依靠的主要手段是流行,离开了流行,时尚便不会成为时尚,时尚是流行的必然结果,离开了时尚,也就没有什么东西得以流行,因而,流行也就不会产生。从心理层面上,时尚有着与流行相似的特征,如都是以模仿和从众为心理机制,都具有短暂、善变的特性,都要经历出现、兴起、传播、高峰、衰退直至消失的过程等。

尽管时尚与流行有上述种种关联,但这两者之间除了定义的区别外,仍然存在着其他区别,主要表现在以下两个方面。

(1)时间区别。流行是在某一个时间段内传播比较广泛的一种信息或某种事物,或者可以说是一种短暂的时尚,即一种产品迅速风靡又很快消失。流行是外显的,而时尚更具持久性,不会那么轻易地被淡忘,被抛弃,时尚是内在的,具有内涵的,是一种渊博,或者说它有时代表一种精神,有时代表一种社会的风气。

(2)范围区别。流行是大众化的,而时尚相对而言是比较小众化的,是前卫的。流行的含义很简单——一种事物从小众渐渐变得大众化,便是流行。而时尚不仅是形容事物,更多的是形容一个人的整体穿着、言行、事态等。从这个意义上来看,可以认为流行是时尚的规模化,时尚发挥着引导流行的作用,时尚是流行的诱因,是流行形成的前期准备。因此,可以说,成为大众流行的事物就不会再被列入时尚的范畴。

例如,20世纪30年代尼龙袜问世之后,一时成为欧洲贵妇的时髦之选,但在1939年世博会后,尼龙袜被批量生产并大幅降价,接着很快在全世界范围内流行开来,理所当然地不再被看作时尚之物。当然,时尚的东西不一定就能流行。例如,作为时尚产品的奢侈品,之所以成为奢侈品,不仅仅是因为其价格高,更是因为其具有独特性。如果奢侈品成为流行品,其特殊性不再时,奢侈品的光环也就消失了。因此,奢侈品品牌才会通过以限量生产的方式供应市场。事实上,对奢侈品品牌而言,只有把握好对经典和传统的遵循,寻求社会地位和永恒象征,避免对潮流的追随和迎合,才能帮助品牌抵挡风险,得到市场回报。例如,香奈儿5号(Chanel N°5)香水由法国香奈儿(Chanel)公司于1921年推出,自问世以来,一直声名卓著,历久不衰,成为超越时代的经典香水(图1-4)。

(3)地域或语境的差别。比如,有的地方爱说口语化的"赶时髦",或者,在日常用语时用时髦或流行一词,而时尚一

图1-4 超越时代的经典香水——香奈儿5号（Chanel N°5）

词显得更加书面或者本身这个词就有了"时尚"的气息。因此，严格来说，时尚不应是时髦、流行的代名词，但与时髦、流行有着密切的关联。时尚应该是在一定"时间"里或长期的"时间"里"崇尚"的，能够使人倡导或示范的事物。有人认为可以用"为时尚早，长时崇尚"来说明时尚所包含的意思。"为时尚早"就是可以说是一种流行，流行就是在特定时段内率先由少数人实验，而后来为社会大众所崇尚和仿效的生活模式。在这个极简化的意义上，流行就是短时间里一些人所崇尚的生活。

例如，我国20世纪80年代曾流行喇叭裤、红裙子、蝙蝠衫；20世纪90年代曾流行迷你裙、一步裙、文化衫等，这些款式曾流行过一时，但一定时间后就退去了，这可以说是流行。"长时崇尚"就是一种经典的时尚，经典时尚不会是时髦的概念，时髦给人一种浮华而短暂的感觉，但完美的时尚则会永远传承，永远传承则必成经典，永不过时，成为时尚中的经典。例如，尚美巴黎、梵克·雅宝、路易威登、香奈儿、迪奥等品牌源于历史感的积累，彼时时髦，此时经典，从而成为跨越时代的经典时尚，成为个体寻求地位或是自我表现的手段。例如，宝格丽Serpenti系列产品，其柔韧灵活的灵蛇造型成为宝格丽备受青睐且颇具辨识度的设计元素之一，成为宝格丽品牌时尚中的经典系列产品（图1-5）。另外，时尚的变迁还受社会文化背景的制约，时尚的产生、流行与社会文明程度成正比，是文明开放社会所具有的现象。

图1-5 宝格丽灵蛇（Serpenti）系列产品造型独特

> **小知识**
>
> ### 第一位时装设计师：保罗·布瓦列特
>
> 保罗·布瓦列特（Paul Poiret，1879—1944）是20世纪初期法国影响力较大的时装设计师，被誉为"全世界第一位时装设计师"，也有人称其为"时尚之王"和"现代时尚之父"。时尚界认为布瓦列特创造的辉煌成就甚至超越了加布里埃·香奈儿（香奈儿品牌的创始人），虽然香奈儿促进了女装现代化，但布瓦列特则被认为是第一位真正解放女性身体的设计师，在他的设计中女装摒弃了紧身胸衣，这一革命性的举动从而奠定了女装的现代化进程，奠定了20世纪流行的基调。布瓦列特最有名的设计是"红色斗篷"，"红色斗篷"奠定了他在时尚设计中的地位。布瓦列特还擅长大胆的亮色搭配，使用富有亚洲文化和俄罗斯民俗风情的面料和印花。此外，布瓦列特拥有多个开创性的设计，如狭长的高腰线轮廓、奢华的皮草内里大衣、裙裤等，其中最知名的莫过于霍步裙（Hobble Skirt，又名蹒跚裙）。事实上，布瓦列特对时尚的贡献不止如此，他的时尚插画也同样极具艺术性，是第一位将时尚与摄影联系在一起的设计师，甚至可以说是布瓦列特创造了"时尚摄影"。

四、消费、消费者和时尚消费

人类的消费与人类的生产相伴相生。为了生存和发展，人们需要从他人那里获得产品和服务，表现为以货币为媒介获取某种利益，从而产生交易。社会中的每一个人都不可避免地发生消费行为，因此，每个人都是消费者，并共同构成一个完整的消费者市场。

这里，消费者主要是指个体消费者，而非集团购买消费者，即为了个人或家庭购买或使用产品和服务的社会成员。消费者与生产者、销售者不同，他们购买产品或服务主要是为了满足个人和家庭需要。

实际上，消费不仅是个体的活动，还是社会经济生活中一个十分重要的领域，它与生产、分配、交换一起构成社会经济活动的整体。具体来说，消费是人们消耗物质资料和精神产品以满足生产和生活需要的过程。

消费既包括生产消费，也包括生活消费。生产消费是指生产过程中对工具、原材料、燃料、人力等生产资料和生活劳动的消耗。生活消费是指人们为了维持自身的生存和发展而对各种生活资料的使用和消耗。显而易见，时尚消费主要涉及的是生活消费。

从另一个角度看，消费既包括物质消费，也包括精神消费。从消费的定义可知，消费指的是人们消耗物质资料和精神产品以满足生产和生活需要的过程。物质消费是人们与自身的某种基本生活需要相联系，以物质性的满足为主要目的，注重商品的内在质量特性，直接利用商品的实际效用。精神消费以消费者追求精神上的满足为主，追求无形的人类劳动成果。当与时尚结合时，消费更加具有精神和文化内涵，即是一种精神消费。

时尚消费与时尚相互联系，简单来说时尚消费是指消费者对时尚商品的消费。德国社会学家格奥尔格·齐美尔（Georg Simmel，1858—1918）在其著作《时尚的哲学》中表达了时尚消费有将人们同化和异化的作用。

齐美尔认为，时尚消费是"示同"和"示异"的结合。所谓"示同"，就是借消费来表现与自己所认同的某个社会阶层的一致性；所谓"示异"，就是借消费显示与其他社会阶层的差异性。时尚消费可使个体获得归属感，认同于某一社会阶层；又显示了差异性，使个体与其他社会阶层区别开来。

美国经济学家凡勃伦（Thorstein B Veblen，1857—1929）指出时尚消费就是一种具有标识性的"象征性消费"，也即"符号消费"，在此过程中消费的象征性是符号代表的"社会意义"。符号价值的概念可以从两个角度界定，即从交换价值或价值层面上解释符号价值的含义：一个是商品的符号性给消费者带来的使用价值；另一个是商品符号给厂商带来的品牌资产或超额利润。

在我国，时尚消费也是学者研究的热门课题，学者吕小康、汪建新（2005）认为时尚消费是一种文化现象，消费者进行时尚消费的过程不仅是对其文化内涵接受的过程，也是对其文化内涵建构和主动理解的过程。艾兰（2006）借鉴凡勃伦、齐美尔、韦伯等人的时尚消费理论，认为时尚消费是一种张扬个性、关注自我的生活方式。张建（2009）认为时尚消费要依靠传播媒介，媒体宣传能够唤起消费者的购买愿望。总体来说，时尚由社会编码组成，人们受到时尚文化的影响，进而追逐时尚潮流的消费，消费者在时尚消费中找到自己的社会身份定位，寻求心理安慰和自信。时尚消费表现为在一段时间内兴起的，用以展示消费者权力、地位、品位或爱好的一种特殊的消费潮流或消费行为。

时尚消费可以表现为多种形式。一方面，时尚消费可以是一个宏观的、社会的概念，可以自发地影响许多人的心理行为。另一方面，时尚消费也可以是一个很小的概念，它只是对个体的行为有影响，个体的消费决策行为常常由他自己的时尚需求所激发。

对时尚消费理论的研究并不是近几年的事情，这里主要介绍关于时尚消费的扩散理论，即时尚消费的扩散方式和机制。

（1）自上而下理论。1904年，社会学家格奥尔格·齐美尔（Georg Simmel）最早提出了产品选择和社会阶层之间的关系。自上而下理论也是理解时尚发展史的一种理论。该理论认为，有两种基本力量的冲突，这种冲突是时尚变革的基本动力。首先，为了进入更高的社会阶层，下层人群会采用象征更高社会地位的穿着方式，因此，主导的时尚风格和时尚消费特点源于上层社会，并且以自上而下的方式进行传导。而这又是第二种时尚变革的发起点，社会上层的人们会不断地向阶梯下张望，确保自己不被模仿。社会上层对下层人们的"效仿""冒充"行为会选择放弃那种被模仿的时尚或者采用更新的时尚。这两个过程交互演进，形成驱动时尚消费形成的基本动力。

这种自上而下依次引发的时尚消费，也称滴流。它通常以权威人物、名人的消费行为为先导，而后由上而下在社会上扩散开来。

（2）水平传递理论。当社会结构比较稳定，上层的消费者和下层的消费者比较容易识别时，自上而下理论对于理解时尚消费的扩散过程是可取的，但在现代社会，由于科技的进步，消费者有了更多的个性化选择，因此，所有的社会阶层基本能在同一时间接触相同的信息，尤其是网络的普及、社交媒体的发展，能够迅速把各大品牌的发布会、时装秀中的新款设计转化为产品，并迅速把产品送到零售店销售，甚至他们的速度比原创者的速度更快。因此，上层阶层并不一定最先获得信息，于是，大众时尚消费取代了高端的时尚消费。

而且，各大品牌、零售商也不会被动地等待时尚潮流自上而下传导到他们这里，有的百货店、买手店会主动寻找时尚信息，或与高端设计师签订合作协议。这种由社会各阶层之间相互诱发横向扩散的方式，也称横流。

（3）自下而上理论。自下而上理论是指时尚的扩散方式是从社会下层的消费行为开始，逐渐向社会上层推广，从而形成时尚消费的流行。牛仔裤就是一个典型的例子，在美国"淘金热"时期，采矿工人最早开始穿牛仔裤，因为牛仔裤结实耐用，之后农民、工人也开始穿牛仔裤。当在牛仔裤上加上了标志或设计师的名字后，设计师牛仔裤就诞生了，这些牛仔裤标价更高，并不再局限于以矿工、农民、工人为目标人群，甚至美国总统也穿上了牛仔裤。由此，时尚消费完成了自下而上的扩散，这种形式也称逆流。

下层社会阶层的人一般并不关心身份或地位问题，所以他们有时更有创造性和冒险性，也常常带来意想不到的时尚消费潮流。例如，十几年前，被网友称为"犀利哥"的流浪男人因为一张帅气的照片走红。

有的学者研究，在一个由年轻人占主导地位的社会中，时尚消费的发动者常来自社会下层，即从年轻人开始，而在一个由富有的上层阶层占主导地位的社会中，时尚消费的发展一般符合自上而下的扩散规律。当然，一个国家的经济状况、外来文化、传媒推广、生活方式等多种因素也会影响时尚消费的范围和规模。

事实上，时尚消费由来已久，而18世纪以来的两次消费革命无疑对消费时尚的发展起到了前所未有的推动作用。第一次消费革命于18世纪发端于英国，当时，随着人口增多、农业生产增加、需求观念更新、社会下层攀比消费的形成，由工业革命引发的消费热潮自英国开始，然后遍及世界。第二次消费革命发生在20世纪，由于商品数量和种类成倍增长，收入的工薪化、大众传媒的推波助澜等，现代资本主义社会进入了"大众消费时代"，消费不仅普及于社会各阶层，而且消费成了人们生活的目标。

在我国，历史上虽然少有针对时尚消费的研究，但有关对奢与俭的思想及认识等却是自古以来人们就关注的话题。

提倡节用，主张"黜奢崇俭"的代表人物是墨子和老子。墨子在《墨子》中有《节用》《节葬》等篇，都是主张节用贵俭的，其中心思想是"诸加费不加于民利者弗为"，即不做劳民伤财而无益于民的事。墨子还认为一个国家"俭节则昌，淫佚则亡"。老子从"小国寡民"的社会蓝图出发，将"黜奢崇俭"推向极致，认为只要"实其腹，强其骨"即"罪莫大于可欲，祸莫大于不知足"，并把"俭"视为人生三大宝之一。

奢靡论的代表人物是管子和荀子。管子在《侈靡篇》中论述侈靡消费，中心思想是"富者靡之，贫者为之"。荀子认为"圣人纵其欲，兼其情而制焉者，理矣""使欲不必究乎物，物不必屈于欲，两者相持而长"。

儒家主张奢俭中庸论。孔子的观点可概括为"奢则不逊，俭则固，与其不逊也宁固"。可以理解为，奢的弊是不顺，俭的弊是陋，两者都不可取。但与其不顺，宁可陋。可见，孔子并不是说俭好，所以董仲舒说："俭非圣人之中制也。"孔子又说："礼与其奢也宁俭"，对奢与俭的判断没有变化，但这里可以看出，孔子对奢与俭的区分是以礼为标准的，需要在礼的范围内进行消费。

在西方经济史上，有经济学家认为奢侈性的消费，对经济的发展会有一定的作用。英国经济学家麦克库洛赫（John Ramsay McCulloch，1789—1864）在《政治经济学原理》一书中写道："订立一种标准来管理每个人的支出是不可能的……应让每个人充分自由地使用他们自己的判断。"李嘉图（David Ricardo，1772—1823）认为："如果所有的人都不使用奢侈品而专心致志于积累，那就无疑会发生商品过剩的现象。……在英国这样一个国家，很难想象人们会把全部的资本和劳动只用来生产必需品。"凯恩斯（John Maynard Keynes，1883—1946）在其《就业利息和货币通论》一书中引述孟迪维尔的《蜜蜂之寓言》说，一个很繁荣的社会，忽然公民决定放弃奢侈生活，国家削减军备，致力储蓄，于是奢侈品无人过问，衣饰、车马、宫室之类，或变卖偿债，或任其荒芜。结果价格大跌，供给奢侈品行业无法维持生产，工人失业。而且各业人满，也无法改行。这里，凯恩斯为我们描述了放弃奢侈性消费的严重后果，并得出结论"节俭给人留下了深刻的教训"。

从经济的角度看，个人消费受到支付能力的限制，对生活的奢侈程度有刚性的约束。即使在信用发达的社会，有赊销、分期付款及银行的消费贷款等，但信用评估也是有条件的。从某种意义上讲，一个人要想不断地增加对奢侈品的支配权，只有努力地工作，更加勤劳以增加收入，扩大购买力。因此，麦克库洛赫说："奢侈的消费，假如把它限制在一定的范围内，就不可能认为它是不利的或不生产的。诚然，如果一个人消费的奢侈品多于他所能支配的劳动或财力，那他的消费就会是不利的。他所消费的必需品的数量多于他所能提供的话，同样也是不利的。危害性不在于消费的物品种类，而在于它们的价值超过了消费者所拥有的购买手段。但这个缺点总是可交由那些相关人员的自利心来纠正。由听任不生产的消费而引起的贫穷和失败是防止消费达到有害地步的自然的和充分的保障。企图以禁止奢侈品的办法来减少不生产的消费，实际上即是企图抽去生产中最有力的动力而又想使国家致富。"

虽然时尚消费并不一定是奢侈品消费，但奢侈品消费可以说是时尚消费的高级版本。以上中外有关奢侈与节俭的观点和研究，从经济、社会、文化等角度为我们理解时尚消费的内涵、作用等提供了资料，由此，可以进行如下归纳：

（1）在消费活动中追求时尚是社会进步的表现。同时，时尚的生活还象征成功、身份、社会地位和人生价值的实现。

（2）在时尚消费的形成过程中，形成了一种"社会编码系统"，这个"社会编码系统"可以把人们归属于某一社会阶层。当然，人们也可以通过这一"社会编码系统"的"索引"去查找他人或自己在社会中所处的地位。消费和时尚的结合使消费具有了文化内涵与象征意义，在人们的自我构建中扮演了重要角色。

（3）在时尚消费中，消费者将注意力转移到有关商品意义的符号表现上，愿意支付比普通商品高得多的价格去购买时尚产品，而较少关心产品本身的使用价值。

（4）时尚消费作为一种社会心理现象，不仅体现了消费者的消费偏好，更体现了其个人的价值观念和内在审美。

（5）时尚消费是大众消费中最具生命力、最有情感因素参与的消费形式，是驱动消费的重大商业元素，能够创造出大市场的商业价值。

不同的时代具有不同的时尚表现特征。20世纪的20、30年代，在上海等地出现过一场追求时尚消费的风潮。例如，《玲珑》杂志是20世纪30年代上海非常流行的时尚杂志，主要介绍电影明星及欧美同步之时尚生活，这本杂志不仅是时尚向导，还希望能改变当时女性的思想，建立新女性的标准，而且该杂志以当时上海最时尚的女性形象作为杂志封面，非常吸引眼球（图1-6）。

图1-6 20世纪30年代上海《玲珑》时尚杂志封面

改革开放以后，随着我国经济的发展，人们生活水平的提高，时尚观念逐渐在人们的意识中得到培养，并在生活方式上得以体现，时尚消费开始融入人们的日常生活。在日常消费时，越来越多的消费者关注商品使用价值背后的精神属性和文化属性，消费需求更加多样化、层次化、年轻化，对时尚消费的追随已发展成了一种时代现象和生活方式。

近年来，时尚消费成为社会科学和人文科学中极具魅力的研究课题。南京大学的周晓虹（1995）把时尚消费划分为三个层面：器物方面的时尚消费、行为方面的时尚消费和观念方面的时尚消费。器物方面的时尚消费指对时尚商品的购买，如购买智能手机、新款包包等，此类时尚消费尤其能体现消费者的权力和地位；行为方面的时尚消费常以群体的形式出现，比如打高尔夫球、去网红餐厅、去著名景点旅游等，此类时尚消费尤其体现消费者的品位和爱好；观念方面的时尚消费表达了消费者的思想认同，比如对国潮、洛丽塔、热门IP等时尚文化的认可和追随，此类时尚消费更易受到媒体传播的影响，能够体现消费者精神上的追求等。

如今，在我国消费升级的社会大背景下，时尚消费的社会影响力日益增强，创造着更大的商业价值，这为企业带来巨大的市场机遇。那么，从消费心理的视角，把握住时尚消费的趋势，理性找寻相应的营销对策，对时尚行业、企业具有重要的现实意义。

小知识

时尚盛会——时装周

"时装周"是以服装设计师及时尚品牌最新产品发布会为核心的动态展示活动，也是聚合时尚文化产业的展示盛会。全世界最有名的是四大时装周，是指纽约时装周、伦敦时装周、巴黎时装周、米兰时装周，这四大时装周基本揭示和决定了当年及次年的世界服装流行趋势。一般而言，四大时装周各有侧重，纽约时装周的自然、伦敦时装周的前卫、巴黎时装周的奢华和米兰时装周的新奇已成为这四个时装中心各自的标志。四大时装周每年两次，分为秋冬时装周（每年的2~3月）和春夏时装周（每年的9~10月上旬），每次在大约一个月的时间内相继举办300余场时装发布会。时尚编辑们是各个时装周最忙碌的一群人，他们往往拿着各品牌大秀的邀请函，穿梭于纽约、伦敦、巴黎、米兰，报道秀场动态及采访拍摄。另一部分忙碌的人是时尚买手，他们在各大品牌之间赶秀，预测流行趋势及市场动向，挑选货品、进行商务谈判等。

中国国际时装周由中国服装设计师协会于1997年创办，是中国时尚产业的推动者。每年分春夏、秋冬两季在北京举办，每季涵盖时装、定制礼服、运动休闲、童装、亲子装等各类时尚发布会，以及专业大赛、DHUB设计汇商贸展、中国国际时尚论坛、中国时尚大奖评选等超百场专业活动。经过近30年的发展与完善，中国国际时装周现已成为中外知名时装、成衣及配饰品牌展示新设计、新产品、新技术的主流渠道和窗口，成为时尚品牌和设计师形象推广、市场开拓、商品交易、专业评价的国际化综合服务平台。在我国时尚界具有影响力的还有上海时装周、深圳时装周、北京时装周等。

第二章
时尚消费的符号价值

当你走在街上，需要红绿灯的指引才能知道是否能过马路，如果你开车，你注意到路上有双黄色线，那么此时你就不能超车或掉头……

当你用手机发送信息时，常使用各种Emoji来表达自己的情感和想法。通过这些俊俏的笑容、露齿笑、噘嘴、愁眉苦脸、皱眉、大笑或愤怒的表情符号，无须文字就很容易让对方马上领会到你要表达的信息，而且能帮助你更准确且不失尴尬地表达自己的内心……

在日常生活中，符号是人们认识事物的一种简化手段，不仅具有传达功能、理解功能、认知功能和交流功能。而且，符号还具有独特的情感价值、美学价值，以及强大的社会功用，并成为一种社会文化。

一、符号的含义

在生活中，交通标志（图2-1）是我们生活中最常见的符号之一，交通标志的形状、颜色和图案都有特定的含义。

Emoji（图2-2）是一个日语单词，组合了两种意思"e"（图片）和"moji"（符号），是指20世纪90年代末日本电子邮件和网页中使用的表情符号。2011年，当苹果将Emoji引入手机

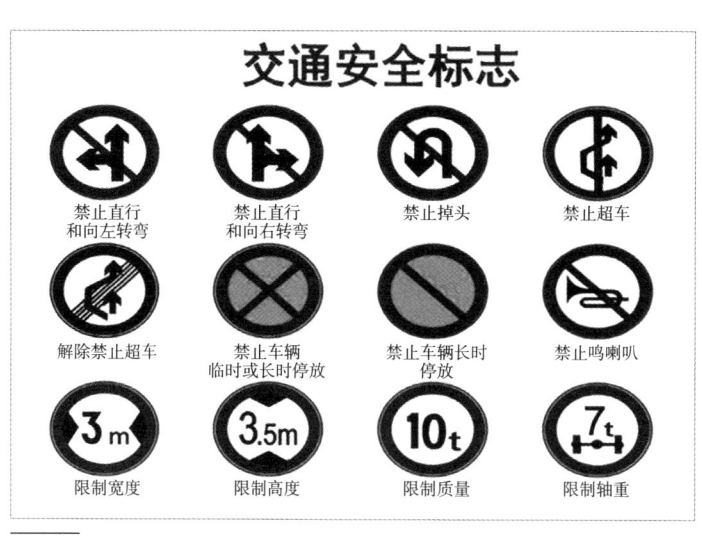

图2-1 交通标志符号

后,现代数字通信中使用的表意符号和表情符号就打开了新的篇章,使之不仅是一种时尚,更是一种新的表达方式。在那之后,表情符号的编码方式使其几乎适合所有类型的操作系统。

图2-2 发短信时人们用Emoji来表达喜怒哀乐

由上可见,符号存在于我们社会的每个角落,比如语言、电码、数学符号、化学符号、交通标志等,适用于社会生活的各个方面。

符号(sign)是一个抽象的概念,是指一种象征物,一般用来指称和代表其他事物。同时,符号也是一种载体,通过一定的媒介传达其形态包含的内容、意义,即符号一方面是意义的载体，是精神外化的呈现；另一方面具有能被感知的客观形式。

在现代社会中，符号范围要广泛得多，符号不仅指语言、文字、图片等单纯的视觉标志。实际上，某一个动作或仪式的构成要素也可以是符号，如打招呼的动作、仪式、游戏、文学、艺术、神话等的构成要素都可以是符号。因此，符号通常可分成语言符号和非语言符号两大类。

我国学者赵毅衡（2013）认为符号是被认为携带意义的感知，意义必须用符号才能表达，符号的用途就是表达意义。反过来说，没有意义可以不用符号表达，也没有不表达意义的符号。由此，符号就可以理解为表意与解释的连续带。一般来说，可以把符号理解为通过文字、图片、动作姿态，或者声音、形状、大小、质量、颜色、质地等元素及以它们的组合特征呈现出来的，反映在一定的社会环境中，这些元素和组合所代表的特定意义。

符号学是当代人文科学前沿的学术理论之一，"符号"是符号学的基本概念。研究者李幼蒸在其著作《理论符号学导论》中提出："今日最为通行的一般符号学理论体系共有四家：美国皮尔斯理论系统、瑞士索绪尔理论系统、法国格雷马斯理论系统和意大利艾柯的一般符号学。"其中，瑞士的语言学家索绪尔（Ferdinand de Saussure）和美国哲学家、逻辑学家皮尔斯（Charles Sanders Peirce）关于符号的"二元关系"和"三元关系"学说，奠定了现代符号学的理论基础，他们也因此成为符号学理论的奠基人。

20世纪初，索绪尔提出符号是形式和意义的结合。他把表示意义的形式称为能指（signifier），被表示的意义称为所指（signified）。在索绪尔看来，符号是能指和所指，即形式和内容所构成的二元关系，是能指和所指的结合体。索绪尔以语言学家身份运用符号学去研究语言学，认为语言是表达意义的符号系统，索绪尔强调"语言符号是任意的，能指和所指的具体结合就形成一个任意的实体"。根据索绪尔的理论，一个交通路口的信号灯就是一种符号，红灯或绿灯是能指，两者表示的"禁止通行"或"允许通行"的含义是所指。

19世纪末20世纪初，皮尔斯的研究使符号学从以往语言学和哲学的研究中脱离出来而成为一门独立的学科。皮尔斯认为符号学的研究应不限于语言符号，而应该研究一切符号。皮尔斯将符号定义为符号形体、符号对象、符号解释的三元关系，进而划分了三种符号类型，即图像（icon）符号、指示（index）符号、象征（symbol）符号，这对后来符号学的研究产生很大的影响。

1.图像符号

根据皮尔斯的理论，图像符号是指通过对客观事物的写实或模仿来表征其对象，符号形体与其表征对象要有某些相同特征。例如，达·芬奇的名画《蒙娜丽莎》，可以表征蒙娜丽莎这个人物，因此，这幅肖像画就是蒙娜丽莎的图像符号。同样，镜像、照片、图案、模型等也都是运用了相似的表征方式而成为图像符号。

另外，有些不在现实世界中存在的、虚幻的事物也可以有自己的图像符号，只要对一个虚构的对象赋予其深层意义，如寺庙中的雕像，也属于图像符号。

2.指示符号

指示符号也称指索符号，是指符号形体与被表征的对象之间有因果或接近的直接联系，符号形体就成为能够指示或索引符号对象的存在。例如，超市里的商品标牌就是这些商品的指示符号。当顾客看到标有"生鲜食品"的标牌时，就知道指示区域销售的是生鲜食品，而不是其他商品。同样，商品的商标、商店的招牌等也都是相关事物的指示标记。

3.象征符号

在人类的符号活动中，对象征符号的运用最为普遍。皮尔斯认为象征符号的符号形体和符号对象没有相似性或直接必然的联系，这种表征方式是建立在一定的约定俗成的基础上，符号形体可以自由地表征对象。例如，在我国，红色是喜庆的象征，黑色是悲伤的象征。因此，动作、表情、服装或姿势等，当把它们与另外一种事物人为地联系在一起时，如果得到社会群体的认可和遵守，这些都有可能成为象征符号。例如，我国传统图案中的缠枝花图案的根茎构造具有鲜明的延续性，象征"生生不息""欣欣向荣"的美好寓意（图2-3）。

图2-3　缠枝花图案具有美好的象征寓意（见文后彩图2）

因此，符号的意义不仅来源于符号本身，还来源于符号与符号间的对比关系。正如思想家奥古斯丁所说："符号是这样一种东西，它使我们想到在这个东西加诸感觉印象之外的某种东西。"也就是说，符号是代表某一事物的另一事物，它既是物质对象，也是心理效果。

二、时尚消费的符号化意义

随着社会的发展，人们经济水平的提高，物质世界越来越丰富，人们的消费行为变得更加频繁，其中大部分行为不再是为了满足其生存需要，而是试图通过消费的物品呈现自我价值。消费这一社会活动已经不仅是单纯的经济行为，同时也变成了一种运用符号的建构方式，是"操纵符号的系统化行动"。

对于一些人来说，"购买"的意义不再仅仅是实用价值上的，也是为了消费商品的符号象征意义。作为一种社会文化的时尚，与消费行为的结合使消费的符号性更加明显，甚至可以说，对于时尚消费，其符号属性的存在大于自然属性。也正是这种符号性，时尚消费成为人们进行自我建构的工具之一，时尚消费中的产品被消费者解构与重构，与其他产品区别开来，成为其呈现自我的符号。

商品作为符号，在时尚消费中先是被人们分解、解读，为人们彰显社会身份、呈现自我价值、进行自我建构提供分类的依据，再被重构成具体的类型，因而不同的商品可能背后象征着不同的群体。而通过对各种商品的消费，这些符号排列、组合形成一套编码系统，这套系统便是我们对自己的建构。

例如，带有铆钉的包包被解读为朋克时尚的象征，当一个人购买铆钉包以后，就有可能想象自己是热爱朋克、具有个性的群体中的一员。如果只购买了一个铆钉包，并不足以表明他是一个追求朋克时尚的人，那么当这个人不只购买铆钉包，还买了马丁靴、黑色网眼丝袜、金属大项链、豹纹超短裙等搭配产品时，这些商品符号被组合在一起（图2-4），那么可以说他想要将自己建构成一个追求自由和个性，不随大流、无拘无束中带着些许叛逆和不羁的具有朋克精神的人。

在现代市场经济发达的社会，由于商品的同质化现象越来越严重，单独由商品来完成符号组合及意义建构有一定的局限性，这时，品牌不仅发挥着标识产品产地和品质的作用，还成为一种能够指代特定的产品或服务，某种成为精神甚至文化的符号。例如，可口可乐不仅是指一种饮料，还成为美国精神的代表性符号产品。

图2-4 "朋克风格"的着装通过商品组合完成其符号排列和表达

实际上，品牌这一名词从诞生起，就有着"符号"的意义。品牌的来源据说是在中世纪的欧洲，那时商人用烙铁将印有代表其商户的独特标记烙印在商品上，使消费者能够辨别商品的来源。由此可见，品牌就是特定产品、服务或商业的识别物，即品牌的意义是使商品"被识别"。

可以说，品牌符号是由一个品牌的标识群与赋予这个品牌的商业意义构成的一个表达系统。品牌符号具体包括两层含义：①品牌的独特性符号。通过品牌名称、标志、设计、造型、色彩、包装等显示商品的不同和独特性，这些符号上的差异构成某种品牌的独特性和示差性符号，使其与其他品牌得以区分。②品牌的社会象征性，即品牌的象征意义。此时品牌成为某种社会地位、生活方式、生活品位、社会认同等的符号，人们购买某个品牌，不仅是对产品本身的消费，还包括消费这个产品之外的东西。例如，购买珠宝品牌梵克雅宝（Van Cleef&Arpels）的Alhambra四叶草项链（图2-5），不仅是因为项链的精美，还

图2-5 梵克雅宝品牌标志及其四叶草Alhambra产品

因为它象征着自然、幸运、健康、浪漫和爱,因为四叶草具有特定的意义。品牌符号的消费典型体现在对时尚品牌或奢侈品牌的消费上,因为两者都是以满足消费者的心理和精神需要为主,带有某种象征性,有时,这些品牌甚至可以被"图腾化",把品牌所有的精神意义进行意象化处理,形成一个抽象的融合了品牌个性和品牌精神的、视觉化的象征,这时品牌就具有显著区别于其他品牌并难以模仿和复制的标志符号。

根据皮尔斯对符号的分类,品牌符号是属于一种象征符号。由于符号的生命力来源于社会的约定,而这种约定的来源一般是来自一定的社会文化,因此,可以说,每个品牌符号实质上都象征着一种品牌文化,同时,品牌符号是形成品牌概念的基础,成功的品牌符号是一个企业的重要无形资产。例如,迪奥(Dior)品牌创始人克里斯汀·迪奥(Christian Dior)热爱大自然,玫瑰花、铃兰、郁金香等花卉常出现在迪奥高级定制服装或时装上(图2-6)。

图2-6 迪奥 Book Tote 花卉图案刺绣手袋

通常情况下,人们所说的品牌符号包括品牌名、品牌商标、品牌建筑、品牌品质、品牌服务、经营理念、品牌文化等。根据索绪尔的符号理论,品牌符号也包含了符号的能指和所指两个方面的含义。

（1）品牌符号的能指。包括品牌名称、品牌标志、品牌包装等元素，它们一起构成了品牌的能指符号系统，是品牌的实体表达部分。

（2）品牌符号的所指。即品牌内在的要素，包含品牌精神、经营理念、品牌内涵，甚至包括消费者在消费体验过程中对该品牌产生的联想。这是品牌象征意义被表达的部分。

品牌符号的所指和能指实际上是品牌的本体意义和表征意义、表层意义和深层意义、内在意义和外在意义的关系。根据以上分析，在日常生活中，人们所说的品牌符号一般指其能指，也就是品牌名称、品牌标志与品牌包装等元素的品牌符号的外在表现形式。或者，也可以从另一个角度来分析品牌符号，狭义上的品牌符号单指品牌的标志，广义上的品牌符号包括品牌价值观的浓缩，指的是消费者对某一特定品牌的印象。

对消费者而言，当想起一个品牌，脑海里会浮现出关于这个品牌特定的印象，如提到路易威登品牌就想到了LV的标志，提到奔驰汽车就想到了三叉星标志，香奈儿品牌给人留下的印象是"精致""优雅"，阿玛尼品牌给人留下的印象是"精英""品质"等，这些品牌能让消费者迅速识别并带来相关的品牌联想效应，这些就是品牌符号化的一种表现。

随着人们生活水平的不断提高，当物质消费已经不能满足消费者的需求，消费者开始追求精神层次的消费时，消费者通过品牌来展现自己的身份与地位。因此，对于企业来说，对品牌进行符号化，构建品牌的名称、标志、基本色、口号、象征物、代言人、包装及品牌可传达的价值观等，使品牌符号成为品牌与消费者沟通的方式，同时使品牌成为消费者社会关系与地位的象征符号，提升品牌在消费者心中的知名度，从而对消费者决策产生影响，这将成为企业区别竞争者产品或服务的重要手段。

由于品牌符号具备的传播作用和社会关系的表征作用使品牌符号在企业建设品牌中至关重要。在品牌符号化过程中，品牌的外在表达形式能否符合品牌的定位、展现品牌的特色及彰显品牌的力量是企业需要考虑的内容。

在当前新的时代背景下，品牌要发展，品牌符号化成为必然。品牌的符号体系不仅在表达上要以符合时代特征为前提，适应符合现代消费者的需求和审美，还要从品牌文化内涵方面进行提升，既要保持品牌符号的差异性，也要注意对品牌以往发展历史的延续。在营销中要做到：

（1）由于品牌内涵的变化，当品牌成为社会关系及身份地位象征的符号时，品牌符号化成为品牌发展的必须路径。

（2）品牌符号化的目的就是通过全方位、系统化手段向消费者展示品牌符号的能指和所指，实现消费者对品牌符号的认知过程。

（3）品牌符号化需要围绕消费需求，聚焦特定的目标群体和产品属性，抽象出品牌的精神或品牌文化，建构具有差异化的品牌符号。

（4）品牌符号的发展、变迁和当时社会时代密切相关，反映了当时人们的日常生活，也反映了当时历史和文化的发展。因此，社会环境的变化使品牌符号在不同的时代有着不同的含义。

（5）品牌符号化不仅是为品牌建构一定的文字、图像、色彩、行为、包装等识别符号，更重要的是挖掘品牌深层的社会意义和社交意义，并通过品牌外在的表达使品牌符号具有象征性，当品牌符号在消费者脑海里形成独特印象或联想时，品牌价值由此产生。

小知识

龙虾裙：艺术与时尚的融合

1937年，正处于超现实主义艺术运动热潮，西班牙艺术家萨尔瓦多·达利（Salvador Dalí）创作了龙虾画作，这激发了意大利时装设计师夏帕瑞丽（Elsa Schiaparelli）的设计灵感，他们共同创作了一件服装作品——龙虾裙（lobster dress）。这件连衣裙是一件灰白色的A字晚礼服裙，采用无袖紧身收腰、圆领的设计，在胸围下方嵌有透明珊瑚色的龙虾图案，龙虾的图案占据了整条裙子的正面，从腰一直延伸到脚踝，周围点缀以欧芹小枝，整体廓型优雅又知性。这条龙虾裙的诞生，让设计师夏帕瑞丽以前卫大胆、敢于挑战刻板印象而闻名。当代艺术大师杰夫·昆斯（Jeff Koons）曾这样形容龙虾"我热爱龙虾，它极富象征意味，既有男性的阳刚，也不乏女性的阴柔，你看它的尾巴就像舞蹈演员在表演中用到的羽毛，而那两只大钳子又是多么的威武。"龙虾裙"看似端庄贤淑"，但龙虾符号的加入足以达到震惊世人的效果，直到今天，还有很多品牌推出带有龙虾符号的单品或设计元素。

三、符号价值及其构成

关于什么是价值，存在多种观点，有"本性说""情感说""关系说""属性说"等，这些观点从不同角度、不同程度反映出价值的某些外部或内部特性。在经济学中，价值是商品的一个重要性质，它泛指客体对于主体表现出来的积极意义和有用性。从消费的角度来看，价值是指消费者对从消费活动中获取的净收益的个体评价，或称为消费者价值或顾客价值，衡量标准一般为消费者愿意为该效用花费的金钱和购买意愿。

可见，价值具有主观性，不同人从同一种消费活动中获得的价值是不同的。而且价值和价格并不是同义词，价格并不能代表价值，如消费者个人认为有价值的商品也许价格并不高。

国内学者周志民（2005）从精神、物质、外显和内收四个维度划分了价值。其中，炫耀性价值、独特价值和社会价值属于象征性价值。学者田超杰（2013）提出了消费者进行时尚消费会感知到三个层次的价值，首先是体验价值，其次是工具价值，最后终极价值。

美国学者巴里·J.巴宾（Barry J.Babin）和埃里克·G.哈里斯（Eric G.Harris）将商品的价值分为功效价值和享乐价值。其中，功效价值是指消费者在消费活动中所获得的预期结果或者成效，即拥有功效价值的商品可以帮助消费者解决某些方面的问题。享乐价值来自消费者在消费过程中获得的情感满足。例如，去游乐园游玩、去影院观影等获得的体验而带来的满足感。

两者的区别体现在：第一，享乐本身就是目的，而不是达到目的的手段；第二，享乐价值有更多的主观性和情绪性；第三，有时对消费者为了获得享乐价值的行为并不容易客观理性地进行解释。

其实，功效价值和享乐价值并不是互相排斥的。例如，消费者在有趣的餐厅用餐不但获得了享受，也同样达到了饱腹的目的（图2-7）。因此，营销者会尽可能向消费

图2-7　一家利用螺旋轨道自动传菜的餐厅，就餐时有趣又好玩

者同时提供功效价值和享乐价值，使消费者获得更大的价值量，即总价值最大化。

法国哲学家、思想家让·鲍德里亚（Jean Baudrillard，1929—2007）提出了符号价值的概念，他指出，消费品除了具有使用价值和交换价值外，还包括由广告、包装等营销工具塑造出来的符号价值。那么，符号价值就是指除了商品的使用价值外，能够体现消费者个性、社会地位、权利和声望的商品价值。

鲍德里亚在《消费社会》一书中提出人们在消费时存在着需要满足主观需求的目的，当代消费结构中的消费品系列，是一整套消费品之间存在的必然有序性关涉，通过消费品之间存在的暗示性意义链，说明了资本主义消费关系中存在着符码控制，其中的符号价值起到决定性作用，由此，也揭露了资本主义消费社会更深层次的奴役和统治。

鲍德里亚在《物体系》《符号的政治经济学》等书中也多次对符号价值进行了探讨，认为我们生活在物的时代，本身也存在于这个符号系统中，由此，商品、包装、商标、广告、橱窗不仅代表着简单的某种商品，而且具有一连串的意义，因为它们的组合暗示着更复杂的高档商品，并使消费者产生一系列更为复杂的动机。那么，人的身份、地位都受到消费符号的强烈影响。鲍德里亚还认为"符号"无时无刻不在影响着消费者的品位和偏好，并在其作品《拟像与模拟》中把当代社会描绘成一个巨大的符号狂欢节，所有人都在消费和交换符号，一个事物的文化意义超越甚至碾压它具有的现实价值和意义。

尽管有人认为鲍德里亚的学说过分渲染了"符号价值"，但他对于现代消费现象的解释及其研究极具领先性。

在消费中，消费的对象往往会蕴含其符号意义。商品的符号价值具有两个层次，即商品的独特性和商品的社会象征性。其中商品的社会象征性指商品成为标识某种社会身份和地位、生活方式、生活品位和社会认同的符号；商品的独特性符号指通过设计、造型、品牌与形象等表达与其他商品的不同和独特性的符号。例如，苹果品牌标志的符号是一个被咬掉了一口的苹果，这个独特的符号被解读为其象征着知识、智慧和创新（图2-8）。2022年，咨询公司Interbrand公布了2022年全球最具价值品牌排名，苹果品牌连续10年保持第一的位置。

图2-8 被咬掉了一口的苹果是苹果品牌独特性符号标志

时尚消费中，商品的符号性作为个体与社会的一种连接属性，体现着消费者的生活态度，消费者希望提升自身形象、增强自我表达的能力并渴望得到群体认同，这使时尚在生产和传播过程中，被赋予新的象征意义并被应用到企业的产品设计、生产和传播中，影响着消费者的购买选择。

根据现有文献资料，符号价值的构成主要有包括四个方面，即社会价值、心理价值、文化价值和形象价值。

1. 社会价值

根据时尚理论中经典的"下行理论"，一般来说，时尚首先被上层阶级采用，随后被下一层的阶级模仿，直到下行到最低阶层，这种特性使时尚本身就具有社会分层的功能，有的社会阶层较低的人们通过追逐时尚来模糊自身的阶级性，寻求身份认同，以便能迈入所谓的上层社会群体。

不同阶层的消费模式将消费品位与其拥有的社会和文化资本联系起来，时尚消费在一定程度上成了一种体现财富和社会地位的炫耀性消费，成为社会身份建构的手段，消费者通过其中的符号意义来表征自身所处的阶层，其中的社会价值包含对社会阶层的"示同"和"示异"。所谓"示同"，是消费者借助时尚消费来表现与自己所认同的某个社会阶层的融入与一致性；所谓"示异"，是借此显示与其他社会阶层的差别与距离。二者结合，使消费者能够借由符号意义实现内心追求的社会定位。

例如，消费者在选购腕表时，相比于腕表的计时功能，品牌故事、品牌历史、品牌文化，或者手表的外观造型设计这些附加属性更能够成为吸引人们关注的焦点，因为这些属性往往带来了超出腕表本身的符号象征意义，消费者更倾向于选择具有象征意义且符号化突出的腕表来衬托自己的权力和地位。

创始于1848年的欧米茄（Omega）腕表，代表符号"Ω"。"Ω"是希腊文的第24个字母，也是最后一个字母。它象征着事物的伊始与终极，第一与最后，类似亚洲哲学中"最后意味着最初，结束亦是开始"的循环意义。代表了"完美、极致、卓越、成就"的非凡品质，诠释出欧米茄追寻"卓越品质"的经营理念和"崇尚传统，勇于创新"的精神风范。而且，自1932年以来，欧米茄一直肩负奥运会正式计时的重任。从那时起，欧米茄就开始为来自世界各地出类拔萃的运动员们记录奥运梦想，见证了奥运史上诸多精彩时刻。2022年北京冬奥会是欧米茄第30次担任奥运会正式计时的工作（图2-9）。

图2-9 欧米茄海马系列Aqua Terra腕表，表背有冬奥会标志和"BEIJING 2022"字样

因此，人们总是把欧米茄品牌与积极向上的体育运动精神相联系。欧米茄大中华区总裁卢克勤（Kevin Rollenhagen）指出："奢侈品不仅仅要满足消费者对于产品的功能性需求，消费者购买欧米茄这一类的奢侈品，更多的是为了寻求一种身份上的认同感，这代表着成就感，代表着可信，代表着个人的卓越，在奥运营销中，我们要传递的信息是：欧米茄拥有悠久的历史，以及精确、可信的手表技术。"

2.心理价值

时尚消费中的符号意义能够满足消费者从众和求异的心理需求。一方面，时尚消费满足了消费者个性表达的外在需求，人们期望得到身份认同，融入渴望的时尚群体，并得到他人的接纳和尊重，不愿落后于潮流，即从众心理；另一方面，时尚消费也可满足消费者追求酷与流行的内在需求，时尚消费带来了一种前卫、标新立异的刺激感，消费者考虑到时尚的影响力，以及此类商品具有流行性与独特性，通过对此类商品的消费来传达自己的生活方式和态度，即求异心理。总体来讲，时尚消费带来的符号意义能够使人们自信，同时又满足了人们彰显、证明和炫耀的愿望。

例如，古驰品牌的一款香水的广告语就是"若让别人嫉妒，就该拥有嫉妒"，其中的隐喻激起了消费者的购买欲望。随着消费过程的发展变迁，人们对商品消费的非功能性需求增加，在心理层面更加追求自我与社会的认同感，利用商品的符号意义进行沟通和社交，其意义在此过程中得到不断发展，符号的象征体系也拥有了永无止境地激发人们心理欲望的能量。

3.文化价值

时尚是现代社会中非常重要的文化现象。从社会学角度看，消费是联结经济与文化的社会活动，时尚消费中体现着消费者对时尚文化价值的认同。时尚文化往往借助可以操控的商品独特性符号进行传播，如品牌、设计、广告、流行等，这种文化价值观形成了不断变化的体系。当个体融入认同的时尚文化群体，参与各种时尚活动并与其他时尚群体进行沟通交流，借此获得愉悦感和满足感，进而在相互共情的基础上，群体内成员更倾向保持较为一致的价值观，并共创共享时尚的符号文化。

由于符号的意义随着发展时变时新，使文化价值不断发展演进，因此，时尚领域存在着众多流行文化种类，还衍生出了亚文化时尚和街头时尚等。这时，时尚消费行为也反映了人类符号意象的文化发展史。例如，在人们心目中，钻戒坚硬稳定象征着爱情的永恒。随着消费文化的积累与演化又在不断丰富符号的意义，在此过程中消费者购买者的动机越发复杂感性，对时尚文化的需求也越来越高。

生肖文化是中国民间传统文化的重要组成部分，有的品牌通过生肖的符号化文化价值而进行营销推广。例如，2021年春节，许多服装品牌将生肖牛元素引入款式和图案设计，如路易威登推出了憨态可掬的"牛储蓄罐"（图2-10），并把该造型融入丝巾、手链设计中；纪梵希（Givenchy）以牛的艺术形象为主元素，将抽象牛形图案装饰在衣服上；北面（The North Face）则以中国元素为理念，推出了全新牛年限定产品系列，单品中均融入了生肖牛的绘画图案等。因此，在中国的生肖文化中，"牛"被认为是勤劳、稳重、诚实、毅力的象征，牛的形象集可爱、简约、贵气、勇猛于一身，不仅是对节日的庆祝与喝彩，也蕴含着对新一年的美好祝愿。品牌设计和宣传中加入"生肖牛"的图案，不仅给人们带来吉庆祥和的氛围，而且成为独特的文化符号，这正是品牌顺应消费者的关注点从产品本身的物质性消费转移到带有文化意义的符号性消费的一种营销创意。

图2-10 路易威登发布的2021年牛年限定款储蓄罐

4.形象价值

时尚是符合一定时期的政治、经济、社会、文化、美学、历史、技术等客观环境的产物，也是现代社会人们社交和审美的规则。时尚对消费者的心理和行为起到引导性作用，人们通过时尚消费的符号意义来获得群体归属感，表达个性，实现社会认同和自我认同。

不可否认的是，时尚不断优化了一代又一代人的审美，让人们的形象有了整体性的提高，变得更加得体、精致、高贵。正是因为在一定程度上时尚引领着人们的喜好和审美标准，使人们通过符号消费树立了独特的自我形象，并由此获得价值感和安全感，人们才愿意为时尚买单。对消费来说，追求时尚消费，就是利用已编码好并在潜移默化中为人接受的时尚符号来塑造自身形象，凸显消费者的品位和形象。

综合以上分析，时尚消费中的符号价值由象征身份地位的社会价值、满足内在需求的心理价值、代表抽象意义的文化价值和表达时尚潮流的形象价值四部分构成。符号价值的重要性使时尚消费与普通消费行为区分开来，对消费者来说，符号价值的作用更多地体现在消费者的自我认同和社会分层方面，消费者希望借助商品、品牌、设计等来实现对其具有更加重要的意义表达。

当前，随着我国消费升级的进一步发展，消费者对时尚产品的需求迅速增长，我国正迎来一个以时尚消费为特征的"新消费时代"。对企业来说，对品牌进行符号化定位和设计，通过品牌名称、标志、口号、象征物、代言人、包装等来构建品牌的符号价值集合体就显得尤为重要。

需要注意的是，时尚消费的符号价值不仅体现在消费过程中，也体现在社会表现和社会交流过程中，消费者借助消费传达了自身性格、态度等内在信息，以及地位、认同等社会信息。实际上，对于符号价值的追求并不是一种鲜有的消费意识形态，一旦人们进行消费，人们便会进入一个当代社会情境下的编码价值生产交换系统中，被其中的符号支配，所有的消费者不由自主地相互牵连。由于网络的迅猛发展使人们彼此之间的联结加深，广告、网红、自媒体传播等具体的宣传手段甚至通过控制意识形态来使人们认可既定的符号意义和价值，那么，商品的时尚属性符号更能快速地演变以迎合并且满足消费者对于新鲜感的需求，刺激着消费者的购买欲望。

四、符号理论在品牌营销中的应用

我们知道，符号价值是品牌对商品属性进行的一系列编码活动。对一个品牌来说，认清品牌本身的符号价值，更重要的是通过品牌的设计、定位和传播来表达符号的象征意义，尤其在当下消费升级的社会背景下，在消费者对商品的选择标准中，使用价值更多让位于符号价值，甚至可以通过品牌塑造，建立起品牌所包含的符号系统及其意义，来激发消费者的消费需求，促使消费者的需求从物质需求向符号需求转化。

1.品牌识别

对消费者来说，品牌识别标志的重要性是不言而喻的。消费者通过品牌的名称、商标、色彩、设计等标志符号和品牌外形特征符号来建立起对品牌的认知。例如，双C交叠标志、山茶花、菱形格纹、白与黑颜色等成为香奈儿品牌独特的标志。

品牌通过品牌创始人的名字或首字母来命名也是一种常用的品牌识别方法，尤其是欧美国际品牌，除香奈儿之外，珠宝品牌梵克雅宝字母标志取自创始人阿尔弗莱德·梵克（Alfred Van Cleef）和艾斯特尔·雅宝（Estelle Arpels）的英文名，品牌标志是由品牌名的简写字母"V""C""A"结合巴黎地标建筑图案设计而成的菱形标志。通过采用创始人的名字命名能够传达品牌创始背景、工艺和品位，以及责任和承诺，这些都是组成品牌符号系统的一部分。

另外，在品牌标识的设计中加上创始时间及来源也是形成品牌符号的常用方法。例如，化妆品兰蔻（Lancôme）不仅以玫瑰花作为品牌标志，还通过标志上的PARIS来强调其来源。同样，爱马仕（Hermès）以马车和橘黄色作为这个品牌独特的标志，博柏利（Burberry）的格子图案、路易威登的棕褐色也成了其品牌的象征。

2.品牌定位

品牌定位是基于消费者的生理和心理需求，试图建立包括品牌属性、个性的独特、良好的形象，从而在消费者心中占据一个有价值的位置。由此可知，品牌定位其实是在强调品牌与消费者心理和情感上的关联性。例如，珠宝品牌宝格丽（Bvlgari）的灵蛇（Serpenti）系列是该品牌1940年推出的系列产品，蛇这种魅惑而神秘的动物俨然已经成为宝格丽的经典代表符号，被演绎出了千万种变化，被运用到珠宝、配饰还有腕表上。而选择蛇作为品牌的符号与宝格丽品牌的高贵神秘、惊艳与不朽的品牌精神和定位密切相关。

当然，不仅可以用图案、色彩或造型符号传达品牌定位，还可用品牌的语言符号和动作符号等相互作用，所有符号的指向应该是最大化地表达出品牌的调性和定位。

3.品牌传播

品牌需要文字、色彩、图形、图像等特征，或杂志、电视、网络等媒体传播来进行凸显特性，通过有效的传播途径或传播手段在消费者心中树立起品牌意识及品牌意义，这对品牌的发展至关重要。

品牌可以通过产品本身的特征作为符号进行传播，如香奈儿在1922年推出著名的Chanel N° 5香水至今历久不衰。Chanel N° 5香水瓶不仅有"双C"标志符号，还以其是一个极具装饰艺术味道的方形玻璃瓶而形成品牌的辨识符号。另外，香奈儿系列服装成为优雅气质风格的代名词，其经典的造型设计造就其独特的香奈儿风格（Chanel style）。

> **小知识**
>
> **小香风**
>
> 小香风是一种服装的时尚风格，源于法国品牌香奈儿，因此也被称为"香奈儿风格"。小香风的特点是简约、优雅，它的设计灵感来源于男装，强调线条的流畅和简洁，追求实用与美感的结合。小香风的时尚风格和特点是简约高雅的设计、经典的黑白配色、经典的款式和图案等。小香风的经典元素（粗花呢面料、经典黑白、撞色滚边、双排扣……）已经成为香奈儿品牌的代表，也是小香风的标志性元素。小香风的服装设计非常适合现代女性的生活方式，既可以穿着到办公室，又可以穿着到晚宴。如果你想展现出典雅的气质，选择小香风的服装一定不会错。

品牌不仅是一个名称、名词、符号或设计，或者是它们的组合，其实还是以符号为载体而创造的一种形象，通过媒体进行广告传播，将品牌的意义加到该品牌符号系统构成的具体产品中。这有助于推动商品因为具有符号价值而快速进入消费市场，或者说品牌符号要通过广告的传播才得以构建和被认知。

从本质上来讲，广告传播是一个编码和解码的互动过程，是信号源（传播者）通过各种媒介把要传递的信息编码后释放给受众（接收者），受众接收到信息后再进行解码的过程。对品牌来说，受众对于传播符号的主动阐释，是符号生成意义的必然条件。正如美国学者斯科特（Scott）认为："包括图片广告在内的所有广告都依赖于一种解读——根据受众的一般认知策略，基于背景环境对已知标志物的解读。"因此，在广告传播中，品牌要做到其广告的信息编码逻辑符合解读者解码的内在心理的理解是必要的。

例如，近些年来，许多奢侈品品牌在中国春节之际推出生肖图案设计或造型来进行品牌宣传，不但表示其对中国文化的重视和尊重，展示其"亲民形象"，也力图通过展现中国传统文化和中国元素，来拉近和每一位中国消费者的心理距离，获取公众对品牌的好感和关注度。例如，2022年是中国农历虎年，古驰将老虎置于柔和的色调和茂盛的背景中，Gucci Tiger字样出现在皮具、配饰、连衣裙、牛仔裤等上。路易威登的中国新年系列是在围巾、盘子和拼图套装上装饰老虎的图案（图2-11）；博柏利在其Lola和Olympia包上采用了老虎的标志性条纹，同时，老虎图案还出现在男装和女装的成衣上，以及橙色调（与老虎相联系，使消费者产生联想）的TB Monogram印花，与该系列的配件如羊绒围巾和运动鞋搭配。当然，品牌需要注意不应只是利用生肖来生搬硬套进行设计创作和宣传。

另外，为了突出品牌个性，使消费者能够迅速识别品牌，采取名人代言是品牌常用的传播方法。无论是名人与产品拍摄照片，或请名人拍广告，都是为了显示品牌与名人之间的联系，使品牌能够通过名人所具有的符号的能指作用，实现名人光环及其个性和形象所代表的品牌意义所指。

图2-11　路易威登2022年虎年宣传图（见文后彩图3）

名人的符号意义不仅能扩大品牌的知名度，具有良好的美誉度更能收获较大的社会效益，那么选择合适的人作为品牌的代言符号是重要的营销策略，品牌选择名人代言时可以选择电影和电视明星、运动员、科学家、艺术家或其他领域的代表性人物，最重要的是品牌选择的名人及其个人成就能够让公众将他们的形象与品牌形象结合起来，显示出品牌的特性。

例如，在2022年北京冬奥会上，运动员谷爱凌首次亮相奥运赛场，获得两枚金牌和一枚银牌，凭借其健康时尚的形象和不凡的实力，获得大众关注，多家品牌争相邀请合作代言，据不完全统计，谷爱凌代言的品牌涉及护肤品、服装、饮料、汽车、运动品牌等多个类别，具体品牌包括雅诗兰黛、元气森林、维多利亚的秘密、凯迪拉克、路易威登、蒂芙尼、IWC万国表、安踏体育，以及三棵树、科勒等品牌，但由于代言品牌过多，可能会影响传播效果，因此品牌需要考虑能否挖掘出代言人和品牌的连接点。如果没有连接点，没有合适的资源来进行推广，那么，只是为品牌选择了一个有名的符号，这样的代言或许会让公众产生奇怪、惊讶或产生抵触情绪，品牌营销效果将大打折扣。

总之，在现代消费社会，品牌所代表的符号意义满足了消费者对商品功能性价值需求之外的追寻，应该说，品牌要更大程度地依靠商品的符号价值而非使用价值才能顺利地完成商品交换，尤其是对时尚商品或奢侈品这样的特殊商品而言，品牌的符号价值甚至左右着消费者的消费选择，品牌主要利用各类信息手段赋予自身商品与其他品牌不同的符号意义，让其成为代表某种价值或意义的符号，期望这些符号具有的价值被消费者识别并认同，从而在呈现品牌定位，品牌个性和品牌特色的同时，能够对消费者的消费偏好、消费品位、身份地位形成示差性效果，并采取恰当的营销策略达到品牌的商业目的。

当今社会，商品种类极为丰富，时尚类品牌更是琳琅满目，再加上线上和线下多样化的购物模式，消费者在这样的消费环境中甚至有些无所适从，那么，商品品牌所提供的符号及其符号价值像是指引消费者选择购买的方向。未来，符号价值与品牌营销更紧密的联结及在消费伦理方面的意义值得深入探讨。

第三章
消费者的个体特征

消费者的个体特征主要是指消费者在人口上的主要特征，也称人口统计变量，主要指消费者在年龄、性别、种族与宗教、地理区域、受教育程度、职业，以及收入等方面的特征。了解消费者的个体特征是研究消费者心理最基本的、必需的步骤，不但是因为个体特征与消费者心理密切相关，而且个体特征通常比其他变量更容易衡量获取。因此，在理论研究中，只有当个体特征不足以分析其心理和行为时，研究者才会借助其他的变量信息（如个性心理特征、个性心理倾向等）来分析。在时尚消费领域，尤其是服装消费，与消费者的高矮胖瘦、体型体貌等个体特征关系密切。

一、年龄和消费心理

不同年龄的消费者需求不同，消费的形式和内容也不同。因此，可以通过年龄了解一个消费者的需求、经历、观念、态度等信息，同时，企业可以用年龄来细分市场，选择目标市场。一般来说，通过年龄来分析预测消费心理和行为的变化会比较容易，一是年龄的增长出现的消费变化特征比较容易获得，如婴儿服装和成人服装的区别；二是预测人口年龄变化带来的变化比其他变量容易，因为年龄在短期内不会发生太大的变化。

对于消费者来说，除非是为了展示特立独行的个性，多数人的消费更倾向于与同龄人保持一致。有的时尚品牌就是为专门的目标市场而确定的，如近几年流行的潮牌，其目标市场就是年轻人市场。

1.少年儿童的消费心理

少年儿童消费群体由0～15岁的消费者构成，又可细分为儿童消费群体和少年消费群体。这部分消费者一般由父母养育和监护，自我意识尚未完全成熟，道德观念有待完善，缺乏自我控制能力，没有独立的经济能力，因此，具有特定的心理和行为表现。

儿童的具体发展过程可分为婴儿期、幼儿期和童年期三个阶段，一般指0～10岁。在这三个阶段中，儿童的心理及行为出现较大的飞跃，逐渐有了认知能力、意识倾向、学习、兴趣、爱好、意志及情绪等心理现象，还学会了在感知和思维的基础上解决简单的问题。

这一时期的儿童，身体和心理都处于发育成长阶段，主要受情感、情绪的支配，购买行为多依赖父母完成，但他们可以影响父母的决策。麦当劳曾经推出买快乐儿童餐送玩具的系列组合，这使麦当劳成为最受小朋友欢迎的餐厅之一。很多"80后""90后"都记得小时候央求父母带自己去麦当劳，在打开麦当劳红色餐盒取出玩具时的那一份喜悦和感动已经成为自己童年的一份记忆。

在我国，儿童在家庭中占有重要位置，尤其是很多家庭中只有一个孩子，孩子成了家庭的中心人物，父母对孩子几乎有求必应，儿童服装、食品、玩具及其学习用品等构成了很大的消费市场，同时孩子上课外辅导班、兴趣班等开销占家庭消费的比例也很大。随着我国"三孩"政策的开放，儿童消费市场迎来又一波利好，其中童装市场或将进一步爆发，迎来结构性增长机会。曾经被人瞧不上的童装市场，如今已经成了所有运动巨头加码的赛道。不管是国内的特步、森马、361°，还是国外的斯凯奇等品牌，如今都在冲刺进入童装市场。其中，2022年3月，361°将童装作为品牌的第二增长线。截至2023年3月，361°在全国的童装门店数量已经达到了1896家。另外，重视童装市场的品牌还有森马，森马甚至把童装市场看得比成人市场还要重要。森马旗下的童装门店数量高达5700多家，与休闲服饰门店的2800家相比，多了将近3000家。

由于每个孩子的背后都站着潮流中的潮爸和潮妈，因此，对于儿童服装，无论是传统印象中的经典风、学院风，还是户外街头的服装造型和朋克感儿童服装，时尚性都大大增强。博柏利、古驰、茉思奇诺、高田贤三等众多的奢侈品牌已经进入童装市场，其中博柏利于2001年发布的童装系列分为"新生儿+婴儿""幼儿"及"儿童"三大主要系列，包括经典的风衣、外套、洋装与针织衫外套等（图3-1）。

少年消费者是指11～15岁的消费者。与儿童相比，他们的身体、心理都有了较大的变化，生理上进入第二个发育高峰，心理上有了自尊与被

图3-1 英国品牌博柏利发布童装系列产品

尊重的需求。他们处于依赖与独立、成熟与幼稚、主动与被动交织在一起的时期。反映在消费心理方面就是，他们不愿意受父母过多的干涉，希望按自己的意愿行事，要求独立购买喜欢的商品，喜欢在消费品的选择方面与成人相比拟。另外，少年消费者由于参加集体学习、集体活动，受社会环境的影响逐渐增加，其消费观念和消费爱好由主要受家庭影响逐渐转变为受同学、朋友、老师、艺人及大众传媒等社会因素影响。

当下，少年们是电子设备、运动器械和音像产品的主要销售对象，尤其是现在受网络的影响越来越大，在网上，他们常常处于多任务状态，可以同时做家庭作业、下载游戏、听音乐、聊天。对他们来说，对互联网的接受能力超乎寻常的强，更愿意从虚拟的网络世界去沟通、交流、购物，甚至有自己的网络虚拟形象。

还有许多青少年受到"二次元"文化的影响。"二次元"文化源于日本的动画片、漫画书、电子游戏等文化产品，以及其衍生出的一个感觉结构及二维的动漫。这些二次元为青少年营造了唯美的动漫世界，满足了他们的幻想，为青少年群体所喜爱，与他们的审美情趣与性格爱好达到高度配比。同时，随着追捧二次元文化的青少年人群不断壮大，他们的需求开始不只满足于影视剧和动漫，而慢慢迁移到日常。例如，二次元的服饰风格带有动漫元素（图3-2），带有强烈的俏皮感，充斥着一股与众不同的前卫感和未来感，有青春活力属性的水手服、最萌属性的女仆装、甜

图3-2 "二次元"洛丽塔装颇受青少年喜欢

美浪漫的洛丽塔装等，被很多年轻女生所喜爱。

2.青年消费者的消费心理

青年是指少年向中年过渡的人群，一般指16～35岁的人。但随着人均寿命的延长，有的研究提出对青年群体年龄的范围划分上限应延长至45岁。由于年龄跨度较大，这部分消费者还可以细分为更多的市场。总体来看，青年消费者基本已具备独立购买商品的能力，具有较强的自主意识，购买力较高。

在消费中，青年消费者是时尚的追求者，他们思维活跃、富于幻想、勇于创新、渴求新知、追求新潮、积极向上，对新产品有极大的兴趣，喜欢更换品牌，体验不同的感受。他们往往是时尚新产品或新的消费方式的尝试者、追求者和推广者。另外，他们追求个性独立，希望形成完善的自我形象。反映在消费心理方面就是愿意表现自我的个性与追求，喜欢购买个性化的商品，并把购买的商品同自己的理想、职业、爱好，甚至自己所崇拜的艺人、名人等联系在一起，力求在消费中充分表现自我。

根据北京师范大学课题组发布的《2021新青年时尚消费趋势发展报告》（以下简称报告）认为，由19~35岁的移动互联网用户组成的"新青年"消费者，已成为时尚消费的主力军，在多种时尚消费场景中展现了更大的"爆发力"及未来发展潜能，新电商平台拼多多则成为时尚消费者首选性价比平台，平台上的国内外时尚品牌备受新青年消费者青睐。这个报告是根据问卷调查与行业研究，对不同地区、不同年龄段的年轻人对服饰品牌偏好、穿衣风格喜好、时尚家居等购物习惯等进行洞察与分析。同时通过分析年轻人喜欢的潮玩元素、可接受价位区间等信息，全面洞察新青年追逐时尚的方式和态度，并针对线上时尚消费发展做出相应的趋势判断。报告认为，在购物时，除了性价比因素，新青年时尚消费者对功能诉求更为细化，产品品质和专业功能体验成为年轻群体消费时重点关注的信息。近六成的新青年时尚消费者表示，时尚的外观设计会促进他们的购买决定。

值得注意的是，近年来，中国人购买奢侈品的市场份额不断提升，其中，年轻人正在成为高端消费品的主力。2018年，麦肯锡的调研数据显示，"80后"成为国内奢侈品消费的主力军，约有1020万人购买了奢侈品，占消费总人数的43%；年均消费额达4150亿元，占比56%。到了2021年，这种奢侈品消费的年轻化趋势继续扩大。贝恩咨询公司发布的《贝恩奢侈品研究》数据称，2021年中国奢侈品市场主要消费人群年龄为40岁以下，其中24岁以下的消费人群增长至占比24.8%；并预计到2025年，千禧一代及25岁以下的消费者将成为奢侈品消费市场的主力军，占比将达到65%~70%。

而且，由于青年消费者接受新事物的能力强，他们并非一定要到奢侈品实体店购买商品，通过天猫、抖音、快手、小红书等数字化平台完成奢侈品购买也是这个群体的主要特征之一。据天猫奢品相关负责人告诉《每日经济新闻》的记者，天猫奢品过去一年（2022年）的数据显示，超500万消费者通过天猫奢品频道成为奢侈品牌的粉丝，"95后""Z世代"年轻人由于数字化程度高，增速更快。2022年非常明显的趋势是，消费者对保值属性更强的硬奢产品偏好增加。单价10万元以上的硬奢腕表增速很快，2022年"双11"期间同比增长超三位数。因此，面对中国市场的潜力，除大牌奢侈品之外，新锐小众品牌也开始青睐中国市场,《2022中国奢侈品报告》显示,大量高端小众品牌,比如吉尔·桑达(Jil Sander)(图3-3)、埃米尔(Amiri)、梅西卡(Messika)等多个知名设计师品牌纷纷在天猫奢品线上开店,它们借助线上平台进军中国奢侈品市场,给中国奢侈品市场注入了新的活力。

图3-3 德国设计师品牌吉尔·桑达因节俭的美学和简洁的线条受到青年人的喜爱

3. 中年消费者的消费心理与行为

中年消费者一般是指36~59岁的消费者(也有指46~59岁的消费者)。这一阶段的消费者人数众多。并且,多数中年人在社会和家庭中都处于决策者的位置,是消费市场上重要的购买力量。中年消费者的生活阅历、购买经验丰富,多以理智支配自己的行动,注重商品的性价比,购买决策一般是多次分析、比较、判断的结果。同时，中年消费者一般具有稳重、老练、从众、保守的特点，他们对给自己带来益处的商品或品牌持有好感，为减少风险，愿意购买固定的品牌。他们不像年轻人一样特立独行，不愿意"出头"，更多人选择低调的品牌，更多地考虑他人的看法，以维护自己在社会中的地位和品位。

对这个年龄阶段的消费者来说，尤其是女性，对服装、配饰等的需求是很大的增量市场。特别是那些受教育与思想开放程度较高的中年人，大部分是我国改革开放的生力军，在单位里往往处于重要的地位，担任较高的职位，因此，虽然性价比是他们消费考量的因素之一，但同时，他们对于市场经济中各种商业因素诸如品牌、产品设计和销售渠道等有着自己的判断力和敏感度，服装要舒适、耐穿、简约大方，也要有一定的时尚感。而且，对服装的场合性要求更高，如日常穿着、运动、旅行、社交等。

由于中年人的身体状况和审美需求与年轻人不同，因此，中年服装在设计、面料、款式等方面都有独特的考虑。例如，在款式上，青年女性服装的变化是多样的，具有很大范围的可调性和无限的可能，甚至可以混搭各种搞怪的服装，显得很新潮；而中年女性服装的款式大多稳定，主要的款式变化体现在细节方面，比如分割线、口袋、领子等。在颜色上，青年女性服装从鲜艳的橙色到暗沉的黑色都有所应用，中年女性服装的颜色大多是暗色调的，其中黑、白、灰三种经典的无彩色系更是被大范围地应用，当然不乏较鲜艳的颜色也被应用于服装中，但较多的是作为点缀色。另外，墨绿色、枣红色等暗色调的颜色在中年女性服装中的应用相对广泛。在服饰的搭配上，胸针、丝巾等在提高中年女性的气质方面也发挥较大的作用。

北京的女装品牌"玫而美"成立于1991年，其客户群体是追求自然朴实、讲究文化内涵的成熟女性（图3-4）。具体而言，"玫而美"把28~55岁的知识女性，作为第一服务对象，并把服装的风格定位在职业偏休闲。"玫而美"品牌的设计注重结构、线条的朴实无华，注重舒适、讲究细节，设计追求感性和理性的完美结合，赢得了很多成熟女性的喜爱。

图3-4 "玫而美"女装定位成熟的女性

4.老年消费者的消费心理

老年消费者一般是指60岁以上的人。随着社会生活环境的改善和卫生、保健事业的发展，世界人口出现老龄化的趋势，老年人在社会总人口中所占的比例不断增加。老年消费者在多年的生活实践中，不仅形成了自身的生活习惯，而且形成了一定的购买习惯。这类习惯一旦形成就较难改变，并且会在很大程度上影响老年消费者的购买行为；反过来，这会使老年型商品市场变得相对稳定。由于年龄和心理因素，与年轻人相比，老年人的消费观比较成熟，消费行为理智，冲动消费和盲目消费相对较少，更加追求实用性商品。

小知识

银发市场

21世纪，人口老龄化已经成为世界各国必须面对的一项重大挑战。随着老年消费者在社会消费者中的比例不断提高，

> 企业、社会服务机构、时尚产业，都已注意根据他们的特殊需求，为他们提供称心如意的服务和产品，甚至在每种产品的通用设计中，还要考虑"银发族"的特殊需求，这对企业来说，意味着一个"藏金蕴银"的大市场，这个市场被称为银发市场。在一些发达国家，因老年人消费市场应运而生的企业已经形成了一个现代产品和服务的产业延伸链。总的来说，银发市场不仅涉及老年人的衣、食、住、行，康复保健，还包括老年人学习、娱乐、休闲、理财和保险等内容。

在传统观念中，勤俭节约、注重性价比等标签是对于老年消费者的主要印象，但随着社会经济的发展和文化水平的提升，拥有充足退休金和闲暇时间的老年人开始关注时尚，注重对美的追求。数据显示，中老年人群的护肤产品消费力正在不断增长，50岁以上用户选择美妆护肤的消费额度同比增长率为51%。有机构预测，未来中国中老年美容化妆市场规模将超过千亿。虽然护肤品仍占据中老年化妆品市场的主导，但老年人对彩妆的需求也在逐步提升。还有的老年大学开设了化妆课程，并在抖音等短视频平台兴起了"给妈妈化妆"等话题内容。

目前，市场上多数老年服饰风格单一、款式传统，难以满足老年消费者不同层次的时尚化需求。阿里巴巴曾发布一份《银发族消费升级数据》，该数据研究了淘宝天猫、支付宝、阿里健康、口碑、飞猪、优酷等平台上的银发族消费行为，结果指出，银发族购衣搜索热门词为"新款""连衣裙""洋气""百搭""旗袍""民族风""汉服""小白鞋"，这恰恰反映了他们的需求定位——社交、尝新、彰显个性。例如，进入老年大学或参加模特秀等，或者学习太极、拳术、舞蹈、瑜伽、健身等，因为有更多的展示、演出、比赛的机会，老年人的服饰消费需求就很大。当然，为了拍照好看，丝巾、帽子等配饰产品也是老年人游览观光的必备单品（图3-5）。

可见，时尚并非年轻人的专利，老年人爱美的追求仍旧不变，随着银发市场的持续扩张，提升自我、追求审美的老年人的生活将更精彩。

图3-5 "丝巾"成为很多中老年女性旅游拍照时的标配

另外，需要考虑心理年龄对消费的影响，一般来说，心理年龄和实际年龄并不完全相同，有的专家研究显示，通常人们的心理年龄比实际年龄小10~15岁。一项服装消费研究表明，心理年龄是预测着装和其他自我展示因素重要性的更加可靠的指标。这表明一个老年人虽然70岁，但却仍可能像50多岁一样穿着时尚潮流服装，这是因为其心理年龄在发挥作用。为此，有的品牌在营销过程中并不过度强调年龄的适配度。

二、时尚与怀旧

对于多数物品来说，越新越好，但还存在着一些东西，它们不需要新颖的元素，反倒是保留原本的模样才最有意义，或者说越是经过时间的沉淀，它才越有价值，比如瓷器、铜器、玉器、字画类，或者小时候历经的所有，因为陈旧，就越吸引人，越是有历史底蕴，就越有味道。

对于有的人来说，并不总是会喜新厌旧，他们对旧物品带有某种情愫。"怀旧"是人们一种特殊的心理现象，一种情绪或心结，是因出于个体对于自己先前遇见过的某个人物，或经历过的某个时代、某件事情，或自己有过一段生活经历的某个地方，或因上述现象所牵涉的对某件物品的思念或回忆，而产生出来的较长时间的眷恋和怀念。

"怀旧"既带有浓烈的个人特征，也具有社会的普遍意义。对消费者来说，同一年龄段的消费者同时经历社会的变迁，那么，曾经那些吸引他们的价值和象征物更能够唤起很强的怀旧感。

2012年9月的一天，一位上海网友发了条微博，抱怨自己的耳机被猫咬了，并配了张图。不料，几乎没人关注他那坏掉的耳机，相反，耳机下的床单——一条印有浅红牡丹花图案的老式棉布床单，吸引了众人眼球。短短几天之内，该微博被转发超过3万多次。

"这床单我家也有！""我家用了30年也没坏呢！""我妈结婚时托了不知多少人才买到的"……这一床单的款式、花色、材质几乎是每个中国家庭再熟悉不过的，让网友们纷纷产生共鸣，将其称为"国民床单"（图3-6）。在网友发起的"晒床单"活动中，有一位网友还特地把床单的标签露了出来：上海民光被单厂，上海著名的老字号企业。

民光的这条几十年前流行的床单的款式、花色、材质，几乎每个中国家庭都

图3-6 "国民床单"花样

再熟悉不过，它采用与普通床单不同的特殊工艺，以纱线交织，有色彩鲜艳、挺括耐用、久洗不坏等特点，民国时期就风靡一时，在新中国成立后更成为家家户户的必备床上用品。

不要小看一张床单，专家指出，床单图案的布局、搭配、精细度，都体现了20世纪七八十年代工艺美术师们的艺术水准和工匠精神。当时的印染技术要求设计师在一张薄薄的油纸上，用红笔勾画出等比例大小的图案，对称的纹样就更考验设计师的功底。除了花卉，当时还有不少鸟类图案。比如丹凤朝阳图案——飘逸着长尾的凤凰，凤凰周身花团锦簇，四面还有小鸟儿雀跃，充满了吉祥喜庆之感；同样，鸳鸯戏水寓意着百年好合，这些都是当年新娘子陪嫁的标配。

"国民床单"网上爆红后，勾起了人们的温馨回忆和怀旧情怀。不少网友说，20世纪80年代出生的人就是在这张床单上长大的。妈妈们说，民光床单结实光洁，不易沾灰，不用熨烫；色泽鲜艳、久洗不褪色；用了多年的旧床单变得柔软，还能给宝宝做尿布，物尽其用……在物资匮乏、买床单需要用布票的年代，民光床单装点了千家万户，体现了那个年代的美学特征。

由此，"国民床单"热带来了一大波购买需求，在新一代人的发掘下成为一种新时尚，看到市场需求后，企业马上恢复这款床单的生产，并在天猫、京东、唯品会设有民光家纺旗舰店。

类似以上因为怀旧而激发消费者购买心理及行为的例子还有很多。有研究表明，怀旧在各个年龄层都可能发生，尤其是中老年消费者，因为他们更倾向于记住自己童年或青少年时期用过的产品、听过的歌、穿过的衣服、吃过的食物等。

例如，创立于1931年的"百雀羚"品牌（图3-7），在当时的上海非常有名，受到名媛贵妇的青睐，成为上海各大商店化妆品柜台的时尚畅销货。20世纪90年代，随着外资化妆品强势进入我国市场，本土化妆品牌几乎全部沦陷，百雀羚等国产品牌被贴上"老化""低端"的标签，逐渐被排挤到主流销售市场之外。2004年，百雀羚进行了全国性的市场调研，调研团队从一线省会到三线城镇，共走访了30多个城市，寻找百雀羚在新老顾客心中的价值。调查结果喜忧参半，令百雀羚欣慰的是从调查中发现顾客们没有忘记这个老牌子，对百雀羚的产品质量是信赖的，因为家里有几代人用过，都说产品好。这说明连接百雀羚品牌与消费者之间关系的纽带依然存在，消费者对老产品有怀旧情感。但调查中发现的问题是被访者普遍认为百雀羚"老了、形象太土"。

图3-7 怀旧风格的百雀羚的广告及包装

由此，在保持产品品质的基础上，如何打开市场，让消费者觉得品牌不过时，有新意，成为百雀羚发展的首要任务。于是，百雀羚重新调整发展方针，对品牌进行重新定位，撕掉"老化"标签，进行时尚化转型，强调草本类天然配方，确定"草本护肤"的品牌定位和"天然不刺激""温和护肤"等护肤理念，来迎合当下的消费潮流及年轻人的消费需求（图3-8）。

图3-8 百雀羚的新包装和草本系列产品

在明确品牌进行时尚化定位之后,百雀羚通过产品、渠道、传播等策略的实施,提出"草本百雀羚,岁月无踪影""千年草本,百年国货""老一辈的经典,新一代的传承"等广告语,重返主流护肤品市场,并掀起了一股国货复兴潮,以全新的面貌回到大众视野。

对企业来说,可以通过消费者的怀旧情怀使旧产品焕发生机,或在广告制作中加入怀旧元素来吸引更多的消费者,唤起消费者的回忆,营造情感共振,或通过品牌重塑来重新定位目标消费者,运用品牌营销策略,重新树立品牌形象。

2021年,饼干品牌奥利奥携手音乐偶像周杰伦,打造"水墨国风艺术",引起传统文化与怀旧情怀共振。在Jay式国风音乐中,不仅建立起品牌、受众与传统文化之间的价值纽带,也为品牌"国风玩心"的形象建造坚固的基础。同时在线下打造"笑奥天下"艺术展,通过3D打印技术和热体感交互技术,为消费者营造沉浸式国风体验。相关平台数据显示,国风限定黑白双色饼干上线48小时内爆卖12000盒,而全球限量的音乐盒上线当天即全部售罄,可见,"怀旧"对消费者的影响力(图3-9)。

图3-9 奥利奥国风限定黑白双色饼干宣传图(见文后彩图4)

三、女性的力量

女性消费市场是一个潜

力极大的广阔市场。女性消费者不仅数量多，她们的消费需求和购买动机比男性更加丰富多彩和主动积极，尤其对时尚的追求，女性比男性更加关注和投入。而且女性不仅为自己购买所需商品，也是儿童用品、老人用品、家庭用品的主要购买者，她们承担的母亲、妻子、女儿等多种角色对周围其他消费者产生很大的影响。

一方面，由于女性既要工作，又承担了较多的家务，所以迫切希望减轻家务劳动，缩短家务劳动时间，能更好地娱乐和休息。为此，她们对提供便利性的消费品有浓厚的兴趣，愿意尝试新的方便消费品，如扫地机器人、各式小家电、半成品蔬菜等。同时，随着女性地位的提高、物质生活的逐渐丰富，女性在精神领域的追求也日益明显，除了追求实用、方便之外，更多女性开始关注内心和高品质的生活，以满足个性化的需求。因此，在购买活动中，她们不但注重外表，侧重外观包装，还热衷于追求品牌并信任品牌，同时，她们不断地追求商品的流行趋势，追求时尚，使用新颖、奇特的商品来强调自我个性。另一方面，女性的消费还带有很强的情感色彩，她们关心商品背后所包含的情感意义。如果一件商品表达了爱情、亲情、友情，能够唤起其情感或回忆，她们就会认为这种商品对自己有特别的价值。而且，女性购买商品时极为强调美感，会对品牌的寓意、款式或色彩产生丰富的联想，喜欢能够带来梦想与幻想的商品。因此，各种"萌"商品、"卡哇伊"商品，或者浪漫的咖啡厅、温馨的精品屋都受到女性的欢迎。

有研究显示，当下年轻的女性正青睐"有仪式感"的消费，从"秋天的第一杯奶茶"到"冬天的第一顿火锅"，从"精致的爱心早餐"到"一场烛光晚餐"（图3-10）……"万物皆可仪式感"正渗透于每一个生活场景，这不仅体现了女性对美好生活的追求，女性的消费更加注重情感的体验和满足的特点，还承载了女性对待生活的态度和方式。很多时候，具有仪式感

图 3-10 具有仪式感的餐厅受到女性的欢迎（见文后彩图5）

的消费，能够增强消费者的幸福感、愉悦感和满足感，也是消费升级的结果，越来越多的商家通过创造"仪式感"的方式来吸引消费者。

2021年，21世纪新汽车研究院等推出《女性汽车用户偏好与消费趋势洞察报告》，揭示了女性汽车消费的"密码"。从整体年龄分布来看，"90后"已经成为汽车消费的主要力量，"00后"消费群体正在崛起。不过，与男性汽车用户相比，女性汽车用户则呈现出更加年轻化的趋势。其中，"90后"女性汽车用户占比达到47.8%（"90后"男性汽车用户占比为36.2%），成为汽车消费的绝对主力。

报告特别分析了女性轿车用户偏好，2021年，轿车销量排名前三位的车型依次为轩逸、朗逸、卡罗拉。从以上三款车型购买人群的男女比例来看，女性用户占比最高的是卡罗拉，达到46.7%；其次是轩逸，最后是朗逸，后两者中女性用户占比也接近40%。从城市分布来看，上述三款轿车中，超过40%的女性用户位于北京，其中轩逸女性用户占比最高，位于北京的女性用户比例达到57%；卡罗拉和朗逸分别为41%和40%。在年龄分布上，上述三款车型的女性用户中，"80后"占比最高，其

次是"90后";但朗逸的"90后"和"00后"女性用户占比明显高于卡罗拉和轩逸,用户群体呈现出更加年轻化的态势。从兴趣标签来看,女性卡罗拉用户偏爱新闻、旅行、娱乐;女性朗逸用户更爱时尚、美食;女性轩逸用户在关注美食的同时,还关注情感生活。

女性SUV用户偏好分析结果显示,2021年,SUV销量排名前三位的车型依次为哈弗H6、长安CS75、本田CRV。从三款SUV车型用户的男女比例来看,本田CRV女性用户占比最高,达到43.7%,其次是哈弗H6,女性用户占比达到37%;最后是长安CS75,女性用户占比35%。从城市分布来看,北、上、广是女性SUV用户分布最高的区域,其中北京是女性用户比例最高的城市,位于北京的本田CRV女性用户比例最高,达到57%。

另外,从女性汽车消费趋势来看,女性汽车用户偏好呈现出以下三个趋势。

首先,在年龄分布上,"80后""90后"及"00后"女性消费者正成为汽车消费的绝对主体,尤其是"90后"女性消费者,在多个车型的购买结构中比例已经接近"80后"女性消费者。此外,随着"95后""00后"逐渐步入职场,中国汽车市场购车者主力军逐渐向"00后"过渡,越来越年轻的女性消费者在整体汽车消费者中的比例将不断上升。

其次,从整体地域分布来看,女性汽车用户主要集中在经济相对发达的沿海地区。尤其在北京市、广东省、江苏省、上海市、浙江省、山东省、福建省等地更为突出。在经济更为发达的地区,随着经济的发展及女性消费者消费能力的提升,在过去以男性消费者为主体的汽车消费领域,存在巨大的市场空间,未来女性汽车用户占比有望得到进一步提高。

最后，从女性汽车用户的购买偏好来看，女性汽车用户在探讨汽车消费的过程中，更加关注美食、旅游、时尚、健康等消费领域话题及明星、娱乐、新闻、电影等文娱类信息，行为偏好更加感性，与男性汽车用户更加注重产品功能相比，女性汽车用户在情感化和个性化方面的需求更加多元和丰富。

与女性相比，男性参与消费活动的意愿和实践经验通常没有女性丰富，对购物、逛商场的兴趣似乎并不高，对于时尚的敏感性也不高，他们多为理性购买，注重产品的基本功能与实际效用。

不过，如今随着观念的转变，传统的性别角色认知正慢慢发生转变，越来越多的男性开始关注时尚。例如，以前奢侈品也许还是女性的专属，那么现在的奢侈品时代有一大批精英男士正在进入。古驰、路易威登，甚至是爱马仕等多个奢侈品品牌都开始给予男士们更多的关注与投入，拓展男士产品线，甚至开设了男士产品专卖店。男性的奢侈品消费正在催化着整个市场的增长。

不同于女性消费者依赖感性的消费习惯，男性消费者更加理性、平稳，男性消费源于他们社会财富的积累。如今，礼品馈赠也成为男性奢侈品消费的一大原因。另外，为"颜值"付费的男性群体逐步壮大，其中，欧莱雅（L'OREAL）男士是巴黎欧莱雅于2004年推出的男士专业护肤品牌，专注于提供男性控油、保湿、抗皱等多个系列的护肤产品（图3-11）。男性消费者在化妆

图3-11 欧莱雅推出男士专属护肤产品

品市场的重要性越发凸显，护肤、美容、洗护、彩妆等产品早已不再是女性专属。看来，无论是自我形象管理还是审美意识，男性消费的边界都在不断拓宽。

这样看来，不仅女性在消费时尚领域拥有更高的话语权，"她力量"在消费市场中得到凸显，或许男性消费力也被大大低估了。

四、体型和体貌

一般来说，体型和体貌是消费者选择服装时首要的考虑要素，一个体型较胖的消费者首先要确定的是某件衣服是否能穿得上，然后才考虑是否进入下一步的购买程序。事实上，消费者的身高、体型、相貌等特征对消费者选择服装的影响很大。

当然，有些产品与消费者的体型体貌关系并不大，如汽车、手机、手表、美食、酒店等。但也有一些产品与个体的体型和体貌关系非常密切，如时尚类产品包括服装、服饰、美妆等。

体型和体貌主要是指人体在体型、面容、长相、体态等方面表现出来的特点，如人身材的高、矮、胖、瘦，皮肤颜色的黄、白、黑、红等。体型和体貌主要分为面貌特征和体型特征两大类，面貌特征包括头型、面型及眼睛、眉毛、鼻子、唇、嘴、牙、胡须、耳朵、下颌、皱纹等。

体型特征包括人体外部形态特征和体格类型。对于消费者来说，如果希望通过服饰来表达时尚，那么，了解自己的体型和体貌，能够根据自己的体型和体貌选择适合的服饰和穿搭风格来扬长避短是非常重要的。

部分心理学家认为，一个人的体型、体貌和个性之间存在着某种联系，而且一个人的心理状态也可以通过体型和体貌反映出来。例如，德国精神病学家克雷奇默（Kretschmer）认为可以按体型划分人的气质类型，包括肥满型、瘦长型、筋骨型。其中，肥满型的人容易产生躁狂气质，其行动倾向为擅长交际、活泼热情、平易近人；瘦长型的人容易产生分裂气质，其行动倾向为不善交际、孤僻、神经质、多思虑；筋骨型的人容易产生黏着气质，其行动倾向为迷恋、认真、理解缓慢、行为较冲动。他还认为三种体型与不同精神疾病的发病率有关。

美国心理学家谢尔顿（W.H.Shelton）的研究认为形成人体体型的基本成分是胚叶，并把不同体型的人划分为内胚叶型、中胚叶型和外胚叶型三种类型（图3-12）。

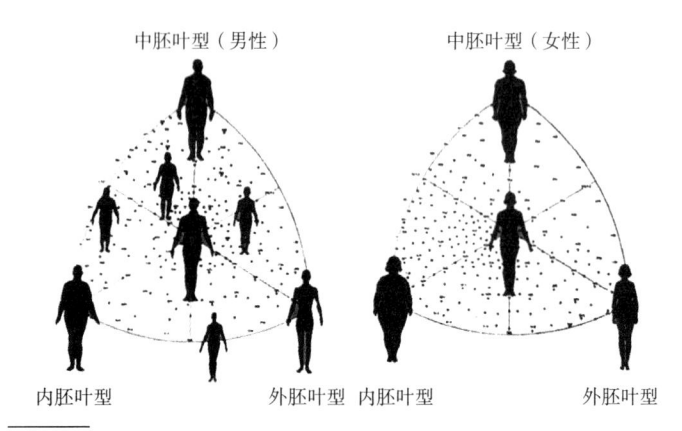

图3-12 心理学家谢尔顿的研究体型和个性的关系

内胚叶型：属于肥胖型，体型特征为丰满、肥胖；特点是图舒服，好美食，爱睡觉，善交际，行为随和，会找轻松的事干。中胚叶型：属于运动型，肌肉发达、结实，体型呈长方形；特点是武断，过分自信，体格健壮，主动积极，咄咄逼人。外胚叶型：属于瘦弱型，体型高大，体质虚弱；特点是善自制，对艺术有特殊爱好，倾向于智力活动，敏感，反应迅速，工作热心负责，睡眠差，易疲劳。

研究犯罪的心理学家切萨雷·龙勃罗梭（Cesare Lombroso）被称为"实证犯罪学之父"。作为一名监狱医生，龙勃罗梭对囚犯的生理特征十分着迷，他是第一个主张用"经验法"来论证犯罪发生的原因的人。龙勃罗梭认为人的长相、身材决定了他是否容易犯罪。他得出的结论是一个人长得越像原始人，犯罪率越高，他把这种现象称为"返祖现象"。

到目前为止，人的个性和体型体貌的关系还在不断地研究中，虽然没有一个准确的答案，但是，体型体貌特征在一定程度上能够反映一个人的个性。可以说，人的体型体貌和个性有着很大的联系，它们之间是相互作用和相互影响的，正如中国有句古话叫"相由心生"，这句话的观点其实也是在说明一个人的面相和内心的性格有着很大的关系。

一般来说圆脸型的人，由于面部没有棱角，所以看起来比较和善，没有攻击性，他们在社会交往中有比较好的人缘，也非常容易得到大家的喜爱。方脸型就是常说的国字脸，脸型看起来棱角分明，拥有这种脸型的人给人一种很稳定和可靠的感觉。倒三角脸型的人被认为具有艺术气息，他们想象力丰富，对生活充满着热爱和希望，可能在艺术上表现优秀。菱形脸型的人被认为性格比较严谨，做事情比较细心，但与人交往显得冷淡，可能有拒人千里的感觉。对于美妆品牌来说，开发适合不同脸型的产品，包括粉底、蜜粉、口红、眼影和胭脂等，使消费者可以根据脸型、面部特征和活动的场景等，设计出生活妆、宴会妆、烟熏妆、舞台妆等来打造自我形象。

需要说明的是，由于出发点不同，人们对体型的划分方法不完全相同。例如，有人把身材划分为H型（长方型）、V型（草莓型）、X型（沙漏型）、O型（苹果型）、A型（梨型）。根据这种体型分类来选购衣服才能达到更好的着装效果。不同体型的人着装的注意事项如下：

（1）H型。也称长方型或矩形身材，指身材比较扁平、偏瘦，肩和胯同比宽。欧美的服装模特多见H型身材。属于这种身材的女性应避免穿直筒型衣服，否则容易让人感觉上半身和下半身没有差别，上衣款式可适当蓬松，突出腰部，如果腿长腿瘦，可适当露腿拉高身材；男性可选西装、风衣等有廓型感的服装。

（2）V型。也称草莓型，特点是肩宽或厚，上半身胖下半身瘦。这样身材的女性可选深V，高腰下摆宽的A字板型的上衣，通过视觉错开协调比例。对男性来说，V型是理想的身材，选衣时越简单越好，减少配饰或者是比较花哨的衣服，衬衫、T恤、运动服装都能够凸显身材。

（3）X型。也称沙漏型，又称S型，其特点是肩部跟臀胯接近，胸部与臀部比较丰满，腰细，对女性来说，这是最完美的身材，有人称这种身材是"行走的衣架子"，因此，服装可选择范围很大。

（4）O型。也称苹果型，特点是身型偏胖，胸部、腰部、臀部、大腿部脂肪比较多，身体中部厚重，整体看起来较圆润。一般选择色彩低调、可以遮盖体型、有垂坠感的服饰，避免横纹，不适合穿窄脚裤、紧身衣等。

（5）A型。也称梨型，特点是肩部窄，臀部宽，腰偏细，下半身较胖。一般选择垫肩、收腰的上衣，也可选颜色跳跃一些的上衣，转移注意力，避免穿软面料衣服凸显腰腹部。不合适铅笔裤、蓬蓬裙等对腿部要求较高的衣服类型。

对消费者来说，不仅要知道自己的体型适合什么类型的服装，还要根据自己具体的特点（如肤色、肤质、五官等）综合分析之后才能做出最后的选择。

简单来说，可以遵循的穿衣原则包括：第一，短上衣原则，上衣越短越显高；第二，高腰线原则，裙腰或裤腰越高越显高；第三，细材质原则：越精致细密的材质越显瘦，如丝质、棉质、密度高的羊毛羊绒，越蓬松厚重的材质越显胖，比如马海毛、粗棒针毛衣等。实际上，消费者要想达到完美的服饰搭配效果，需要在考虑体型体貌之外，讲究更多的细节或技巧，正如有人说"美存在细节中"。

例如，小腿粗的女性在穿搭的过程中要尽量避免紧身裤和短裙，而选择长裙或者阔腿裤等能够掩盖缺点的款式，使腿型看上去更加完美。腿短的女生选择高腰裙或者高腰裤，在提高腰线的同时，还能在视觉上起到显腿长的作用等。

由于服饰是典型的买方市场，市场上的服饰产品多种多样，消费者的选择权是充分的，且能够根据个体的体型体貌来选购服装服饰，不仅体现了消费者对自我身体的认识，也是个体自我心理认同，以及其价值观、审美观的体现，综合反映了个体消费者的消费能力。

五、职业和收入

职业决定一个人的社会地位和经济收入，社会地位和经济收入影响着消费者的消费层次和消费意向。例如，公司白领和超市售货员的消费层次和消费意向肯定不同。

具体原因有以下三点：第一，不同职业的收入不同，导致消费者的收入差异，消费水平也各有差异。例如，普通职员收入有限，消费时更看重产品的实用性和实惠性，精打细算、货比三家；而高层管理者喜欢购买高品位、高档次的产品，注重产品带来的利益，希望听到别人的夸奖和赞美。第二，职业会改变一个人的消费观、价值观和审美观。例如，教师素质高、受教育程度高、倾向购买以图书为代表的满足精神需要的产品；工程师多为理智购买者，会用挑剔的眼光看待产品，购买前需要全面了解和分析产品信息，愿意坚持产品品质标准。第三，职业的稳定性，如政府公务人员的职业稳定，而私企的从业者不稳定，从而影响消费者对未来收入的预期进而影响消费。

职业和汽车品牌的购买之间有着紧密的关联，选择相同品牌的车主往往有着相似的职业特征。例如，有统计表明，企业家以选择奔驰、宝马或奥迪车为主；外企高管倾向选择凯迪拉克、捷豹、保时捷；医生、律师倾向奥迪、宝马、林肯；教师以选沃尔沃、本田、丰田为主；公务员多选奥迪、大众、红旗；从事艺术的自由职业者多选择MINI、甲壳虫等车型。

2023年初，凯迪拉克针对特定职业推出了限时购车措施，凯迪拉克方面称"精英圈层购车礼遇"，根据凯迪拉克的宣传海报，凯迪拉克的"精英圈层购车礼遇"锁定的职业为"在职医生、护士、教师、金融从业人员、注册会计师、注册建筑师、注册工程师"。对于这些"精英圈层"，在限定时间内购买凯迪拉克全系车型，将获赠商业险等优惠。从这次促销宣传，可以清晰地看见凯迪拉克的目标顾客群的职业特征。有的消费者认为这样的措施有利于进一步巩固品牌形象，也有的消费者认为，品牌的这种做法是一种"职业歧视"。

收入对消费者消费支出的影响是不言而喻的，是一个直接的、甚至是决定性的影响因素。多项研究表明，当消费者的收入提高时，消费支出状况会发生同比变化，收入对预测消费者购买行为方面的影响比较显著。消费者的个人收入并不仅仅是消费者的个人工资收入，还包括各种奖金、证券红利、房产租金、赠予、退休金等，当然，消费者并不一定把全部收入都用来进行消费，收入的一部分可以用来储蓄或信贷。

在分析消费者的收入时，还需要明确几个相关的概念。

（1）人均国民收入。人均国民收入是指国民收入总量除以总人口的比值。这个指标大体反映了一个国家人民生活水平的高低，也在一定程度上决定商品需求的构成。一般来说，人均国民收入增长，对消费品的需求和购买力就大，反之就小。例如，根据有关统计，一个国家或地区人均国民收入达到5000美元时，休闲消费就会进入快速增长时期，汽车等产品的消费进入普及阶段。

（2）个人可支配收入。个人可支配收入是指在个人收入中扣除税款和非税性负担后所得的余额，它是个人收入中可以用于消费支出或储蓄的部分，构成实际的购买力。

（3）个人可任意支配收入。个人可任意支配收入是指在个人可支配收入中减去用于维持个人与家庭生存不可缺少的费用（如房租、水电、食物、燃料、衣着等的开支）后剩余的部分。这部分收入是消费需求变化中最活跃的因素，因为这部分收入主要用于满足人们基本生活需要之外的开支，一般可用于购买奢侈品、旅游度假等，它是影响非生活必需品的主要因素。

（4）家庭收入。家庭经济收入对个体消费者的影响是非常大的。一方面，作为家庭成员的个体，如果成长在收入较高的家庭中，能够获得更多的物质资源，消费支出有更大的自由；

另一方面，家庭成员的消费价值观、消费习惯会相互影响。例如，收入不高的父母在消费时精打细算，其子女的消费可能就会遵循不乱花钱、勤俭节约的原则。另外，由于家庭本身是一个消费单位，很多商品是以家庭为单位进行购买和消费的，如家电、家具、纺织品等。

收入对消费者心理和行为的制约作用可以归纳为以下两点：第一，当消费者的收入水平低、收入来源不稳定时，消费者的需求随之降低，消费心理低沉，对生活缺乏稳定感，消费支出会减少，对消费品的价格敏感。第二，当消费者的收入水平越高，收入来源越稳定时，消费者的需求随之增长，消费心理活跃，消费开支加大，对生活充满信心，对商品价格不敏感，追求高档或奢侈品牌。

需要注意的是，在分析消费者收入时，还要区分"货币收入"和"实际收入"。只有"实际收入"才影响"实际购买力"，因为实际收入和货币收入并不完全一致。由于通货膨胀、税收等因素的影响，有时即使货币收入增加了，但消费者的实际收入却可能下降，进而影响最终的消费。

按收入的高低标准划分消费者时，可以把消费者划分为高收入者、较高收入者、中等收入者、低收入者。对收入有限的低收入消费者来说，价格低廉的产品更具有吸引力。奢侈品等就是典型的以高收入者为目标市场的产品。

随着中国经济的快速增长，中国人的财富在不断积累，消费能力不断增强，对奢侈品的消费需求日益增长。2022年11月7日，中国商业联合会奢侈品专业委员会和要客研究院联合发布的首份《中国高质量消费报告》中显示，在中国净资产超过1000万元人民币的高净值人群有470万人。中国国内市场第一次成为全球最大的奢侈品市场。其中，2022年中国奢侈品市场相比2021年增加了18%，总消费额达到1465亿美元，占全球奢侈品市场的46%，已接近一半份额。从数据上来看，虽然2022年消费市场增速放缓，许多行业面临困境，然而奢侈品行业却逆风飞扬，呈现继续上升的趋势。表现之一是各品牌纷纷涨价，如2022年11月2日，香奈儿全面调价，几乎涵盖了大多数消费者熟悉的经典款手袋，涨幅700~4000元不等。此外，圣罗兰、蒂芙尼等也进行了价格提升；表现之二是奢侈品在我国的非一线城市开店布局，这从侧面反映出奢侈品行业火爆的现状。例如，路易威登已经在郑州、济南、合肥、石家庄等地开设了专卖店，国内店铺已经有45家。世界著名的奢侈品集团LVMH集团、开云集团、历峰集团及泰佩思琦集团等都纷纷看好中国市场，并使出"浑身解数"，在中国市场寻找更多可能性。

> **小知识**
>
> Chanel 2.55
>
> 说到经典保值手袋，香奈儿包包必不可少，香奈儿手袋既能保值又能适用于不同场合，更能彰显优雅品位。其中，最受欢迎的、被认为有保值款式的非Chanel 2.55 Chain Bag手袋莫属（图3-13）。这款手袋由可可·香奈儿（Coco Chanel）亲自设计，其名称源于它的诞生年月——1955年2月。2.55手袋的双盖设计暗藏拉链，据说是香奈儿女士用来放情书的暗格，现在当然能够摆放信用卡等小物。手袋上的菱格羊皮配上金属链和"made moiselle lock"方扣，成为受千万女生喜爱的经典手袋，金色链带、菱格纹成为香奈儿品牌的经典元素，Chanel 2.55成为品牌的镇牌之宝，完美融合

了视觉魅力和实用性，以及创新和传统，甚至代表了整个品牌的美学，成为最值得投资的保值经典款之一。

图3-13 香奈儿2.55黑色皮革链袋，仿旧皮革面更添韵味

第四章
消费者的感觉和知觉

早晨起床，当你推开窗，感受到春日的阳光，看到窗外的满眼绿色，闻到飘来的花香，听到叽叽喳喳的鸟叫声……或许你此时并没有意识到，但你的感官已经开始了它们的工作。

我们无论身在何处，其实都是被由声音、颜色、气味等组合起来的不同刺激要素包围，可以说，我们生活在一个充满感官刺激的世界。每个人都是通过感觉、知觉体会身边的各种刺激并以此来解释身边的世界的。

在消费中，消费者会借助眼、耳、鼻、舌、身来感受和理解消费对象的各种属性。就像你通过眼看、手摸、鼻闻来感受一件皮夹克的质地、图案和剪裁，然后心满意足地收入囊中。

一、感觉和知觉的产生

理论上，感觉（sensation）是人脑对直接作用于感觉器官（如眼睛、耳朵、鼻子、嘴和手指等）的各种客观事物个别属性的反映。知觉（perception）是人脑对直接作用于感觉器官的客观事物的整体反映。因此，感觉和知觉并不是相同的概念，两者的区别可以从以上定义来理解，两者的联系表现为知觉应以感觉为基础而产生，并且一个人感觉到的个别属性越丰富、越充分，对客观事物的知觉就越完整、越正确。

需要注意的是，知觉的产生不是把感觉简单地相加，而是借助人的知识和经验，对感觉到的信息进行选择、加工和解释的过程。人们把感觉和知觉统称为感知，即感知可分为感觉过程和知觉过程。

感觉和知觉是一个人开始心理活动的基础。比如，在日常生活中，当一个朋友问你："我穿这件衣服好看吗？"这时，你就会根据衣服的面料、颜色、设计、款式等进行分析并回答他。无论你的答案如何，你对这件衣服的感知已经在产生作用了，当然，也不管你的回答是不是你的真实看法。因为，感知和现实世界并不一定相符，即感知具有主观性。

在消费过程中，消费者首先要通过感知系统去获得商品的形状、大小、气味、形状等信息，然后通过一系列的心理活动，获得对商品或服务的意识及对其现实的解释，进而做出最终的评判和取舍。

小知识

感觉剥夺实验

1954年，加拿大麦吉尔大学心理学家贝克斯顿（Bexton）等人进行过一项"感觉剥夺"实验。该实验把被试者放在极少有刺激作用的实验环境中，使其极少可能产生感觉，并要求被试者待的时间尽量长。其方法是：让被试者躺在隔音的小床上，蒙上眼睛，戴上手套，堵住耳朵，基本剥夺了被试者的听觉、视觉和肤觉等。实验结果表明，大多数被试者在这种环境条件下生活不超过一周，就会出现注意力不集中、思维不连贯、条理不清、反应迟钝、烦躁等现象，甚至出现幻觉、神经症状和恐惧症状等。这项实验说明，感觉的丧失会严重影响人的认知过程、情绪过程和意志过程，造成心理紊乱和心理病态。

为什么人能够产生感觉和知觉呢？这是因为，人身体上的每一个器官都是外在世界信号的"接收器"，只要是它范围内的信号，经过某种刺激，器官就能将其接收，并转换成为感觉信号，再经由自身的神经网络传输到人的"大脑"中进行情感格式化处理，之后，就形成了感知。因此，感知是产生意识和心理活动的重要依据，是意识对外部世界的直觉反映，也是人脑与外部世界的直觉联系，割断了这种联系，大脑就无法反映客观存在，意识也就无从产生。

就像寒冷的冬季，如果你身着诺悠翩雅（Loro Piana）的羊绒衫或围巾（图4-1），它的材质柔软舒适，让你感受到山羊绒的温暖，以及软糯奢华的质感，由此感受到生活似乎也变得美好起来，幸福感满满，这是外在的刺激引起了你内在的感受，引起了你与Loro Piana羊绒产品之间的情感互动。

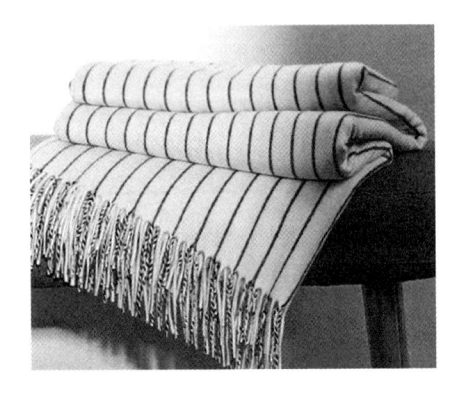

根据刺激物的性质及其所作用于感官的性质，可以将感觉分为外部感觉和内部感觉。这里主要讨论的是外部感觉。外部感觉是指一个人接受的外部刺激，反映外界事物个别属性的感觉，包括视觉、听觉、味觉、嗅觉和肤觉。肤觉又可细分为温觉、冷觉、触觉和痛觉等。

图4-1 意大利羊绒品牌Loro Piana被称为羊绒界的"百达翡丽"

在外部感觉中，视觉是人们获得信息的最主要渠道。有关研究显示，人对外界的感觉主要是通过视觉（87%）、听觉（7%）、嗅觉（3.5%）、味觉（1%）、触觉（1.5%）等获得的。

在时尚消费中，消费者从产品和服务中获得的感官体验在消费选择中占有越来越大的优势，因为消费者希望他们购买的东西不仅具有卓越的基本功能，还能够使其时尚的属性给自己的感官带来一种享受，或者说美好的体验。

小知识

知觉的整体性

知觉的整体性也称为知觉的组织性，是指人们根据自己的知识和经验把直接作用于感官的不完备刺激整合成完备而统一的整体，以便全面地、整体地把握该事物。例如，图4-2的左侧的点图，尽管这些点没有被线连起来，但仍然能看到一个三角形和一个正方形，右侧图中我们会把缺失的三角形部分补足，形成一个整体的形象。

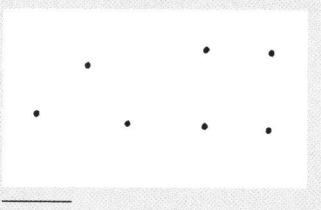

图4-2 知觉的整体性

知觉的整体性经常表现在与消费对象特征的联系和整合上。比如，商品的性能、款式、品牌、包装、价格等不同属性分别作用于消费者的感觉器官时，消费者就会形成对商品的整体评价和印象。又如，很多企业运用知觉的整体性，成功进行品牌延伸，推动消费者对新产品的认知和接受。知觉的整体性在广告促销中的运用也可以起到增强广告记忆的效果。例如，在广告信息中出现不完整的图形或词句时,由受众凭借知觉的整体性来完成整个信息,广告效果反而会更好。

二、感觉与营销

如果一个人嗅不到气味、尝不到滋味、看不到颜色、听不到声音……很难有更高级的心理活动产生。

在时尚消费中,更加强调消费的个性化和体验性。一个人首先感觉到了商品的视觉传达(款式、标识、色彩、图像、文案等)以及由此而传达出的该商品品牌的个性风格、价值理念等信息,然后,才能根据个人的知识、品位对该商品进行个性风格、价值理念的审美判断。

如果消费者能够对该商品产生审美认同,即消费者能够清楚地知晓自己和该商品品牌产生联系后的意义。例如,某消费者因为认同香奈儿"小香风"套装的简约时尚优雅,以及香奈儿品牌的独立精神,自然会愿意去购买该品牌的商品。其中,"小香风"套装给人的感觉是其标志性的粗花呢面料、样式不拘一格,独有一种典雅随和的舒适感,而经典黑白颜色的对比能塑造"小香风"干净利落的线条,撞色的绲边设计,尽显香奈儿一贯的优雅味道,也成为"小香风"的显著标志。

近年来,感官的参与可以用作促进体验式营销的一种手段,感官营销是过去几年最热门的营销趋势之一。在时尚消费中,与其说消费者在大量地消费商品,不如说是在大量地消费感觉和审美。因此,对企业的营销来说,通过视觉、听觉、嗅觉、味觉、肤觉等来吸引消费者,创造一种独特的体验感觉能够快速帮助企业在竞争中脱颖而出。

1.视觉与营销

视觉是消费者获得信息的重要途径，消费者会大量依赖视觉进行产品的选择、判断和购买。

中国古代有"买椟还珠"的故事，指买了装了珍珠的木匣却退还了珍珠，比喻取舍不当，次要的东西比主要的还要好。但这个故事也从另一侧面说明了一个好的包装有多大的魅力，甚至超过商品本身而成为商品的一大卖点。

日本包装设计大师笹田史仁在《0.2秒设计力》一书中写道："购物的客人在经过货架前，让商品映入眼帘的时间只有0.2秒。要想让顾客在这个瞬间惊叹一声'哇！'并且愿意驻足停留，那就必须靠抢眼的包装。"所以，对一个商品来说，包装不只是一个附加物，它对消费者形成对商品的第一印象非常重要。因此，很多品牌都在包装或外形上大动脑筋，其目的就是努力通过包装和外形设计，从视觉上来吸引消费者的注意。

小知识

色彩疗法

色彩疗法是近年来被重视的一种治疗方法。美国心理学家将一家医院的病房、门窗、墙壁、家具、床单、灯光等设置了不同的颜色，观察、测量颜色在治疗中的作用。结果表明，颜色对病人确实具有刺激、镇静和治疗的作用。例如，红色和黄色可能激发病人的希望、欲望、兴奋等情绪，但不宜过多，否则易使人神志紊乱。有科学家的研究也证明，医

> 院墙壁刷成淡绿色、浅黄色，可使病人情绪镇静，对其有安神作用，有助于恢复健康；甚至还发现，高血压患者戴上有色眼镜可以有助于降低血压；蓝色对感冒有良好的治疗和预防作用；紫色环境可使孕妇得到安慰等。

2023年1月16日，意大利汽车品牌法拉利（Ferrari）为庆祝进入中国市场30周年，发布了特别纪念版Roma车型（图4-3）。新车以跃马哑光银（Sanusilver Matte）及近似中国传统色胭脂红（Rosso Magma Glossy）作为主基调，撞色搭配独具风范；而贯穿车身和内饰中的条纹设计，灵感则来自明式家具比例之美。内饰方面，新车整体采用红色内饰配搭银色饰条设计，采用个性化定制标识的碳纤维门槛踏板、中国传统漆饰技术的红金斑菠萝大漆车钥匙盒及印刻中文"叁拾"和30周年徽标的纪念铭牌。此纪念铭牌专门选用历史底蕴深厚的金镶玉工艺，可谓点睛之笔——在中国古文化中，金和玉分别寓意富贵吉祥与温润纯洁，寄托美好与礼赞，而以金镶玉，更喻示东方之美与意式风尚荟萃交融的"金玉良缘"。可见，从视觉及其寓意上来看，法拉利的这款车具有浓浓的中国风。

图4-3 法拉利发布极具视觉冲击力的纪念版Roma车型（见文后彩图6）

2.听觉与营销

当你走进星巴克,店内可能正在播放爵士乐、美国乡村音乐或钢琴乐曲等,你会感受到空中回旋的音乐在摇荡你的心魄。

事实上,星巴克是第一个敢把"咖啡店音乐"发展成"超级大生意"的企业。从星巴克创立开始,星巴克的经营者就很清楚他要推销的绝不只是一杯咖啡,还包括"咖啡"作为文化符号,让顾客们"自我感觉良好"的有形无形的一切相关产品——包括音乐,也要做到极致。

1999年,星巴克拿出100万美元买下位于旧金山的唱片公司Hear Music,这家公司擅长与大公司合作,制作"主题式选辑"CD,自此以后,Hear Music陆续推出许多精彩专辑。据说,全球星巴克的店内音乐,都是由美国总公司"直营",定期换档,指定播放,播放的音乐涵盖大部分的古今主流音乐,包括蓝调、灵魂、民谣、摇滚、经典爵士、抒情老歌、世界音乐……但不会播放重摇滚、金属、电音、嘻哈这些"侵略性"比较明显的乐种,这些音乐大致是归在"Adult Album Alternative"(简称AAA)类别,"AAA"音乐不同于另类的流行音乐或许多购物商场里播放的音乐,其诉求对象是年岁稍长、品位稳重、具有特定气质的人群,音乐听起来舒服典雅不俗,这些正好迎合了那些时尚、新潮、追求前卫的白领阶层。很显然,星巴克店里放的音乐,就跟咖啡的气味一样,是严格控管的、不容"污染"的重要"环境成分"。

确实,声音能够影响人的感觉和情绪。不仅是星巴克,越来越多的商家注重使用恰当的背景音乐,咖啡厅、餐厅、酒店、商场……已经广泛地应用于各种消费场景中。

有研究显示，消费者还会根据商店播放的背景音乐类型和声音的强度来对产品和商店进行判断。比如，批发市场一般大声播放嘈杂的流行音乐，百货商店会迎合目标顾客的品位，播放舒缓精致的古典音乐，甚至在不同的销售区域播放不同的音乐。超市一般会选择节奏快，声音大，带有刺激性的音乐以鼓励顾客更多地购买。

不仅音乐唱片和流行歌曲本身具有庞大的市场需求，它们也成为商家希望通过音乐曲调建立品牌关系的手段，通过歌星的影响力，或者某段独特的广告音乐形成品牌识别，以此来吸引消费者，留住消费者。例如，2004年，作为中国移动"动感地带"代言人，歌手周杰伦为品牌量身定做了广告曲《我的地盘》，动感地带主打年轻客户群体，广告词就是："我的地盘听我的！"2005年，歌手张含韵担任了蒙牛酸酸乳的代言人，并演唱了广告曲《酸酸甜甜就是我》，随着《酸酸甜甜就是我》这首歌传遍大街小巷，蒙牛酸酸乳也收获了可观的广告效益。

2021年6月，冰激凌与茶饮品牌蜜雪冰城在B站上传了《蜜雪冰城甜蜜蜜》的主题曲MV，很快就冲上了B站的热门榜单（图4-4）。随后，蜜雪冰城又趁热打铁上传了中英双语版。一个月后，蜜雪冰城的B站官方主题曲MV播放量高达400多万，中英双语版本的主题曲MV播放量更是超过1500万。有人戏说，真是3句歌词撬动千万流量。

图4-4　凭《蜜雪冰城甜蜜蜜》这支广告乐曲，蜜雪冰城收获出圈热度

网友在高呼"魔性""上头""洗脑""喝了孟婆汤也忘不了"时，还自主发起二次创作，推出了电音版、外语版、方言版、京剧版、文言文版、舞蹈版等多个版本的蜜雪冰城宣传曲，娱乐大众的同时也在无形中为蜜雪冰城提供了更多热度和流量。

除了在B站的超高热度外，蜜雪冰城还霸屏了抖音热搜榜、微博热搜榜和知乎热搜榜，热度居高不下。在抖音上，蜜雪冰城主题曲话题相关视频已经突破19亿次播放，不少博主将此曲作为视频的背景音乐（BGM），更有不少音乐人纷纷翻唱此曲。在微博上，蜜雪冰城多个话题登上热搜，话题阅读量也超过1.6亿。通过西瓜微数发现，在整个6月期间，与蜜雪冰城主题曲相关的微博接近数万条，总点赞数超170万，其反响的热烈程度可见一斑。

其实，《蜜雪冰城甜蜜蜜》这支广告的乐曲，来自一支非常古老的乐曲，原曲为 *Oh, Susanna*，中文翻译《哦，苏珊娜》。该乐曲是一首美国乡村民谣，它是斯蒂芬·福斯特于1847年写的一首歌，这首欢快的歌谣曾经风靡全球。从1847年到2021年，《哦，苏珊娜》这首曲子已经发表了170多年，其版权已经进入公共版权领域。这首欢快的曲子经过无数音乐人的演绎已经成为一个"超级符号"，时刻潜伏在人们的记忆中，每当音乐响起，它总能击中很多人的记忆。我们来看看这支广告曲的填词："你爱我，我爱你，蜜雪冰城甜蜜蜜。"你是不是已经不知不觉就哼起来了？仅凭一首简单的主题曲，蜜雪冰城就收获跨平台的出圈热度。

另外，声音还经常被品牌用来调动某些情绪或提示特定行为。比如，当你光顾某品牌门店时，一句亲切的"欢迎光临"，或一小段悦耳的音乐，会让你立生好感。有时品牌会使用声音来策划自己的形象,让自己令人难忘。例如,在经典任天堂游戏开始时听到的声音会被立即认出来,给熟悉它的人带来怀旧和安慰的感觉。

3.味觉与营销

味觉是一种在营销中有时会被忽略的感觉,毕竟,如果产品与食物或饮料无关,似乎没有办法把它纳入其中。事实证明,有很多方法可以利用味觉来发挥营销的优势,比如,如果是酒店前台、房地产售楼处或医生办公室,让顾客感受到欢迎的最简单方法之一是提供免费的糖果或饼干服务。

在餐饮、食品、饮料等领域,味觉发挥着巨大的作用。中国人用餐,自古讲究的是"色香味俱全",尤其是对"味"的要求甚高,正如古语所言"食不厌精,脍不厌细",对各种调味品如盐、糖、辣椒、酱油、大料、味精等的依赖性很强。无论是在家或出门旅游,很多人会有兴趣搜索各种特色餐厅、享受美食,无论是臭豆腐、麻辣烫,或辣子鸡、酱香鸭都会让人回味无穷。

中国的菜肴分为川菜、粤菜、鲁菜、淮扬菜、浙菜、闽菜、湘菜、徽菜八大菜系,口味更是有酸、甜、苦、麻、辣、咸等,可以说我国的美食特别多,而且不同的地方有不同的美食,这些美食可以满足不同人的味蕾。

当然,美食不仅是为了饱腹,还是家的味道,也是某一段记忆。对于把吃饭当成人生大事的中国人来说,美食不仅可以带来愉悦的感觉,增进人际关系,还是文化和历史的重要组成部分,反映了不同地域、民族、文化的特色和传统。

日本的饮料公司在年轻消费者中捕捉到新的时尚,这些消费者具有健康意识，尽量避免喝甜的饮料。从1985年开始，在三得利、伊藤园品牌的推动下，无糖茶饮在日本市场上迅速崛起。1997年，三得利乌龙茶进入中国市场。两年后，伊藤园在中国成立了合资公司，当时两大商业巨头信心满满。然而，令他们没有想到的是，当时的中国无糖茶市场并不成熟，与日本人不同，中国人很喜欢茶，却并不喜欢这种带有茶叶苦涩感的无糖饮料。反倒是统一、康师傅等品牌更了解中国人口味，凭借含糖冰红茶，在市场上赚得盆满钵满。转机出现在2016年，那一年，新国货品牌元气森林，以一款代糖燃茶，成功进入了无糖茶饮市场。

2022年，元气森林旗下另一个无糖茶品牌——纤茶，研发出新口味，推出了玉米须茶、桑叶茶、杭白菊花茶、桑葚五黑茶等产品（图4-5），致力于为更多消费者提供"健康、好喝、安全"的饮料产品。从此，中国市场的无糖茶饮产业开始步入成长期，并进入快速稳定发展的新阶段。零点有数发布的《2022年中国无糖茶饮行业洞察报告》显示，预计到2025年，中国无糖茶饮市场规模将突破百亿。这为日本的三得利、伊藤园品牌带来了契机，因为无糖茶饮在日本占比70%以上，而中国还不到10%，未来具有非常广阔的成长空间。

图4-5 元气森林推出无糖植物茶品牌纤茶系列产品

4.嗅觉与营销

香味已被证明是能引起人类强烈反应之一的感觉。有大量的研究表明，就营销角度而言，嗅觉是最重要的感官之一。香味浓郁的香水店是香味营销的一个著名案例。香味可以用来给环境营造清洁的感觉，这对酒店或商场或汽车4S店来说，是非常重要的。它可以创造一种平静的感觉，能够非常明显地影响消费者的行为。

嗅觉是直接感受快乐、饥饿，甚至美好记忆的途径。正如作家海伦·凯勒（Helen Keller）所说："嗅觉就像一个强大的巫师，它能在瞬间使你身处千里之外，又能帮你在时光隧道中追忆似水流年。"

由于气味是一种由嗅觉感知而得到的看不到、摸不着的抽象体，由大脑边缘系统加工而成，这个系统是大脑最原始的部分，也是一个人体验即时情绪的地方。因此，不同的气味可能引起人的生理上的不同变化，有的气味不仅能够刺激或稳定人的情绪，甚至具有治疗作用。例如，薰衣草、天竺花香味有镇定安神、消除疲劳、加速睡眠的作用；白菊花、艾叶和银花香气具有降低血压的作用；桂花的香气不仅可缓解抑郁，还对某些躁狂型的精神病患者有一定作用。

祖·玛珑（Jo Malone London）在西方有着"香水世界女王"的美誉，这个品牌的香水以简单而纯粹为诸多明星、上流阶层所喜爱。质朴的包装，透露着浓厚的英伦风情，祖·玛珑香水的一贯风格为高贵、淡雅、与众不同。其中，蓝风铃香水甜而不腻、清新淡雅、宛若清泉，给人干净纯粹的感觉（图4-6）。

酒店行业非常擅长利用不同的香氛来打造独一无二的味道。例如，夏威夷毛伊（Maui）岛四季度假村是以酸橙为基调，混合热带花香和异域木香的香氛；多伦多四季酒店提供的是ETRO包装的Vicolo Fiori产品，香调是风信子和柑橘、野蔷薇、麝香和檀香；米兰的四季酒店用的则是意大利品牌洛赫本（Locherber）的一款有淡淡棉花香的名为豆蔻木棉（Dokki Cotton）的香薰。

图4-6 祖·玛珑的蓝风铃香水（见文后彩图7）

朗廷酒店（The Langham）的招牌香味是姜花香（Ginger Flower）。这得益于2006年朗廷酒店集团与Brandaroma合作推出的招牌姜花香香氛。因此，无论你是在伦敦朗廷，还是在上海新天地朗廷，优雅而微妙的淡淡姜花香在你迈进酒店时就会萦绕左右。

丽思卡尔顿酒店（Ritz-Carlton）的香氛"入乡随俗"，在不同的地区，有着不同的香味。比如，东京丽思因为酒店配色比较暗沉，香氛就是巧克力味；广州丽思则是黑兰花味；京都丽思是绿茶味；天津丽思是月季味；上海丽思是玫瑰味。

威斯汀酒店（Westin）的白茶香氛由香氛品牌Air Aroma为威斯汀特别定制，淡雅茶香混着天竺葵和小苍兰的味道，使人闻过就不会忘记，是酒店的"圈粉利器"。

香格里拉酒店（Shangri-La）可以说是酒店香氛界的典范，并且形成独一无二的"香格里拉香氛"，它以香草、檀香和麝香为基调，带有些许佛手柑、白茶和生姜味的别致香气则是它与众不同的前调。这种带有独特亚洲气质、清新淡雅的香氛，萦绕鼻端，令人身心愉悦、放松。无论身处哪里的香格里拉酒店，都会有邂逅老友般的亲切与熟悉。

> **小知识**
>
> **嗅觉对人的影响**
>
> 美国某研究机构的研究结果表明，人们回忆一年前的气味准确度为66%，然而回忆三个月前看过的照片，准确度仅为55%。可见，有时嗅觉记忆比视觉记忆要可靠得多。因此，用香味促进销售成为商家的一种新选择。香味营销是利用怡人的香氛来牵动顾客的情绪与记忆，从而影响其行动，让顾客身临其境，给其美的感受，自然会对其购买行为产生影响，以此来达到营销的目的。美国一家公司尝试以杂志的"香页"做香水广告，"香页"广告通常夹在女性杂志和家庭装饰类杂志中。其方法是在"香页"上喷上细微的香水，撕开广告，便会有香味溢出，浓淡相宜，十分诱人。酒店业已普遍采用酒店香氛的方式带给顾客愉悦的空间体验，为顾客营造一个健康、愉悦的消费环境。据说，闻到香格里拉酒店的香氛，可以纾解乡愁、化解不安的情绪，呈现出小说《消失的地平线》中描绘的世外桃源的情境。

5.触觉与营销

在许多行业，触觉是基本与首要的考量因素。如果你想买车、沙发、电脑或靠垫，会希望在买之前先试一下。要想感受服装、床单或毛巾等产品的品质，如果没有触摸是很难进行选择的。实际上，消费者选沙发、眼镜、手机、杯子等也无一例外地要先获得触摸的感觉，才能确定是否适合自己。这就是触觉的用处。

和一个多年未见的朋友见面，来一个大大的拥抱，瞬间就会消除彼此的距离，可见，触觉在人们的生活中发挥着很大的作用，皮肤的触感会使人的情绪放松或兴奋。

在消费中，消费者喜欢对自己购买的产品感到舒适和确定，触摸是强化这些感觉和消除疑虑的好方法。只有当消费者进行触摸的时候，才能认识和分辨商品或服务的属性，才能更加确定其感受，以及是否购买该商品。例如，质量好的羽绒服摸起来手感柔软，重量较轻。因为羽绒服里面有空气，用手一捏就会变得很薄，松开手恢复原状，而且回弹较慢。棉衣分为纯棉和丝棉，捏起来弹性较高，与羽绒服的手感完全不一样，而且通常都会比羽绒服重很多。

光滑的丝织物，如真丝富有光泽、弹性，手感柔软，而且由于其特殊的吸湿性和透气性，其还有调节体温和水分的作用，真丝常用于高档服装或与奢侈品领域，成为时尚的象征、永恒的经典。

在爱马仕所有产品中，最著名、最畅销的当属精美绝伦的丝巾（图4-7），爱马仕丝巾选用特殊的蚕茧制成，不是平滑的丝绸，而是采用斜纹绸面料，斜纹绸的优势是面料柔软，不易起褶皱，但有"骨感"，立体感强，容易造型。自1937年推出第一款丝巾以来，爱

图4-7　爱马仕的"新型大剧院"丝巾华丽大方、触感柔软轻盈（见文后彩图8）

爱马仕丝巾一直是从王室到名人的挚爱单品，是众多女性钟爱的丝巾品牌，成了优雅女人的代名词。演员奥黛丽·赫本曾感叹："当我戴上丝巾的时候，是我最明确感受到自己是一个美丽女人的时候。"

爱马仕丝巾从设计草稿到原料选材，每一道制作工序都继承了爱马仕家族的传统，原材料考究、工艺非常复杂，爱马仕丝巾有方巾、头巾、长丝带、长披肩等，其中最受欢迎的是方巾系列。有140厘米×140厘米、90厘米×90厘米、70厘米×70厘米和45厘米×45厘米几种规格，其丝绸原材料来源于巴西，据说要制作90厘米×90厘米的爱马仕方巾需300颗蚕茧，一颗蚕茧中可以抽出1500米的蚕丝，将大量蚕丝抽取后揉成一股坚固的丝线，然后放到纺织车上，将两股线以对角线的方式编织成让人难以忘怀的、有温润触感的丝巾。由此，爱马仕丝巾做到了经典不衰。

三、感知的选择性

消费者每天都会遇到大量的刺激，这些刺激来自各种商业环境或个体本身，比如产品促销、促销优惠、社交媒体推荐、物流快递折扣等，如果对全部的刺激都有意识地做出反应，那么这将是一项超负荷的工作。

因此，相比处理所有的刺激，消费者会进行选择性感知（selective perception），即有选择性地应对各种刺激因素。例如，在图4-8中，你能看到什么呢？如果把白色作为感知对象，那么在黑色的背景下，你会看到一个白色的花瓶；如果将黑色作为感知对象，在白色背景下，你看到的则是两个相对注视的黑色侧面人的头像。可见，在转换不同的对象与背景时，发现对同一图案会有两种不同的判断，而这正是由你所选择的信息不同造成的。

选择性感知具体可细化为选择性注意、选择性曲解和选择性保留。

图4-8 感知的选择性——花瓶与人

1.选择性注意

在心理学上，注意是为理解某种刺激而有目的地对信息进行处理，是人的心理活动对外界事物的指向与集中，往往伴随感知、记忆、思维等心理活动过程。当面临的刺激太多时，消费者不会也不能对所有的刺激给予关注，而是有选择性地进行关注。

选择性注意（selective attention）是指在外界的诸多刺激中，消费者仅注意到某些特定的刺激或刺激的某些方面，忽略其他刺激或刺激的其他方面，以便更有效地感知和适应外界环境。比如，你今天出去逛街，天气很冷，你的衣服穿少了，那么，走在路上时你就会不由自主地关注卖衣服的店家，而对卖冷饮的小店视而不见。

在信息爆炸的社会中，市场上存在各种各样的刺激因素，消费者在市场环境中被各种刺激包围，对于企业来说，如何使企业的广告、促销、活动等信息引起消费者的注意就非常关键。什么样的刺激更容易让消费者注意到呢？

（1）强度。在其他条件相同的情况下，消费者更容易注意到强烈的刺激。例如，一道强光、一声巨响、一种浓烈的气味、一种鲜艳的颜色都会吸引消费者的注意。

2023年，路易威登与日本艺术家草间弥生（Yayoi Kusama）展开联名合作。草间弥生作为20世纪开始活跃于时尚圈的女性艺术家，她笔下的波点、南瓜、迷幻的重复符号极具辨识度，作为商业宣传，路易威登在全球多个大城市设置了"波点风"公共艺术装置，甚至将巨大的草间弥生真人形象放置在城市空间中，如日本东京新宿车站外的裸眼3D广告、巴黎路易威登总店建筑外墙上的巨型雕塑、纽约第五大道的仿真机器人等，形成极具视觉冲击力且趣味十足的街道空间。在北京，路易·威登与草间弥生在北京中国国际贸易中心门店的街头布景也是大大的南瓜。

图4-9　路易威登以"引人注目的大南瓜"作为街头布景

（2）对比。对比在吸引注意力方面格外有效。当刺激物在强度、形状、大小、颜色和持续时间等方面与其他刺激存在显著差别时，会引起人更多的注意。

如图4-10所示，同样明度、同样大小的方格，分别放在浅色和深色的背景下，我们会感到放在浅色背景上的方格比放在深色背景上的要暗一些。因此，在彩色杂志上面放一张黑白的图片会更醒目；在喧闹的大街上，大

图4-10　对比现象的产生

声说话不一定会引起他人的注意，但在寂静的夜晚轻声耳语就可能引起他人的注意。

在色彩学上，红色和绿色一直是对比色，它们在色相环上整整相隔180°，正如黄色与紫色、蓝色与橙色那样。红色与绿色的排斥度极大，它们在一起会产生极其强烈的视觉反差，刺激观者的感官。

对于服装来说，采用对比色是常用的一种方法，但很多人对"红配绿"很排斥，甚至认为"红配绿"是一句骂人的话，意思是讽刺颜色搭配不合适，又土又俗气，由此，"红配绿"成为衣服色彩搭配的禁忌。

实际上，"红配绿"作为一种非常醒目的对比色配色方式，在女装时尚中也有着广泛的运用。在视觉上，红色和绿色是对比度极高的颜色，因此它们组合在一起时会产生强烈的对比效果。这种配色方式通常被认为是"热闹""明亮"和"充满活力"。虽然"红配绿"能够给人以强烈的对比效果，但是并不适合所有人，因此这对颜色也是时装中慎用的对比色，不仅是因为这种配色方式可能会显得过于张扬或者过于醒目，带有攻击性的红色及其华丽感同绿色相互抵消，很容易偏到"简朴土气"的路线上，也就是说如果将明度相仿的两种颜色并列在一起，整体上会产生过分强烈的效果，叠加部分会非常刺眼。但如果巧妙地利用红绿两种色彩的比例、色度，也能达到不错的穿搭效果。

如图4-11所示，如果能控制好红绿色的面积比，效果就会不一样。一般来说，搭配服装时红色和绿色的面积比最好是1∶9、2∶8或者3∶7。图4-12展示了两位模特通过红色与绿色1∶9的面积比，把红配绿穿出高级感。

在进行红配绿服装搭配的时候，也可以利用配饰做好色彩的呼应，这样就可以分散视觉，不会过于集中，能够加大整体造型的感官度（图4-13）。

另外，如果把红绿两色中的某一色的明度稍作调整，或者用中性色做一下调和，这样会使整体配色更具层次感，不会显得眼花缭乱。可见，对比是常用的时装设计和造型手法，发挥对比的良好效果就要注意其中搭配的"小心机"。

（3）活动和变化。活动和变化的

图4-11 服装搭配中需要控制好红绿对比色的面积比（见文后彩图9）

图4-12 通过控制红色与绿色的面积比的穿搭（见文后彩图10）

图4-13 绿色丝巾与绿色裙子能起到色彩呼应的效果（见文后彩图11）

刺激物比不活动、无变化的刺激物更容易引起人的注意。例如，理发店门口的霓虹灯招牌一亮一暗地闪烁，很容易引起消费者的注意。商场中电视播放的动态服装秀也非常吸引顾客的注意。

2022年，百度旗下的AI数字人"希加加"成为麦当劳产品首位虚拟推荐官，登录成都、大连的裸眼3D大屏，与大屏下方的麦当劳店铺相映成趣，全新跨维媒介互动上演"吃汉堡的数字人"。在人来人往的商业街上，"希加加"从屏幕下方的麦当劳店铺中直接"掏"出了安格斯MAX厚牛堡，实物牛堡转变数字牛堡的瞬间，也为麦当劳及其新品赋予了更多的科技感（图4-14）。这出其不意的动作和画面迅速吸引了众多路人驻足围观。

图4-14　麦当劳虚拟推荐官希加加上演"吃汉堡的数字人"吸引路人的目光

（4）大小或规模。在其他条件相同的情况下，大的东西往往比小的东西更有吸引力。例如，高速公路旁边大的广告牌比小的广告牌更能引起司机的注意，报纸上广告版面越大就越能引起读者的注意，字体越大越能引起人们的关注。同样，超市里大的商品堆头广告更容易被顾客注意到。

另外，千篇一律、刻板、多次重复的事物很难吸引消费者的注意，出乎意料的刺激才能引起消费者的注意。例如，图4-15中一枚鸡蛋竟然长出了头发，是不是很吸引人的注意？这个广告语为"Be careful with the Kaminomoto"[小心加美乃素（一款生发油）]。

图4-15　让鸡蛋长出头发——一款生发油的广告

2.选择性曲解（selective distortion）

选择性曲解是指消费者对信息的解读会受到他们固有观念的影响而发生偏颇的过程，他们会有选择地将某些信息加以扭曲，使之符合自己的意向。

如图4-16所示，不同的人对图中图案的解释是有差异的，有人认为这代表一条公路，有人认为这是人的脚印，或许还有人认为这代表了长颈鹿的脖子等，每个人利用自身的知识和经验对知觉的对象按自己的意图做出解释，并赋予其一定意义。但无论哪种解释都有一定的主观性。

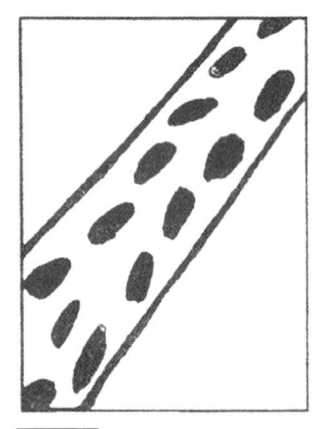

图4-16 公路还是脚印？

选择性曲解的过程可以是有意识的，也可以是无意识的。对于一些品牌观念较强的消费者来说，他们会忽视所喜爱品牌的缺点或其他品牌的优点。

3.选择性保留

选择性保留（selective retention）是指消费者通常只愿意去记住自己感兴趣的内容，或者是说哪怕已经接受了各种各样的信息，但大脑却会自然而然地只去记忆一些与我们自身观点相符的部分，而保留那些与其态度和信念相符的信息。比如你去逛街，在去之前就知道要逛的市场人多热闹，你逛街回来后，在被问这个市场怎么样的时候，你能回忆起来的大部分是这个市场上人们摩肩接踵，挤来挤去，各种叫卖声，讨价还价的嘈杂……却忘了市场上的商品物美价廉，还有快递到家的服务等信息。

> **小知识**
>
> 视网膜效应
>
> 视网膜效应是指当我们自己拥有一件东西或一项特征时，就会比平常人更会注意到别人是否跟我们一样拥有这件东西或具备这种特征。例如，一个怀孕的女人会发现自己身边有很多孕妇，一个染了头发的人会发现身边很多人都染了头发，一个大龄未婚的人会发现怎么会有这么多单身未婚的人士……这些都是视网膜效应带来的。视网膜效应的产生是由于人的意识焦点锁定在某个点上的时候，人们对这个对象就会变得全神贯注，从而对其他事物视而不见。因此，视网膜效应也可以说是"你关注什么，你就能看见什么"。

四、时尚消费中的流行色

1.色彩的心理反应

色彩是能引起我们共同的审美愉悦的、最为敏感的形式要素。色彩也是最有表现力的要素之一，因为它的性质直接影响人们的感情。比如黑白灰，让人感觉忧郁悲伤，红黄蓝就让人感觉热烈光明。这就是色彩的情感，是一种通过视觉神经传入大脑后，经过思维，与以往的记忆及经验产生联想，从而形成一系列的色彩心理反应。

色彩心理是客观世界的主观反映。不同频率的光作用于人的视觉器官而产生色感时，必然导致人产生某种带有情感的心理活动。事实上，色彩生理和色彩心理过程是同时交叉进行的，它们之间既相互联系，又相互制约。在有一定的生理变化时，就会产生一定的心理活动，也会产生一定的生理变化。比如，红色能够使人生理上脉搏加快，血压升高，心理上具有温暖的感觉。而长时间红光的刺激，却会使人心理上产生烦躁不安的情绪，在生理上寻求相应的绿色来补充平衡。因此色彩的美感与生理上的满足和心理上的快感有关。

（1）色彩心理与年龄有关。根据实验心理学的研究，人随着年龄的变化，生理结构也发生变化，色彩所产生的心理影响随之有别。有人做过统计，儿童大多喜爱鲜艳的颜色；婴儿喜爱红色和黄色；4~9岁儿童最喜爱红色；9岁的儿童大都喜爱绿色；7~15岁的小学生中男生的色彩偏好次序是绿、红、青、黄、白、黑，女生的偏好次序是绿、红、白、青、黄、黑。随着年龄的增长，人们的色彩喜好逐渐向复色过渡。也就是说，年龄越成熟，所喜爱色彩越倾向成熟、镇静和柔和。

（2）色彩心理与职业有关。一般来说，体力劳动者喜爱鲜艳色彩，脑力劳动者喜爱调和色彩；农村地区的人喜爱极鲜艳的、呈补色关系的色彩；知识分子则喜爱复色、淡雅色、黑白色等较理智的色彩。

（3）色彩心理与社会心理有关。由于不同时代在社会制度、意识形态、生活方式等方面的不同，人们的审美意识和审美感受也不同。时代的潮流，现代科技的新成果，新的艺术流派的产生，甚至自然界某种异常现象所引发的社会心理都可能对色彩心理产生作用。当一些色彩被赋予时代精神的象征意义，符合了人们的认识、理想、兴趣、爱好、欲望等要求时，那么这些具有特殊感染力的色彩便会流行开来。

在中国，人们对红色的喜爱是不言而喻的，我们的国旗是红色的，春节的时候对联是红色的，结婚的时候服饰也是红色元素的。那么中国人为什么那么喜欢红色呢？

据说这与远古时期人们对火的使用有关。火给人光明、温暖，帮助人们将食物烧熟，而火焰的主色调是红色的，但是，火的脾气却又让人琢磨不透，当它发威的时候，破坏力又极大。于是古人认定火有灵性，因为崇敬，因为恐惧，火被古人尊作了神。

中国人尚红，历代王朝均以红为尊，建造皇宫的时候，红色被当作了主色调，帝王的宫殿因此被叫作"丹樨""丹楹""朱厥"。有了皇帝的表率，全社会也就进行效仿，一般富裕人家的大门也要漆成红色，所以就有了"朱门"的说法。红色在我国民间也极受欢迎，当新娘子出嫁时，身着红袄、红裤、红鞋，盖着红盖头，婚礼现场有大红的喜字、大红灯笼、大红蜡烛等，营造了喜庆吉祥的氛围。

红在现代汉语中出演的角色常会令人津津乐道，比如"红白喜事"，结婚"红喜"，男靓女丽，名曰"红男绿女"，媒婆叫作"红娘"；一个人要是得到重用，称作"红人"；一个人涂脂抹粉，叫作"红妆"；一个人境遇很好，被称为"走红"，等等，不一而足，可以看出国人对红色的偏爱。

2018年，古装剧《延禧攻略》火爆出圈，不仅塑造了深受观众喜爱的"黑莲花"女主，也让电视剧的色彩设计"莫兰迪色"火爆出圈，并成功将这种低调却高级的画面质感，带到了更多观众的眼前。

何谓莫兰迪色？它是意大利画家莫兰迪开发出的独特颜色系列，通俗来说，莫兰迪色最大的特点，就是在色彩中加入灰调和白调，从而让色彩看起来更低调、平和、雅致，颇有种"色冷淡"风。可见，"灰"是莫兰迪色的关键字。

在电视剧《延禧攻略》中，这样的色调贯穿始终。比如，剧中人物的服饰，大多放弃了以往华丽的亮色，更多的是采用诸如石青、月白、绛色等色彩；建筑的布置也遵循这个风格，比如，贤妃早期宫殿的配色就是以青色为主。其实，古装剧使用淡雅风格，并不是《延禧攻略》首创。《琅琊榜》采用青白色调的配色，呈现水墨画质感；《三生三世十里桃花》用了粉白色调，营造出了符合"桃花"的氛围。

随着《延禧攻略》的热播，莫兰迪色所呈现的"色冷淡"风受到广泛关注。随后播出的古装剧，越来越多地出现这样的风格。古朴、素淡的调色，或结合写意山水的场景、服装，或留白所塑造的意境，像中国水墨画，有一种含蓄内敛的美，一改以往古装剧"大红大紫"的华丽风格。古装剧画面、色调等风格的转变，蕴含着古装剧与我国传统文化的融合，剧组创作团队的求新求变，以及观众的审美变化。而这样的审美不仅影响了电视剧的制作，而且为市场上的商品颜色设计，如服装、小家电等都带来了新的创新思路（图4-17）。

图4-17 苏泊尔小家电——"复古绿"彩色压力锅（见文后彩图12）

2.色彩的联觉现象

由于人的感觉具有联觉性，即一种感觉引起另一种感觉的心理过程。比如，看到红色让人感到温暖，看到绿色让人感觉冷静，颜色的这种冷暖感受就是一种联觉现象。

为了证明咖啡杯的颜色会影响人们对咖啡味道的判断，澳大利亚联邦大学心理学讲师乔治·范·多尔恩做了两个实验来验证。实验中，研究者让被试者分别使用白色、透明及蓝色咖啡杯喝咖啡，再记录下其对咖啡苦味的感受。实验结果显示，咖啡杯的颜色很大程度上可以影响被试者对咖啡味道的判断：相较于使用透明和蓝色咖啡杯的受试者，使用白色咖啡杯的被试者感受到了更低的甜度和更强烈的苦味；而蓝色咖啡杯既能"增强"苦味也能"增强"甜味，会让被试者认为咖啡更浓。由此可知，咖啡杯的颜色确实能影响人对咖啡味道的判断。

色彩和感觉具有直接的关系。颜色深浅与质感有关，明度越低，质感就越重越硬；明度越高，质感就越轻越柔。颜色冷暖与曲直也有关系，暖色系感觉柔和，与曲线更搭；冷色系感觉锐利，与直线更搭；质感和轮廓也直接影响着风格归属，比如夏季型的人，如果配上偏直线条，加上轻巧的精致发型会非常和谐，属于清纯简洁风格；而秋季型的人则更适合曲线条，加上大体积的华丽发型，属于浪漫迷人风格。因此，色彩能够在生理和心理上无意识地影响人们，它不仅是创造情绪的最重要的设计元素，也是传达信息最重要的沟通工具。

2022年7月，可口可乐公司宣布，为了践行环保意识，沿用了60多年的雪碧绿色外包装瓶将在北美地区被正式换成透明瓶。这一消息一度登上了热搜，很多消费者表示，失去了绿色包装瓶，雪碧失去了灵魂，就像在喝矿泉水一样，一下子不清凉了。

无独有偶，美国著名营销心理学家路易斯·切斯金团队开展的一项关于七喜包装颜色的实验结果显示，七喜饮料在产品本身没有任何变化的情况下，将原本外包装去除一些绿色，加入15%的黄色，参加实验的消费者表示饮料中的酸橙和柠檬味喝起来更重了（图4-18）。看起来，包装的颜色不只影响了人们想到的口味、口感情况，甚至还影响了品尝的结果。这就是发生了视觉的联觉。

图4-18 七喜饮料不同的包装颜色会影响口感（见文后彩图13）

色彩就像一种无声的语言，因为它可以给我们带来不同的感受和情绪，所以颜色的使用和搭配在产品设计中是非常重要的一环，利用颜色的变化，能显示出不同的风格，同时，合理的色彩搭配能提升商品的美感。因此，利用色彩进行营销越来越受到品牌的重视。

2019年11月，VIVO在杭州发布手机VIVO S5。VIVO S5将冰岛罕见的极光复刻在后盖上，推出薄荷绿色加甜美粉配色的"冰岛恋歌"的颜色版本（图4-19）。薄荷绿色巧妙地融合了蓝色的未来感、科技感与绿色的清新感、生命感，再加以梦幻的粉色点缀，这种鲜调的色彩对比则呈现一种积极、青春、灵气而活泼的美感。从色彩美学的角度来看，VIVO S5采用最潮流的色彩，运用渐变色的美学设计，更能吸引人视觉、提升美感、渲染青春空灵的氛围。实际上，VIVO长期致力于

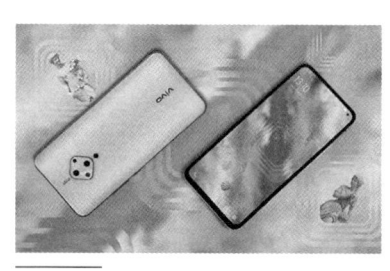

图4-19 VIVO S5薄荷绿色加甜美粉配色的手机（见文后彩图14）

将非凡的创造力与时尚美感结合，在时尚色彩的搭配方面处于业界领先地位。

3.时尚流行色

在时尚领域，色彩肯定是不能忽视的一个重要元素，甚至当人们提到时尚时，就联想到了五彩缤纷的色彩世界。的确，颜色不仅是影响时尚潮流的一个重要因素，其本身就代表着一种时尚。

黑白两色的服装搭配被认为是低调的、端庄的和时尚的。色彩表象的背后是一个社会时尚意识的传达，每种色彩都是一门独特的语言，诉说着其背后的文化意义。例如，紫色是一种在东方和西方都具有很高象征意义的颜色，自古以来就受到人们的崇拜。在中国，紫色象征着皇帝的精神，因此，故宫也称紫禁城。在西方，紫色代表尊严。那么，在服装领域，紫色也经常成为时尚的风向标，深受设计师的喜爱，被用于各种时尚穿着。

流行色是一种社会心理产物，与社会上流行的事物一样，它是某个时期人们对某几种色彩产生共同美感的心理反应。具体来说，流行色就是指某个时期人们共同爱好的、带有倾向性的色彩，是时尚的风向标。只有掌握了流行色的风舵，才能引领时尚潮流的方向。

流行色是相对于常用色而言的，常用色有时上升为流行色，流行色经人们使用后也会成为常用色。今年是常用色，到明年又有可能成为流行色，它有一个循环的周期，但又不是同时发生变化。这是因为不同的国家、地区和民族都有自己的服饰传统和服饰习惯，每个人又有着不同的服饰嗜好或偏爱。这些传统、习俗和嗜好都会在服装色彩上有所反映。

一般而言,服饰的基本色在服饰中所占的比重较大,而流行色所占的比重较小,所以服饰企业每年制定下一年度的流行色时,常常是选用一二种流行色与服饰的基本色一起搭配,这样可使服饰的颜色既保持了自我又跟上了时代的步伐与潮流。对于消费者来说,流行色在一定程度上对时尚消费具有积极的指导作用。在国际市场上,特别是欧美、日本、韩国等一些消费水平很高的市场,流行色的敏感性更高,作用更大。流行色更成为时尚领域的设计师不可不掌握的重要知识,因为一个好的产品如果从外观色彩上吸引消费者,那就等于成功了一半。

WGSN是创立于1998年的一家时尚趋势预测领域的机构,总部位于英国伦敦。作为趋势预测服务提供商,WGSN透过潮流趋势分析、商业信息及累积的报告和图片,为时尚、生活、设计、零售、电子商务等多个行业提供趋势预测、创意灵感和商业资讯。在时尚领域,每个市场的参与者都会关注WGSN的资讯,因为WGSN提供提前两年的趋势和色彩预测,以及提前2~5年的消费者情报,覆盖时尚、美容美妆、消费者洞察、食品饮料、生活方式、室内设计、家居家具、汽车、消费电子等多个行业。

2023年,WGSN联合COLORO发布了24/25年秋冬的最新色彩(图4-20)。专家们预测,随着进入2025年,消费者将继续应对持续的经济、环境等危机,因此,对未来的不确定性仍将是主导力量,WGSN发布的这五个流行色正是在这个背景和趋势下产生的。

第一种颜色是杏子橙(Apricot Crush)。杏子橙是来自杏子和橙子的天然维生素色,是一种清爽、平衡明亮、充满活力的橙色色调，反映了重视身心的整体生活方式的兴起。这种鲜艳的颜色唤起了能量、自然之美，与人们对健康和幸福的期盼完全一致，它的快乐氛围让人们可以以希望和积极的态度面对未来。这种颜色用于室内可以给家带来水果味的色彩、温暖和光泽度。它也被选为WGSN 2024年度色彩，足以证明这个颜色在未来的影响力。

第二种颜色是铁锈红（Intense Rust）。与棕色调一样，铁锈红带来稳定、平衡奢华和原始朴实的感觉，让人联想到土壤，充满温暖感。它的灵感来自消费者越来越重视的可持续性，而不是新鲜感。这种颜色传达了真实、安静的奢华，并促进了经典设计的回归，如与蓝色的搭配。在室内设计中，很多设计师会选择将它与绿色进行对比搭配，而且铁锈红的呈现载体除了硬家具，还可以是窗帘、床品、绒感沙发等纺织品。

第三种颜色是抹茶绿（Cool Matcha）。具有舒缓和平静质感的抹茶绿是一种有色粉彩，是植物绿色和舒缓柔和色调的完美结合。随着消费者不断应对受经济、政治和环境波动影响的焦虑和压力，对冥想色彩的兴趣也在增长。WGSN希望通过这个安静、具有治疗效果的绿色，舒缓心灵，带来休息舒适的感觉。

第四种颜色是午夜紫（Midnight Plum）。午夜紫是一种紫色调，与太空探索和元宇宙的主题有关，与神秘感相连，这与消费者对逃避现实、日益增长的渴望相一致。

第五种颜色是卵石灰（Sustained Grey）。卵石灰体现了中性色和可持续颜色选择的重要性，代表基础色的实用性。它促进平衡和放慢脚步，是一种具有长期吸引力的永恒色调。在家里，它是墙壁和家具的多面手，可以用来软化空间并带来平静感。其与石膏、石材等带有肌理感的材质可以很好地搭配。

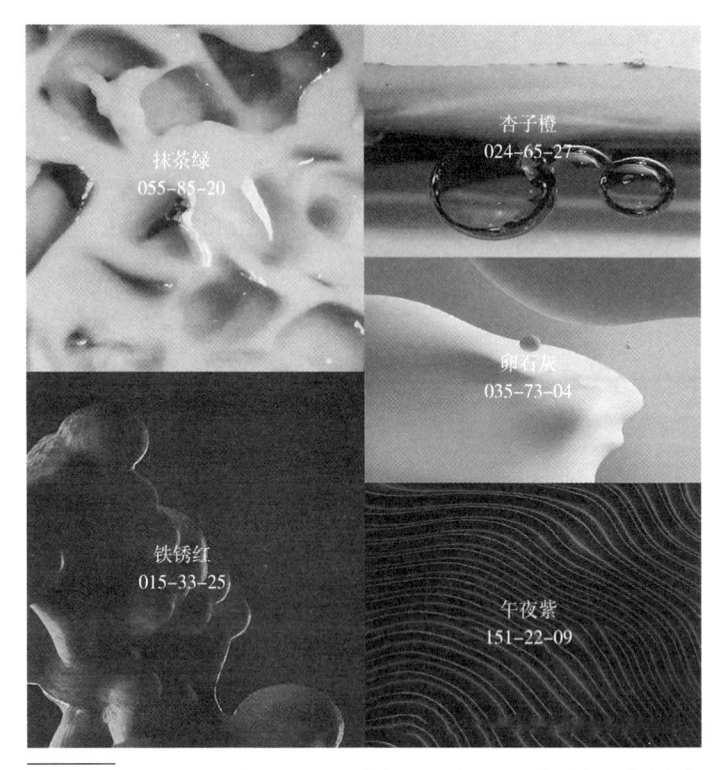

图4-20 WGSN联合COLORO发布2023年24/25年秋冬5种流行色（见文后彩图15）

另一个被时尚界熟知的流行色预测机构是潘通（Pantone）公司。潘通公司是一家以专门开发和研究色彩而闻名全球的权威机构和供应商，于1963年由劳伦斯·赫伯特（Lawrence Herbert）创办，2007年被X-Rite收购。潘通的配色系统已经延伸到色彩占有重要地位的各行各业中，如平面印刷、纺织品制造等。在潘通公司旗下，有一个专门研究色彩的机构叫作潘通色彩研究所（Pantone Color Institue，PCI）。PCI致力于研究色彩流行趋势的预测和色彩对人类思维、感情等的影响。

在1963年，潘通公司开始推动颜色标准化，将每个颜色编号。在这之前人们经常面临着这样的问题：有人问你要酒红色，你给了，却不是他想要的。因为大家对于酒红色的理解是不一样的，没有统一的标准来规定每一种颜色。潘通的做法就相当于给每个颜色制定自己的身份证。这就是为什么潘通色卡能成为纺织行业和时尚行业，甚至是家装行业人手一份的必备资料。

一般来说，主流的色卡一共有两大系列，一种是印刷系列，另一种是纺织系列。纺织系列是我们大多数采用的U卡，常在服装和家居指南上见到，通常都是直板。一共包含2100种色彩，每年会不定期更新，大概有10%是新增加的色彩。可以说这是一个生产工具，用来保证和服装面料供应商想要的颜色一致。由此，潘通建立起一套最通用的色彩语言，成为享誉全球的色彩权威机构，潘通色卡是国际通用的标准色卡，成为当今交流色彩信息的国际统一标准语言。

自2000年开始，潘通公司每年下半年都会公布下一年的流行色。或许你会好奇，潘通每年发布的代表色是如何选出的？据说潘通公司会请时尚界的从业者，包括时尚买手、设计师，以及一些品牌商标持有商和面料供应商，或者行业内极具话语权的权威人士、色彩专家等，根据各种提案和详细的资料，利用接近于大数据的方式计算商议而得出来的。

例如，会考虑上个年度使用最多的颜色，哪些颜色逐渐受到关注，哪些颜色让人眼前一亮，只要是让人印象深刻的颜色，都可以作为年度代表色的备选。除此之外，专家们还会通过对全球各个领域的变化，寻找一种能捕捉时代精神的色彩，用色彩来表达全球的文化情感和态度，并强调站在消费者的立场上表达一种心情，一种态度。由此用色彩表达人们难以言明的内心，然后掀起一股新的色彩浪潮。每年的年度色，都会广泛应用到工业设计、家居设计和平面设计等各个领域，成为新的流行色。

2022年12月1日，潘通公布了2023年度流行色——非凡洋红（Viva Magenta 18-1750），称其是"非常规时代的非常规红色"（图4-21）。

图4-21 潘通公布"非凡洋红"为2023年度流行色（见文后彩图16）

非凡洋红存在于蓝色和红色之间、暖色和冷色之间，已经有150年的历史。潘通在公布2023年代表色的声明中说这种颜色"仍然面向未来，既数字化又原始"，用它的创作者的话来说，它是"勇敢、无畏和激动人心的"。非凡洋红被描述为"微妙的深红色色调"，能平衡冷暖，是"非常规时代的非常规红色""一种充满活力的红色，充满力量，鼓励大胆的实验和自我表达"。据潘通介绍，这种令人振奋的色调能唤起大自然的力量，激发我们的精神，帮助我们建立内在的力量。这是一种全新的、充满活力的、值得庆祝的颜色。它代表着勇敢无畏、无拘无束、大胆生活，象征着充满智慧与包容一切。

4.案例：经典的蒂芙尼蓝

提起蒂芙尼（Tiffany）这个品牌，很多人都会想到经典的蒂芙尼蓝色（Tiffany Blue），这抹清澈愉快的蓝色已成为蒂芙尼品牌最重要的标志性元素（图4-22）。

醒目别致的蒂芙尼蓝色，最初被用于1845年首次发行的

图4-22 蒂芙尼蓝色经典礼盒（见文后彩图17）

蒂芙尼年度高级珠宝目录册 *Blue Book* 的封面，由创始人查尔斯·路易斯·蒂芙尼先生精心挑选。这种蓝色也被称为知更鸟蛋蓝色或勿忘我蓝色。蒂芙尼蓝的入选源于19世纪绿松石的广泛流行。绿松石在维多利亚时期深受新娘的喜爱，她们常以鸽子形状的绿松石胸针作为婚礼的伴手礼。

蒂芙尼于1886年首次推出独创的蒂芙尼六爪镶嵌钻戒后，蓝色礼盒成为与这款钻戒本身一样久负盛名的经典标志。顾客纷至沓来，希望能单独购买此款礼盒。但无论出价多少，查尔斯·路易斯·蒂芙尼先生都婉拒了他们。1906年，蒂芙尼先生在《纽约太阳报》上发表一番著名的言论，经典的蒂芙尼礼盒将会在购买心仪的珠宝时随赠。

1998年，蒂芙尼将蒂芙尼蓝色进行了商业注册，并通过潘通配色系统（PMS）将其标准化，以确保无论顾客在世界何处看到它，无论它以何种介质呈现，无论是在购物袋上还是广告中，都能立即认出醒目独特、始终如一的蒂芙尼蓝色。这款为

蒂芙尼打造的定制颜色被称为"1837 Blue"，以蒂芙尼成立的年份命名。

蒂芙尼蓝色礼盒（Tiffany Blue Box）现已成为享誉国际的品牌象征，但在美丽典雅的外表下，它也融汇了环保理念。蒂芙尼致力于使用环保与可回收材料制作蓝色礼盒和礼袋，并始终使用环保纸张和木纤维材料。

蒂芙尼蓝据说源自一种美国罗宾鸟蛋的颜色，即Robin's egg blue。罗宾鸟，在西方传说中叫作知更鸟，是浪漫与幸福的象征。在东方神话中叫作青鸟，代表着有情人终成眷属。这样的寓意与象征，和蒂芙尼品牌本身所要传达的理念如此一致和契合。

蒂芙尼的创始人查尔斯·路易斯·蒂芙尼还设定了一条规矩：礼盒不能单独对外销售。《纽约太阳报》曾报道："蒂芙尼有一样产品，无论花多少钱都买不到，它就是蒂芙尼小蓝盒。"也正是这样，让这个蓝变得珍贵，小小的蓝色盒子里装着是永恒的爱情，传达着爱人的独一无二与对爱情的忠贞。如今，只要有蒂芙尼的地方，"蒂芙尼蓝"一定不会缺席。蒂芙尼的产品、包装、广告、展览……都让蒂芙尼蓝得到充分展现。也因"蒂芙尼蓝"的超高出现频率，让人们给这个特定的蓝色贴上了视觉暗示的标签：在看到蒂芙尼蓝的同时也能联想到蒂芙尼这个珠宝品牌。

2021年12月，全球第三家The Blue Box Cafe在上海旗舰店开业（图4-23），以蒂芙尼蓝为主色调，沿袭了纽约店铺年轻摩登的设计风格。主题咖啡店仿佛让你置身于一座建在蓝色礼盒中的梦幻城堡中，满足了众多女性的少女心。"在蒂芙尼享用早餐"不再是梦，甚至店内提供的一些甜品还是以蒂芙尼珠宝为灵感创作的（蒂芙尼之心和钻石芝士蛋糕），吸引着众多消费者前来打卡。品尝着餐点，做着甜甜的公主梦。这样的一系列限定组合出来，让蒂芙尼蓝成了女孩们心中浪漫与幸福的象征，同时将蒂芙尼蓝的调性带到了顾客们的心中。

图4-23 蒂芙尼 The Blue Box Cafe 主题咖啡店（见文后彩图18）

2021年1月，蒂芙尼被LVMH集团以158亿美元收购，蒂芙尼通过创新广告营销、惊喜跨界等方式持续在社交媒体上保持着较高的话题度，而其标志性的蓝色更是广为传播，可以说，每次蒂芙尼的商业活动都能看到其蓝色的身影。

2023年1月5日，蒂芙尼携手集团旗下意大利奢侈品牌芬迪（Fendi）打造的"The Tiffany Baguette"联名系列产品正式发售，后者经典的法棍包（Baguette）换上了蒂芙尼蓝新衣（图4-24）。

图4-24 "The Tiffany Baguette"联名系列产品

五、消费者的错觉

生活中有句话叫"眼见为实",就是说只有我们眼睛看到的才是真实的,其实这个观点并不正确,因为眼睛的一些生理构造,我们在很多时候也会产生一些错觉,而科学家和艺术家就习惯利用这些错觉,带给我们一些特殊的体验。

如图4-25所示,地板似乎有一处凹陷但实际上没有。这是英国一家瓷砖公司为了达到宣传效果,而特地在公司门前所做的效果,估计多数人都会好奇而走过来一看究竟,或许还会被吓到,不过仔细一想这样利用视错觉而做的设计确实更能让人能感受到公司的创意。

图4-25 下陷的地板?(见文后彩图19)

再比如,如图4-26所示,明明是一块足球场,为什么会看起来像一块起伏的山丘草坪呢?其实这也是人眼的错觉,因为阴影的效果欺骗了我们的眼睛。

心理学上,错觉是知觉的一种特殊状态,也是十分普遍的心理现象。在一定条件下,受主、客观

图4-26 起伏的足球场?

因素的影响，人在感知事物的时候会产生各种错觉现象，如大小错觉、尺寸错觉、图形错觉、空间错觉、时间错觉、方位错觉等。

心理学家把错觉产生的原因归纳为三种理论，即眼动理论、神经抑制作用理论、深度加工和常性误用理论。缪勒－莱尔错觉现象是由德国生理学家缪勒－莱尔在1889年提出的。例如，图4-27中两条等长的线段，仅仅因为线段两端有不同方向的箭头，就使左侧箭头朝外的线段看起来比右侧箭头向内的线段要短一些。

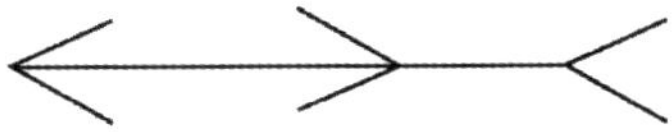

图4-27 缪勒－莱尔错觉现象

错觉的产生并不一定只会带来不好的结果，例如，陆军野战服一般应用迷彩图案，将士兵的形体和重复的不规则图案重叠在一起，使敌人难以从背景中轻易地提取出图像，产生人与环境合并统一的表面错觉，利于隐蔽，能够有效保护士兵的人身安全。

在营销中，巧妙地运用错觉原理或许能收到意想不到的效果。例如，某个咖啡馆是由一个狭长的通道式老仓库改造而成的，宽度很窄，设计师在长形吧台背景镶上了整面墙的镜子，使空间视觉上的宽度增加一倍，装饰材料上采用光洁的质感和亮丽的色彩，咖啡馆也因此变得宽敞通透。因此，利用镜子可以使狭小的空间显得没有那么拥挤，同样，小商店、小餐馆、理发店，或者电梯间都可以使用这种成本低廉却效果显著的方法。再如，由于不同的颜色能赋予人们不同的大小感、温度感、距离感、重量感。因此，分量轻的商品采用深色包装，会给人庄重、结实的感觉；而笨重的商品采用浅色包装，会让人觉得轻巧。

俗话说"三分长相，七分打扮"，对于穿衣来说，消费者更希望通过"理想的错觉"来达到穿衣的理想效果。具体来说,利用错觉原理可以塑造更加完美的形象效果。

1.调整人体比例

人体美的一个重要标准就是人体的比例,具有黄金比例、完美曲线的人为数不多,即使是人体模特,也难说完美无缺。当人体比例不符合黄金比例时,可以依靠服装的比例加以调节,设计中利用分割错觉来改变人体比例,用纵向分割线引导人的视线,造成人身体高度增加的错觉,用横向分割线改变人体上下身的比例关系,制造身体为合乎美感的黄金比例的错觉。例如,裁制旗袍、裙装时,常会有意识地提高腰节线以拉长下身比例,以此塑造理想的视觉效果。

相信你肯定知道,为了显高显瘦就要突出"腰线",可以选择短款的上衣和高腰的裤装,可以拉长腿部比例,而深色的、垂感较强的裤子更能够显瘦和拉长身材的比例,视觉上会更显高。除了裤装以外,挑选有高腰线的裙装也能够塑造出趋近完美的身材比例。

2.调整人体高度

因为人的视线会随着线条方向的左右或上下而移动,从而产生视错觉。如垂直线会产生上下的伸出感;水平直线会产生横向移动扩展感。所以我们可以利用这种视错现象,适当地在视觉上增加或减少高度感。

人们常说的"横条显宽,竖条显瘦"的道理在一定限度范围内是成立的,无论是经典的黑与白条纹,或是醒目的白蓝条纹,都可以从视觉效果上产生显瘦的实际效果。在同样大小、同样间隔、同样硬度的条纹中，横条纹会比竖条纹更显胖，因此，体型胖的人建议少穿横条纹的上衣、裤子。

但在实际的穿着中，还需要考虑条纹的大小粗细，一般来说跟穿着者手指头大小差不多的条纹，其显瘦实际效果会达到最佳，越粗便会越显壮。竖条纹是不是显瘦也要具体来看，条纹越聚集，越容易造成扩张感；相反条纹越稀少，则会使人看起来越瘦些。简单地说，身型微胖的女孩要想穿条纹显瘦就需要挑选更细的条纹，因为宽条纹会产生视觉效果上的膨胀感（图4-28）。因而，没有绝对显瘦的条纹形状，是否能够显瘦要有一定的附加条件。

图4-28　由于条纹的粗细不同，左侧的条纹衫比右侧的更显瘦

3.修饰人体曲线

由于服装是由不同形状的几何图形搭配组合形成的，因此人们往往利用服装的造型线来掩盖不佳的形体曲线。例如，在强调女性曲线美的欧洲，X型是女性传统衣裙中常见的廓型之一，其垫厚、加大肩部或袖山部分（如羊腿袖、灯笼袖），或用臀垫或裙撑使臀部膨胀，夸大臀部。用大裙摆造型，裙子自腰部往下呈直角张开，腰部用紧身胸衣束紧，运用对比错觉，也更显女性身姿的纤细，使女性体态三围之间的区分更加明显，形成更美的曲线形态。

4.表现姿态美

姿态美是指人的风度举止产生的动态美感。不同的服装造型营造出不同的姿态美感。通过视错设计展现人体的姿态美，主要是因为服装改变或装扮自然得体，赋予人本来没有的气韵、力量、情感，让人有一种肉体自我扩张的错觉。

一个人可以把个人自我存在意识扩张到服饰上，如飘带表现的灵动飘逸，裙撑体现的尊贵与气势，或垫肩表现的力量帅气，都是个人借由服装的外表装饰形成的特殊视错觉。例如，2020年流行的飘带衬衫比普通衬衫注入了更多浪漫和灵动的气息，不仅适合日常穿着，系成蝴蝶结看上去显得温柔又乖巧，即使在职场，随意打一个结也显得帅气随性，也会使沉闷的工作变得有活力。例如，法国品牌思琳（Céline）用丝缎材质的飘带或系带的方式打造职场穿衣风范（图4-29）。

可见，利用错觉原理，消费者可以通过服装搭配创造出千变万化和美的穿衣品位和形象，影响人对形体的心理感受，营造出优于客观实际的穿着外观。错觉原理也为服装设计、艺术造型和其他科学研究领域提供了很多灵感。

图4-29 法国品牌思琳的飘带衬衫

第五章
消费者的情绪和思维

如果你遇见了多年未见的好友，肯定特别高兴，一起去吃饭的话估计你会不自觉地多吃。可是，要是你知道自己又没通过驾照考试，估计连吃饭的想法都没有了。可见，一个人处于喜怒哀乐不同的情绪状态时，会对人的行为产生影响。

消费也绝非一次简单的交易，我们在消费中会有情绪、情感及思维等心理因素的介入，就好比你用了多年的手机，只要它不坏，你就舍不得换一个。那么，消费者的情绪和思维等是如何对消费产生影响的呢？

一、情绪引起身体变化

情绪（emotion）是人们在判断客观事物是否符合自己的需要时所产生的一种主观体验，是对于该体验的身心反应。人类的情绪包括欣赏、焦虑、渴望、痛苦、快乐、恐惧、有趣、怀旧、浪漫、悲伤和满足等。这些情绪并非孤立存在，通常还与其他情绪"互联互通"。

> **小知识**
>
> **购物疗法**
>
> 购物疗法也叫作"零售疗法"（retail therapy），这个词首次使用是在20世纪80年代，最先出现在1986年圣诞前夜

出版的《芝加哥先驱报》上:"我们已经变成了一个用购物袋衡量生活质量,用购物疗法抚慰心灵创伤的国家。"显然,购物疗法并非一种真正的专业心理治疗方法,不过,这也并不妨碍它成为现代人最常用的放松减压、调节情绪的方法。根据美国市场研究咨询公司特恩斯(TNS Global)的调查发现,超过半数的人(52%)承认自己曾使用过"购物疗法",其中,有44%的人每个月都会通过购物来达到自我疗愈的目的。也有另一项调查显示,在感到压力的人群里,每三个人中就有一个,曾通过购物来缓解自己的焦虑。研究还发现,在大五人格中外向型得分更高的人通常更追求社会交往、感官刺激,购物也是他们获得快感的方式之一,因此,购物疗法很可能为他们所青睐。同时,神经质水平较高的人,由于他们更容易焦虑、敏感、情绪不稳定,因此,他们也更有可能通过购物疗法来舒缓自己的负面情绪。

情绪是一个人内部心理的主观体验,当情绪发生时,又总是伴随某种身体的外部表现,这种外部表现也就是可以观察到的某些行为特征,这些与情绪有关的外部表现,被称为表情。

1.情绪引起人内部机体的变化

情绪的内部机体表现包括呼吸系统、血液循环系统、腺体及皮肤电阻与脑电波反应。它们都可以作为测量情绪表现的指标。

(1)呼吸系统的变化。据研究,人在愤怒时,呼吸可达40~50次/分钟(平静时的呼吸在每分钟20次左右);突然惊恐时,呼吸会暂时中断,心跳每分钟增加约20次;狂喜或悲痛时,呼吸还可能会发生痉挛现象。

（2）血液循环系统的变化。人在恐惧或暴怒时，会引起心跳加速、血压升高、血糖增高等变化。

（3）腺体的变化。人在焦虑、悲伤时，肠胃蠕动功能下降，使食欲衰退；人在惊恐、愤怒时，唾液常常停止分泌而感到口干舌燥。

（4）皮肤电阻与脑电波的变化。人在惊恐、困惑、紧张时，皮肤电阻的反应最显著。当情绪变化时，血管的收缩和汗腺的变化会引起皮肤电阻的变化。因为汗液中有大量的钠元素，汗液的增加会使皮肤的导电性增强，电阻下降，电流随之升高。在不同情绪状态下，脑电波也会发生变化。

可见，情绪引起人的内部机体的变化主要是一种生理反应，它涉及广泛的神经结构。现代医学和心理学都认为，让一个人长期处于恐惧、焦虑、抑郁、敌意等负性情绪状态下，就会导致身心疾病的产生，甚至癌症等恶性疾病的发生，这与情绪状态也有一定的关系。因此，良好的情绪状态不仅影响人的身体健康，还会对人的心理健康产生较大的作用。

由情绪引起的人的内部机体的变化对人们的消费产生影响。当人们处于不良情绪状态下，感到痛苦或者焦虑时，通过吃来发泄是常见的方式之一，食物中的营养物质可以帮助睡眠、缓解紧张并为脑部提供能量，如牛奶有镇静和缓和作用，香蕉中的生物碱能振奋精神等，因此人们能从食品身上寻找慰藉，为缓解情绪而买单。

据《中国睡眠报告2022》调查显示，有35%的人每天能睡够8小时，约15%的人有睡眠障碍疾病需要治疗。这导致消费者更加关注有安神、助睡眠功能性的产品。各大饮品品牌纷纷开始布局，如旺旺推出"梦梦水"，在饮料中特别添加了茶叶茶氨酸、德国春黄菊花提取物、γ-氨基丁酸，具有一定的助眠作用。蒙牛推出一款特殊功能型牛奶"晚上好"，也是为了改善人们的睡眠问题（图5-1）。

图5-1 旺旺、蒙牛推出有助于睡眠的产品

对许多人来说，饮食不再只是简单地满足口腹之欲，而越发演化为一种生活方式。饮食也可以平衡消费者的心理、情感状态。近年来，释放焦虑、压抑情绪，提神，醒胃口的食品，成为消费榜单上的畅销食品，如螺蛳粉、辣鸡爪、火鸡面等，均是强味道、提味蕾的嗜好型食品，不仅购买者众多，而且是人们释放情绪的首选。

2.情绪引起人外部表情的变化

大多数下情况根据一个人的外部表情和行为表现，可以判断出他的情绪状态。情绪状态主要表现在面部表情、身体表情、手势表情和言语表情等方面。

（1）面部表情。面部表情主要是通过眼、眉、嘴、脸部肌肉的变化表现人的各种情绪状态。其中眼睛最能表达人们的情绪状态，高兴时会眉飞色舞，气愤时会怒目圆睁，恐惧时会大惊失色，抑郁时会目光呆滞等。因此，通过观察他人的眼神就可以了解其情绪状态。面部表情的变化为人们提供了了解个体情绪的晴雨表。悲伤时,嘴角下垂,眉头紧锁;欢笑时,嘴角向上,双眉展开;羞愧时,面红耳赤等。这些都是面部表情的变化。

美国心理学家艾克曼(Ekman)的实验证明,面部的不同部位对表达情绪的作用是不同的。例如,眼睛对表达忧伤最重要,嘴对表现快乐与厌恶最重要,眼睛、嘴和前额对表现愤怒情绪都是重要的。心理学家汤姆金斯曾假定存在八种原始的情绪,如兴趣(兴奋)、愉快、惊奇、悲痛、恐惧、羞愧(羞辱)、轻蔑(厌恶)和愤怒,并假定每种情绪都有相应的面部表情模式,如表5-1所示。

表5-1 不同情绪的面部表情模式

情绪	面部表情模式
兴趣(兴奋)	眉眼朝下、眼睛追迹而看、倾听
愉快	笑、嘴唇朝外朝上扩展、眼笑
惊奇	眼眉朝上、眨眼
悲痛	哭、眼眉拱起、嘴朝下、有泪、有韵律地抽泣
恐惧	眼呆张、脸色苍白、脸出汗、发抖、毛发竖立
羞愧(羞辱)	眼朝下、低头
轻蔑(厌恶)	冷笑、嘴唇朝上
愤怒	皱眉、咬紧牙关、眼睛变狭窄、面部发红

研究表明,人的面部大约有44块肌肉,可以组合出1万多种不同的表情;不同的情绪通过不同的面部表情可以表现出微妙的差异。

不同情绪的辨认在难易程度上有所不同。最容易辨认的是快乐、痛苦;较难辨认的是恐惧、悲哀;最难辨认的是怀疑、怜悯。同样,人在识别不同情绪的速度上也存在差别。

（2）身体表情。身体表情是表达情绪的方式之一。人在不同的情绪状态下，身体姿态会发生不同的变化。例如，狂喜时捧腹大笑，恐惧时紧缩双肩，悔恨时捶胸顿足等。

（3）手势表情。手势是表达情绪的重要方式之一。手势常和言语一起用来表示赞成或反对，喜欢或厌恶，接纳或拒绝等。在无法用言语进行沟通的情况下，单凭手势，有时也可以在一定程度上达到情绪交流的目的。例如，振臂高呼、双手一摊、手舞足蹈等手势，分别表达人的激愤、无奈、高兴等情绪。心理学研究表明，手势表情是通过学习得来的，它不仅有个体差异，也存在民族或团体差异。同一手势在不同的民族或国家可能有不同的情绪表达内容。

（4）言语表情。一个人语言的声调、速度、节奏等可以表现出其所处的情绪状态。比如，高亢、急促、快速的声调往往表示激动、兴奋的情绪；低沉、缓慢的声调往往表达悲伤、惋惜的情绪等。

总之，面部表情、身体表情、手势表情和言语表情等，构成了人们的非言语交往形式，心理学家和语言学家称为"身体语言"（body language）。

其实，从脑科学的角度看，人的大脑是不善于控制自己情绪的。当人们接受所有感知的信息时，首先要到达人的丘脑。丘脑有两个功能：一是中转站，将信息传到更远处的大脑皮层和前额叶，以供分析和决策；二是对信息利害评价。当信息是中性的时候，它们就被传送到远处的大脑皮层区，以便进行精细分析。但当信息带有情绪色彩时，即与人的利害有关，涉及安全、自尊、名利等需要时，信息就在丘脑及邻近的脑区，如杏仁核、海马等部位，直接被评价和加工，并自动产生情绪反应。这些区域被称作情绪中枢，因为它们与联络通道——丘脑很近，因而又被称作非法的或不理性的通路。当这个通路被占满后，信息就不会再往上传送。也就是说，当带有情绪的信息已经将神经通路占据时，信息传不到大脑皮层和前额叶等高级加工区域。

因此，有时，即使我们知道教育孩子时不能发脾气，但看到没完成作业的孩子，可能依然会大发雷霆。可见，控制情绪并不容易做到。情绪常常是外显的，在许多场合，人们无须使用语言，通过情绪的外在表现，即动作、语气、表情等多种方式就可以推测其情绪心理状态，就能知道其意图和情绪。

当然，不是所有的消费者都乐于明显地表露自己的情绪状态，所谓的情绪化表现（emotional expressiveness）是消费者外向的行为迹象或者体现了其对情绪体验的明显反应。

有研究显示，当女性和男性拥有相同的情绪时，女性比男性更有可能表露出来。另外，是否有情绪化表现还与个人的性格、当时的情境等因素有关。如果一位长辈送给你一个新年礼物时，即使他送的礼物你并不喜欢，但出于礼貌，你也不会当场表达出不悦的情绪。这时，就会出现另一个心理学的名词——情商（emotional intelligence），情商是指一个人在一定的情境中捕捉和觉察情绪并且能很好地控制情绪的能力。情商不仅包括觉察自己的情绪，同时也包括觉察和理解他人的情绪。高情商的人通常具有高的自我控制能力，并具有良好的沟通能力和人际关系。对于企业来说，如果有高情商的销售人员，那么与消费者的沟通就会顺畅很多。

二、获得愉悦感

通过消费来获得轻松、快乐的积极情绪，是很多人热衷于购物的原因。通过消费，触及或获得实实在在的东西后，会产生一种可视的"获得感"，让人会展开美好生活的想象与期许，从而在一定程度上减轻焦虑。而且，购物往往不用过多的、复杂的大脑思考，暂时可以放下日常生活工作的烦恼，使人们放松自己、愉悦自己，因此，有人认为，只要消费在合理的范围内，通过消费获得愉悦感来调整自我情绪是一种保持健康的手段。

近年来，有不少研究者对情绪与消费心理和行为之间的关系进行研究，试图发现这一过程中的影响机制。有研究表明，个体在进行社会比较的过程中，发现自我的某些特质与社会中的理想标准有所差距，从而产生焦虑感，控制感降低，而基于控制感补偿理论及补偿性消费行为模型，消费者产生控制感需求，进而倾向选择自我提升产品来帮助自己提升能力，从根本上增强控制感。还有研究表明，当个体感到情绪不佳时，会希望通过消费相关的服务或者产品来进行补偿和调节。当个体在情绪状态好时，会通过消费进行自我奖赏等。

实际上，人是很容易情绪化的，或者说人的天性便是情绪化，那么，以情绪作为线索的商业便是顺应消费者天性，让产品、品牌具备情感购买动机，形成了一系列的内容刺激，满足消费者的情绪需求。在我们的生活中，有不少满足各种情绪需求的情绪消费，如以满足人的好奇心和神秘感的盲盒，以满足恐惧情绪的鬼屋、剧本杀；有解除焦虑的解压馆；还有制造快乐的电玩城等。

> **小知识**
>
> ### 盲盒
>
> 盲盒是近几年出现的一个新词语。据说，盲盒由日本动漫文化衍生而来，其中最有代表性的就是"Gashapon"，即自动售货机。自动售货机装有一定数量的球状物品，消费者通过向自动售货机投入纸币等代币，可以获得一个随机的球状物品。这种Gashapon机制，就是盲盒产生的雏形。盲盒的种类和形式多种多样，可以是塑料、金属、陶瓷、竹子等材质的小盒子，也可以是胶囊、糖果、名片、贴纸等形态的盒子。盒子内的随机物品也可以是卡片、钥匙链、挂饰、玩偶、模型等各种小物件。不同种类和不同品牌的盲盒会有不同的主题和风格，如动漫、游戏等。由于能体验到一种期待、惊喜和神秘感，盲盒吸引了一大批年轻人和消费者。然而，也有人对盲盒现象持批评态度。一些人认为，盲盒存在推销手段欺诈，不良商家的仿冒、劣质产品等问题。

在时尚消费中，消费者更加追求精神上的满足，希望有情绪上的满足以及获得愉悦感。面对消费选择时，情绪的价值和作用不可低估，实际上，消费者在比较选择、判断决策的过程中，就是以价值为核心来进行的。

近年来，有人提出了情绪价值的概念，并广泛应用于人际交往中，这里可以把情绪价值理解为一个人可以带给他人舒适、幸福感受的能力，也包含了一定情况下对对方的情绪起伏欲扬先抑的影响能力。

其实，在消费中同样存在情绪价值的概念，CBNData调查显示，在2020~2022年，随着焦虑、抑郁情绪的高发，食物正在成为消费者发泄与适当放纵的载体，更多消费者不仅愿意为口腹之欲买单，更愿为情绪价值买单。从上文的分析来看，消费中的情绪价值和享乐价值有很大的共性，吃上一顿美食便可以让人的心情豁然开朗，获得功效价值、情绪价值和享乐价值的三合一效果。

除了以产品良好的品质、巧妙的设计、精美的包装来增加消费者的愉悦感，在广告中使用幽默的创意和手法也会给消费者留下深刻的印象。例如，某洗发水广告以"幽默"的表现手法博取消费者一笑，将品牌内涵和产品特性生动地传递给了消费者（图5-2）。

图5-2 某洗发水以"幽默"的手法暗示洗发水的功效

泰国的广告以独特的创意和独具匠心的制作，在亚洲乃至在世界刮起了一股"泰国旋风"，曾经在纽约广告奖、戛纳广告奖、伦敦广告奖、克里奥广告奖、莫比广告奖等全球五大广告奖中纷纷获奖。泰国广告的特色之一就是重视幽默创意，通过幽默的语言、画面、故事来表达友谊、爱情、关怀、尊敬等人类美好的情感，充分调动各种抒情性因素，增强了广告的感染力，在短时间内迅速抓住受众心理，并引导他们产生心理共鸣，满足消费者的情感诉求。

泰国垃圾袋品牌 Hero 拍摄了幽默搞笑的广告片（图5-3），用现实中发生过的场景"抓小偷"来表现垃圾袋的优点——牢固、密闭、无味，还能帮人抓

图5-3 泰国的垃圾袋品牌 Hero 幽默广告画面

小偷的 Hero 垃圾袋，"人如其名"，是个英雄。广告语"Hero 垃圾袋，解决一切垃圾"通过幽默搞笑的故事和巧妙的一语双关，点出了垃圾袋的神奇之处，令人印象深刻。

曾获奖无数的泰国奥美首席创意总监科恩（Korn）说："许多年前，我们自认是未开发国家，没什么值得骄傲的。在街上跌倒了，不会埋怨政府、埋怨路不平，就只是笑笑自己。"可见，幽默的泰国广告实际上是逆境下的产物，正是因为泰国人能以幽默超越困境，从自卑、自嘲到豁达、自在。这种对生命的困苦和磨难的达观态度，在竞争激烈、生活紧张的今天，尤其成为人们向往的洒脱和解放，因此，幽默式的广告创意越来越受到人们的欢迎。

三、消费中的情感表现

虽然情绪和情感只有一字之差，但在心理学上，两者却是不同的概念。简单来说，情感是生活现象与人心的相互作用而产生的感受。

很明显，情绪和情感有着密切的联系，它们之间的联系表现在：①情绪与情感都是个体的主观体验，是个体对客观事物与主体需要关系的反映。情绪和情感都与个体的需要是否能得到满足有关，也与人对特定事物的认知有关。②情绪与情感交织在一起。情绪是情感的表现形式，而情感则是情绪的内容。③情感在情绪的基础上形成和发展。往往先产生情绪，在丰富的情绪体验基础上再产生复杂的、综合的情感。例如，美感与愉快、满意等情绪体验是分不开的。

情绪与情感的区别体现在：①一般情况下，因生理需要是否得到满足而产生的心理体验是一种情绪，如满意、忧虑等。因社会需要是否得到满足而产生的心理体验就属于情感，包括理智感、荣誉感、道德感、审美感等。②情绪有情境性，一般由当时特定的条件所引起，并随着条件的变化而变化。所以情绪具有较大的情境性和冲动性。情感则很少受具体情境的影响，它是个体在长期的社会实践中，受到客观事物的反复刺激而形成的心理体验，具有较强的稳定性和深刻性。③从个体发展来看，情绪比情感产生更早。一个人出生以后最先表现出来的是高兴、满意等情绪，在此基础上，才发展或形成诸如自豪感、理智感等情感。

情绪更倾向于个体基本需求欲望上的态度体验，而情感则更倾向于社会需求欲望上的态度体验。但是，注重喜、怒、忧、思、悲、恐、惊等个人化的情绪，而将缺少社会性的感受排斥在情感之外并不是完全正确的，毕竟个人化情绪体验与社会化的友情、爱情、亲情等情感是分不开的。实际上，在日常生活中，人们对情绪与情感并不做严格的区分。或许，就如人们对爱的理解和定义，根据个体对爱的体验而进行选择用词。

在消费过程中，消费者情感（consumer affect）指消费者在产品和服务的消费过程中产生的一系列情感反应，并总是指向特定的事物。消费者的情感表现主要是道德感、审美感、荣誉感等。

1.道德感

道德感是人们根据一定的道德标准，在评价自己和别人的言行、思想、意图时产生的情感体验。消费中所体现的道德感包括消费者按照自己所掌握的道德标准，来决定其消费标准，挑选商品的品牌、造型、颜色。或者在购物时受到销售人员的热情接待，就会产生赞赏感、信任感和满足感等属于道德感的肯定的情感，并以愉快、欣喜、兴奋等情绪形态反映出来。

但并不是每一个消费者都会考虑或遵守消费中的道德感，如在消费场所乱丢垃圾和废弃物，在文物或服务设施上乱刻乱画；或者在消费场所的着装不当、举止不当、不礼让等行为，在购物、就餐、等车过程中争抢、拥挤、推搡等，这些不文明的行为实际上反映了消费者在道德感上的缺失。

品牌在营销中同样需要传递正确的价值观和道德观，以树立正面积极的品牌形象。2023年1月14日农历小年，一汽奔腾发布了2023贺岁短片——《让爱回家·心有归途》（图5-4），视频上线后迅速走红全网。自2011年以来，一汽奔腾围绕新春团圆话题打造的"让爱回家"系列微电影，从血脉相连的父母亲情到千万家庭的小家小爱，再到平凡人心中怀有的由小家到大家的家国情怀，"让爱回家"以独特的情感视角，将我国传统的优秀品质"孝""家文化"进行了完美表达。提出的"别让父母的爱成为永远的等待，让爱回家"的口号，建立了与消费者情感层面的沟通，赋予奔腾品牌承载的中国传统文化价值观和道德观，获得了消费者对品牌的认可和尊重。

图5-4 一汽奔腾的《让爱回家·心有归途》广告画面

2.审美感

美是能够使人们感到愉悦的一切事物，它包括客观存在和主观存在。而审美是指人与社会和自然形成一种非功利的、形象的和情感的关系状态。审美感是人们根据美的需要，按照个人的审美标准对自然和社会中各种事物进行评价时所产生的情感。审美感是由一定的对象引起的，包括自然界的事物和现象、社会生活、社会现象及各种艺术活动、艺术品等。

审美感有两个显著特点：一是具有愉悦的体验，比如快感，但它比快感更为高级和丰富。二是使人的行为带有倾向性，人们倾向于接近能够产生审美感的事物，而远离不能产生审美感的丑的事物。

时尚消费是一种审美消费，因为只有社会经济发展到较高程度、人的收入有较大的提高时，人们才会摆脱以往追求物质满足的状态转而追求精神上的满足，对美和艺术有了较高的追求。人们在生产和制造产品时运用艺术的手法增加产品的审美价值，满足现代人对美的追求，并进一步刺激人们的审美欲望。同时，时尚又反过来影响和引导了消费者的审美观。产品时尚是人们赖以生存的物质现实，物体的颜色、形状、线条和声音在审美感的产生中起着重要作用。时尚产品不仅具有物质功能，还具有精神功能，因此，时尚的美是基于现实的美，产品的形式时尚具有独特的审美含义。因此，时尚与审美是紧密联系不可分割的，他们之间是互相影响、互相促进的关系。

日本服装设计大师山本耀司（Yohji Yamamoto）在西方设计师追求色彩艳丽、紧身束腰的时尚时，大胆融入东方的禅意精神，采用黑色而松散的"反时尚"设计（图5-5），引起了西方的注意。西方的设计师多在人体模型上进行从上至下的立体裁剪,山本耀司则是从二维的直线出发,形成一种非对称的外观造型,这种别致的意念是日本传统服饰文化中的核心,这些不规则的形式不但不矫揉造作,还显得自然流畅。而当西方的设计师大多只注重服装正面的设计时,山本耀司却认为背面才是最重要的,他将背面的服装轮廓叫作"余韵",他认为当一个人与你擦肩而过,稍纵即逝的背影是无以言表的美。山

图5-5 日本服装设计师山本耀司的"反时尚"设计

本耀司与西方主流背道而驰的新审美理念,不但赢得了消费者的喜爱,还反过来影响了西方的设计师,被称为"黑暗潮流的引领者"。

3. 荣誉感

人们希望从消费中获得更多的情感价值,开始追求消费的意义感、归属感、荣誉感,因为这都来自人们内倾向的心理需求,而不是仅仅对产品基本功能的需求。随着我国国力的强盛、民族情怀的高涨,这种意义感和荣誉感出自一种爱国情怀、国潮情结等。支持民族品牌,也是普通百姓最能直接体现爱国主义的方式之一,从中体现出身份认同、民族认同的荣誉感。

2021年,运动服饰品牌鸿星尔克官方微博宣布通过郑州慈善总会、壹基金紧急捐款5000万元物资,驰援河南灾区。此消息一出立即引爆了全网,那时候人们才记起这个已经慢慢被国人淡忘的品牌。鸿星尔克在2020年的时候已经亏损了2.2亿元,到2021年一季度就负债6000多万元,由于财务问题,鸿星尔克

的股票一度停止交易，尽管业绩不理想濒临倒闭，却捐款支援灾区，此种行为备受民众赞赏，民间自发组织起了支援国货鸿星尔克的各种活动，一时间，这个品牌激发了国人的爱

图5-6 2021年，有些人排队购买鸿星尔克运动鞋

国热情和荣誉感，排队购买鸿星尔克成为街头一景（图5-6），直到最后，鸿星尔克董事长出面呼吁大家要理性消费，这种购买行为才稍有减少。

从此事可见，虽然消费者的购买行为有些非理性，但也反映了消费者在消费中愿意追求消费的意义，希望尽自己的力量来支持有责任感的企业，并由此获得一种荣誉感。

美国经济学家托斯丹·邦德·凡勃伦在著作《有闲阶级论》中提出：商品的价格定得越高反而越会有更多人买它，这是因为消费者对商品的需求程度不会因为价格降低而增加，反而是价格提高消费者对拥有商品的欲望。这就是凡勃伦效应，它反映了人们对消费的心理需求，通过消费行为来满足内心的荣誉感。

美国珠宝品牌蒂芙尼之所以受到人们的厚爱，是因为该品牌所体现的美国精神和荣誉感。一方面美国的总统、政界要员都爱在蒂芙尼置办礼物，例如，1862年，林肯总统在蒂芙尼买下珍珠首饰送给夫人；1945年，罗斯福总统戴着蒂芙尼手表出席了著名的雅尔塔会议；1955年，艾森豪威尔到蒂芙尼为妻子定制一块吊坠……人们常说美国总统有"送礼只送蒂芙尼"的传统，一点也不奇怪。另一方面，随着美国西部大开发，通

过铁路、钢铁、石油和金融发家的巨富家族成了蒂芙尼最稳定的客群。1903年，铁路大亨乔治·杰伊·古尔德（George Jay Gould）豪掷50万美元，为第一任妻子伊迪丝·金顿（Edith Kingdon）购买了一条蒂芙尼绳结型珍珠项链。在当时美国本土的暴发户（New Money）心目中，蒂芙尼已然是顶流奢华生活的代名词，对当时上流社会的富家名媛而言，要在派对舞会获得瞩目，蒂芙尼的珠宝就是最好的"武装"。

除此之外，蒂芙尼能够在镀金时代抓住挑剔的上流阶层，还有一个相当重要的原因，即在蒂芙尼购买的礼物，无论是品位还是品质，都是"不会出错"的，其产品具有极高的设计和品质（图5-7）。因此，蒂芙尼成为美国首屈一指的珠宝品牌。

图5-7 蒂芙尼推出的T1系列产品彰显蒂芙尼的勇气、力量和乐观（见文后彩图20）

人们希望借助消费或名牌商品来让自己看起来比现实更不平凡一些，蒂芙尼或其他有故事的、有文化的、有责任感的品牌所带来的瞩目和荣耀让消费者觉得物超所值，这其实就是消费带给人的荣誉感和成就感。

4.忠诚感

忠诚感一般指品牌忠诚，是指消费者对某一品牌具有特殊的嗜好，与品牌建立了特殊的情感，因而会长期反复地购买、使用该品牌产品，并对品牌产生一定的信任、承诺、情感维系，乃至形成情感依赖，并愿意放弃其他品牌的产品。这时，消费者表现为对价格的敏感度较低,愿意为高质量付出高价格,愿意为品牌做出贡献。

对消费者来说,品牌忠诚可以缩短消费者购买决策的时间和过程,减少选择其他品牌带来的风险,并对其所忠诚的品牌获得一种心理上的满足,但是如果不愿意尝试新品牌,或者过于担心购买风险,也会限制消费者的消费范围。对企业来说,对品牌忠诚的消费者有助于企业强势品牌的形成,代表着品牌的强大影响力和生命力,意味着企业的优秀经营特长和管理水平,但是企业要意识到只有跟得上市场变化和消费需求,不断改进或创新产品,以及保持品牌的特色和个性,才可使品牌忠诚长期延续下去。

有研究显示,在过去,"品牌"很容易在消费者心中形成光环,直接导致消费者的重复性购买行为。但是,数字时代成长起来的新一代消费者,是更为善变和飘忽不定的一代,很难对某一品牌产生长久的、持续的忠诚,他们对品牌和产品的选择,评判维度也更加丰富和随心,消费者正在变得越来越"三心二意"。与其说他们忠诚于哪个品牌,还不如说更忠于自己的喜好,甚至知名大品牌也失去了以往的"光芒"。

阿里巴巴2022年的相关数据显示,过去三年,中小品牌商品交易额占比提升了10%,中小品牌以更个性化且贴近消费者需求的姿态获得市场的青睐。

四、冲动性购买

冲动性购买是一种突然、难以抵制并常带有享乐性的复杂购买过程。在购买过程中,表现为购买决策制订迅速,没有深入细致地考虑所有相关信息及其他可供选择的方案。

心理学中的情境刺激理论认为，冲动性购买是消费者事先并没有购买计划或意图，而是在进入商店后基于特定的情境，在足够大的刺激下，产生强烈的情感反应，在缺乏足够的意志与理智的控制下，立即付诸实施的购买行动。这种购买往往出于自由意志，伴随无计划、情绪化，购后一方面可能使消费者的冲动性欲望及时得到满足，但另一方面也会带来效用风险、经济风险、心理风险和社会风险。

在日常生活中，消费者产生冲动性购买行为是非常普遍的。早在20世纪50年代，学者们就开始对冲动性购买行为进行研究。由于冲动性购买行为涉及的心理过程及情绪状态比较复杂，所以，目前理论界还没有对冲动性购买行为达成共识。总体来看，冲动性购买相对于计划性购买行为来说，是一种即兴的、自发的、无意识的非计划性购物行为，而且具有一定的复杂性和情感因素。

冲动性购买的特点包括：①冲动性，指消费者突然涌现出来的一种强烈的购买欲望，而且马上付诸行动，这种行动和常规的购买行为不同；②刺激性，指冲动性购买的发生总是伴随消费者在购买现场受到的一种或几种刺激；③强制性，指有一种强大的促动力使顾客马上采取行动，在某种程度上顾客一时失去了对自己的控制；④情绪性，指消费者突然的购买促动力常常伴随激动的情绪；⑤不计后果性，指促使消费者购买的力量非常强烈和不可抵挡，以至于消费者对购买行为的潜在不利后果很少考虑或根本没有考虑。

根据以上特点，当你在超市收银台结账的时候，顺便买了一包口香糖，这或许是一次无计划的购买，但它并不是冲动性购买，因为这个购买缺少较大的自我满足，而且并没有产生相应的负面后果。

学者们研究了冲动性购买和相应的情绪反应，大体可以分为三个方面：①冲动性购买过程中伴随情绪体验，包括购买前感受到的强烈冲动，购物时所带来的兴奋感、愉悦感和满足感；②冲动性购买者与普通消费者不同，冲动性购买者通常比较情绪化，他们享受逛街浏览的乐趣，突然很想购买物品时会自然而然地付诸行动，而且通常都是在情绪高昂的情况下购物；③情绪是引发冲动性购买的潜在内部刺激。通常是因为消费者看到商品，或者是受到情境中的各种刺激，如商场打折促销而产生想要购买的强烈欲望，并进而导致购买行为的发生。

冲动性购买的产生与消费者的自我调节（consumer self-regulation）能力有关，研究显示，状态导向（state-oriented）的消费者比行动导向（action-oriented）的消费者更易受外界的刺激和影响，更容易购买新产品，后者具有较强自我行为管理能力。冲动性购买与消费者不同的个人特质有关，如消费者的价值观越趋于物质享乐主义，其越容易产生冲动性购买行为。冲动性购买与消费者的气质类型有关，胆汁质气质类型的人，心情变化剧烈，对新商品有浓厚兴趣，较多考虑商品外观和个人兴趣，易受广告宣传的影响；而多血型气质的人，活泼好动，注意力易转移，兴趣易变，审美意识强，也易受商品外观和包装的影响。冲动性购买还与人际关系有关，受人际关系影响越大的消费者，越容易产生无计划性的，甚至不假思索的冲动性购买行为。除此之外，研究显示，女性比男性更容易发生冲动性购买行为。

当然，消费者的冲动性购买也与企业所提供的各种刺激有关，为了达到销售的目的，企业通过强烈刺激唤醒消费者的消费意识，然后诱发其产生强烈的购买冲动。这些刺激包括各种形式的减价大促销、巧妙的商品陈列、有"心机"的商店布局、明亮的灯光、快节奏的音乐等。近年来，由于企业的刺激措施导致一些自我控制能力较弱的消费者在不知不觉中购买了大量无用的商品，尤其是网络购物支付的便利性，更容易导致冲动性购买行为的发生，为此，有人认为企业应该遵守营销道德，承担相应的责任。

不过，也有人认为冲动性购买可以调整消费者的情绪状态，甚至能治疗负面情绪，提振人的精神，因此，如果在可控范围内，冲动性购买并非一无是处。

五、时尚与思维

人的认知系统是通过思维来使用所认知的信息的。思维指的是所有与信息加工、理解、记忆、交流相关的心理活动，是人进行推理、判断、决策和问题解决的过程。间接性和概括性是人的思维过程的首要特征。

美国著名的演讲家、作家大卫·舒尔茨在其著作《大思想的神奇》(The Magic of Thinking)中说："决定成功的因素中，体力、智力、精力、教育都在其次，最重要的是思想的大小。"爱因斯坦也曾说："如果给我1个小时去解一道题目，我会用55分钟去思考。只要思考正确，那么5分钟足够给出答案。"人与人之间思维能力不同（图5-8），不同的思维方式决定一个人朝哪个方向思考，

图5-8 不同的人对半杯水有不同的思维方式，这称为"半杯水思维"

以及思考的广度、深度，进而决定了一个人能取得的成就。

> **小知识**
>
> ### 左脑还是右脑
>
> 心理学家认为，人们有不同的思维方式是由大脑本身的结构所决定的。左脑思维属于支配脑，人体的活动产生是在左脑的控制下有意识地进行，并且左脑存在人体的语言中枢，其可以将眼、耳等感觉器官从外界获取的信息，转换为对应的语言，从而实现语言、判断、逻辑等功能，即左脑是理性思维。右脑思维属于潜意识脑，更侧重于艺术的创造能力，其可以帮助人体掌握音乐、绘画鉴赏、设计等，而且右脑也决定人的想象力，即右脑是感性思维。当然，人的大脑是一个复杂的结构，每个人的思考方式不同，所以在使用大脑时会存在差异，多数人是通过左、右脑来协同完成工作的，并非单纯的左脑思维或右脑思维。

理论上，根据思维的性质和方式，可以把思维分为动作思维、形象思维和逻辑思维三类。①动作思维：动作思维一般是在人类或个体发展的早期所具有的一种思维形式。儿童在掌握抽象的数学概念之前，用手摆弄物体进行计算，就属于动作思维。成人在进行抽象的逻辑思维时，有时也借助具体动作的帮助，如销售人员在卖榨汁机时，借助操作机器的动作来辅助自己完成促销活动。②形象思维。形象性是形象思维最基本的特点。形象思维所反映的对象是事物的形象，思维形式是意象、直觉、想象等形象性的观念，其表达的工具和手段是能为感官所感知的图形、图像、图式和形象性的符号。形象思维的形象性使它具有生动性、直观性和整体性的优点。例如，消费者在购买窗帘时,会把窗帘的颜色、款式与房屋的家具、装修风格进行比较,对其使用效果是否协调等进行形象思维,从而决定是否购买。③逻辑思维。逻辑思维的特点是以抽象的概念、判断和推理为思维的基本形式,以分析、综合、比较、抽象、概括和具体化为思维的基本过程,从而揭露事物的本质特征和规律性联系。消费者的购买活动离不开逻辑思维的参与。例如,消费者运用已有的购买经验对商品进行选择和比较,最后做出购买决定。这种以实际经验为依据形成概念,并进行判断和推理的思想活动就属于逻辑思维。

从以上分析可见,思维参与了消费者的决策过程,很多人认为,人们购物时一般分为两种思考方式,感性思维和理性思维,并认为购买快消品、生活用品、餐饮等价格较低的产品时,会用感性的思考方式,也就是喜欢或者不喜欢来做决定。当涉及重大支出,比如买房、买车、保险、投资时,就会用理性的思考方式,权衡利弊后再做决定。

实际上,商家在做出经营决策时,由于思维方式的不同,决策的结果也会不同。多年前,麦当劳想提高奶昔的销量,便聘请杰拉德·博斯特尔(Gerald Berstell)等一些研究员来研究解决方案。当时,大多数研究员都把关注点落在提高奶昔的品质上,只有杰拉德·博斯特尔将重点落在顾客身上。他每天会在麦当劳店里坐上18个小时,观察并记录顾客购买奶昔的行为和时间段。他发现,早上8点买奶昔的顾客最多,可8点喝奶昔并不符合人们的早餐习惯,于是,他又开始思考为什么会出现这样的现象,他进一步发现,这些8点购买奶昔的顾客通常独自一人,且不买其他产品,更不会在店里喝奶昔。由此,杰拉德·博斯特尔认为这些早餐喝奶昔的人通常是开车通勤的上班族,他们需要用一只手且方便食用的食物,奶昔就成了最佳选择,由此得出"大部分顾客喜欢在开车时饮用奶昔"的结论。之后,麦当劳升级了奶昔的口味、温度、包装,设置了快速购买奶昔的通道,从而提升了奶昔的销量。可见,杰拉德·博斯特尔与他人不同的思维方式,能发现问题并顺利解决难题。由此看来,很多时候阻碍我们前行的并不是能力,而是看待问题的方式。

美国心理学家丹尼尔·卡尼曼在其著作《思考,快与慢》（Thinking Fast and Slow）一书中,把人类大脑的思维模式分为两个系统,一个是无意识的系统1,也称快思考；另一个是有意识的系统2,也称慢思考。所谓快思考是依赖直觉的无意识、不费脑的思考；而慢思考则是指需要主动控制的费脑力、有意识进行的思考。卡尼曼在研究中发现,由于使用慢思考的时候需要集中注意力,但人类大脑天生就有惰性,不愿意被过度使用。因此,在绝大多数情况下,我们的行为都是由快思考系统决定的,也就是说我们以为自己是理性思考的时候,实际上都是靠直觉做出判断的,是没有经过理性的分析和推导就轻易下了结论。通常来说,如果系统1的判断没有出现失误,系统2会毫无保留地接受系统1的建议,系统1和系统2处于一种分工合作的状态,如果无法合理分工,就会使人产生偏见和失误。

综上,消费者在进行决策的时候,是先用快思考做出决策,再由慢思考告诉自己,自己刚刚的决策是经过深思熟虑的。

小知识

糖果实验

延迟满足是指甘愿为更有价值的长远结果,而放弃即时满足的抉择,以及在等待中展示的自我控制能力。1960年,美国斯坦福大学心理学教授沃尔特·米歇尔(Walter Michelle)设计了一个糖果实验,这个实验是在一个幼儿园进行的。米歇尔教授找了数十名四岁左右的孩子,让他们每个人单独待在一个只有一张桌子和一把椅子的小房间里,桌子上的托盘里有这些儿童爱吃的一块软糖,然后告诉他们:"糖可以吃,但如果等到我出去一会儿后回来时再吃,就可以多得到一块。"观察发现,有三分之一的孩子在他刚离开后就开始吃糖果,还有三分之一的孩子等待了一会儿,但后来忍耐不住也把糖果吃了,另外三分之一的孩子则一直坚持了对他们而言很漫长的20分钟,等到米歇尔教授回来兑现额外奖励后才开始吃。后续研究发现,当十几年后这些孩子高中毕业,参加了大学入学考试,结果是那些最后得到两颗糖果的孩子的综合成绩比那些马上吃糖果的孩子高,而且交际能力强并有主见,尽管他们的智商水平没有明显差别。当然,糖果实验只是一个实验,并不具有决定性,但心理学家认为延迟满足是一种思维方式,它可以使人控制好欲望、自律性更强、管理好目标等,能在一个人的成长中发挥一定的影响作用。

一般认为,消费者在购买商品和服务的决策过程中会经历五个步骤,即需求确认、信息收集、评估选择、购买行动、购后反应,如图5-9所示。

需求确认 → 信息收集 → 评估选择 → 购买行动 → 购后反应

图5-9 消费者购买决策的过程

现实生活中,消费者决策的表现并不一定全部符合以上步骤,消费者并不是每次购买都要经历这五个阶段。某些商品的购买过程非常简单，消费者甚至不假思索，只需几秒就可决定购买，但有些商品的购买可能要花大量的时间进行思考、比较、选择，如几天，甚至几个月（比如买房、买车）。因此，面对不同的购买，消费者决策时的思维方式是不同的，其决策过程并不一定会按次序经历以上过程的所有步骤，可能会跳过其中的某个阶段或倒置某个阶段。

从表面上看，时尚给人的感觉是五彩缤纷的、感性的，似乎仅仅是用眼睛看到的，鼻子闻到的，耳朵听到的……实际上，时尚还是内心感受到的，是大脑思维的结果，如我国的设计师品牌"例外"（EXCEPTION de MIXMIND），"例外"这个简单独特的名字和其反转体英文"EXCEPTION"曾引起人们的好奇，而对于这个英文标志设计意念的解释——例外就是反的，也正是例外设计风格的写照。"EXCEPTION"是不跟风的，是游离于大众潮流之外的，却又在不断创造着新的潮流；"EXCEPTION"在不断打破传统的同时也在不断将梦想转化为现实。每一间"例外"的实体店都采用创新思维进行店内布局，原木的设计、水泥的中岛区、整墙的书架、中高型绿植等，无不体现品牌特立独行的哲学思考与美学追求（图5-10）。

图5-10　"例外"品牌独特的店内布局

首先，时尚是一种开放性的思维。当"消费升级"成为社会趋势，时尚的层级在不断迭代，思维也要与时俱进。外表的时尚可以通过珠宝、服装、包包等外在商品呈现，但内在的时尚需要从审美、音乐、美术等艺术范畴中慢慢领会，只有文化、哲学、价值观等凝结而成的开放性思维才能创造时尚。

其次，时尚是一种创新思维。心理学上有个名词称为功能固着（functional fixedness），是指一种心理上的阻塞，它可以通过抑制以前同其他一些用途相联系的物体的新功能的知觉，对问题解决产生不利的影响。例如，一个人认为黑色裤子只能搭配黑色的皮鞋，从而排斥其他的搭配方法。当你需要腰带的时候，常规想到的是皮质的腰带，但如果采用创新的思维方式，使用"麻绳"当腰带不是既新奇又有趣吗？可以用麻绳打造各种不同的时尚造型，看上去更有前卫感、有个性（图5-11）。而且，还无形中让人感觉你为环保献出自己的一份力。可见，功能固着影响人的思维，不利于新假设的提出和问题的解决。时尚处于不断创新变化中，服饰的搭配方法千变万化，体现了个人的智慧和创造力，其中，创新思维和灵感起重要作用。

图5-11　"麻绳腰带"成为2021年的时尚单品

最后，时尚是一种理性思维。从表面上看，时尚是感性的，呈现出多姿多彩的样子，能够满足人们对新事物的需求，出现了潮流和追逐。但实质上，时尚是理性的存在，一方面，时尚是现代社会人工设计的存在，时尚可以带来巨大的商机，但其背后有理性的资本运作，时尚产业的从业者试图在中间找到规律，或者制造时尚。甚至流行色的预测、潮牌的流行、明星代言等也是时尚产业中的一个链条。另一方面，时尚其实就是集合一个时代最先进的技术、最高尚的审美趣味所产生的生活形态，即使时尚是某种情感表达的载体，但时尚的最终服务者仍然是人们的日常生活。而对于普通消费者来说，追随时尚，不愿被时代的潮流所抛弃，就需要建立自己的审美品位，学会分析辨别时尚，然后通过恰当的方式来呈现自我心目中的时尚，其中理性的学习、思考是必要的。

事实上，许多消费者是在具有了一定的时尚知识，能够对所接触到的信息进行深入的加工，并通过参与时尚的实践，从经验中发现流行规律和时尚的脉络，与时尚人士的交流沟通中，不断补充对时尚的领悟，从而提高了自己对时尚的思考和思维能力，通过消费实践，才形成了自己独特的风格和品位。

小知识

服装设计需要的"思维"能力

服装设计是一个很复杂的行为，它与纯艺术不同，但它秉承了艺术最本质的特色，能使人类的天才和智慧得到充分发挥和施展，它能展示奥妙无穷的世界，并让人享受放松与愉悦的精神假期。虽然它与纯科学有所不同，但它却秉承了科学领域的关键特色，也需要有较严密的逻辑思维和行之有效的概念支持，以及循序渐进的工作态度。在服装设计中，需要设计者具备发散与收敛、感性与理性、抽象与想象等多种思维能力。基本创意思维方法包括逆向思维、发散性思维、收敛性思维、形象思维、抽象思维，只有充分理解每一种基本创意思维方法才能为后面的综合运用做准备。服装设计中的逆向思维也叫求异思维，它是对司空见惯的、似乎已成定论的事物或观点反过来思考的一种思维方式，敢于"反其道而思之"，让思维向对立面的方向发展。例如，麻绳是常用作捆绑的工具，由于它具有粗犷的风格和质朴的外观，如果运用在服装设计的创意中，会带来特别的视觉感受，这就是一种求异思维的体现。

第六章
个性、自我概念与身体意象

一个人的衣着打扮在很大程度上反映了这个人的个性，如外向的人喜欢鲜艳的颜色，内向的人喜欢柔和的色调；喜欢冒险的人更喜欢红色，而喜欢安稳的人更喜欢蓝色……那么，个性是什么？个性与服装选择有什么关系呢？

自我概念在引导人的行为方面发挥着重要作用。一个人穿什么衣服，与穿着者的自我概念密切相关，实际上，一个人是以服装为媒介向他人传递着自我概念的，比如穿上一套西装表现自己的专业和稳重。

一、个性和服装

个性（personality）是个性心理的简称。在西方心理学的理论研究中，很多学者认为个性也可称为人格。也有的学者提出将"个性"和"人格"加以区分，认为个性即个体性，指人格的独特性。人格心理学家卡特尔（Cattell）认为："个性是一种倾向，可借以预测一个人在给定的环境中的所作所为，它是与个体的外显与内隐行为联系在一起的。"美国心理学家阿尔伯特（Albert）认为："个性是决定人的独特的行为和思想的个人内部身心系统的动力组织。"

尽管心理学家们对个性的定义表达各不相同，但基本精神还是比较一致的，即个性是指一个人的整体心理面貌。一般认为个性心理包括个性倾向性和个性心理特征两个方面。每个人都有个性，每个人的个性又都各不相同。正是这些具有千差万别个性的人，才组成了丰富多彩的世界。

个性倾向性是指人在与客观现实交互作用的过程中，对事物所持有的看法、态度和意识倾向。其具体包括需要、动机、兴趣、爱好、态度、理想、信念和世界观等。

个性心理特征是指区别于他人，在不同环境中表现出一贯的、稳定的行为模式的心理特征。其主要包括气质、性格和能力等，是多种心理特征的独特组合。

个性展示了一个人不同的品质特征，包括独特性、稳定性、整体性、可塑性。

（1）独特性。不同的人具有不同的心理活动和独特的个性倾向，以及个性心理特征组成的各自独有的精神面貌。正是这些独有的精神面貌，使不同消费者的个性带有明显的差异性，由此可以根据相关特征区别不同的消费者。

（2）稳定性。人的个性一旦形成，就具有相对的稳定性，实际上，在心理学的研究中，个性心理在人的特性研究中是具有排他性的。消费者在消费过程中经常表现出来的个人精神面貌、心理倾向和心理特征具有一定的稳定性。

（3）整体性。一个人的个性倾向、心理过程和个性心理特征是相互协调、有机联系在一起的，个性通过与环境的相互作用来影响行为，并保持与环境的一致性。

（4）可塑性。随着环境的变化、年龄的增长和实践活动的丰富，一个人的个性也可以改变。

多数研究者认为，一个人的个性和行为有较密切的联系，但也有的研究者认为个性和行为并不总是保持较高的一致性，如一个白天彬彬有礼的职场白领到晚上可能在舞会上狂野不羁。但是多数的研究者仍然认为个性和行为表现的关联性，只是可能因其他因素（如情境）的介入对个人的行为产生影响。

如今，在市场饱和的情况下，大众消费市场更多让位于小众消费市场，任何市场的参与者对消费者的个性区别都抱有浓厚的兴趣，满足消费者个性化的需求成为根本的营销目标，毕竟个性是影响消费者决策的重要因素，这些影响在服装服饰、时尚和品位、生活方式选择中都有所体现。

在消费的实践中，人们观察到性格和服装的选择具有一定的相关性，学者的研究也发现了其中的一些规律，如不同性格的人喜欢或适合穿不同颜色的衣服。例如，外向的人喜欢暖色和明亮的冷色，他们喜欢穿鲜艳的颜色。内向的人喜欢蓝色、绿色和柔和的浅灰色调。具有强烈探索精神的人更喜欢红色，而那些缺乏探索精神的人更喜欢蓝色等。还有的研究发现，服装的选择与性格的稳定性和社会适应性有关，服装常常反映出一个人的自卑感或优越感，有的人为了克服自卑感而购买流行款式的服装。同样，通过一个人的服装，我们也大致能够猜测这个人的性格特征。例如，喜欢夸张服装的人，性格开朗，自我意识很强，适应性很强；喜欢穿舒适的、不刻意去搭配饰品的人，一般不喜欢被人关注，怕引起麻烦；喜欢穿休闲装的人，多数随和、平易近人，好相处；喜欢穿名牌的人，具有较强的竞争意识、自尊心强等。

因此，有人说服装是"映照内心的镜子"，一个人是什么样的性格，可以从服装选择中感受到，尽管不是完全准确无误。

那么，个性心理特征的具体内容是什么？由哪些因素构成呢？

如前文所述，个性心理特征主要包括气质、性格和能力等因素的组合，是多种心理特征的独特组合。它们共同反映了人心理面貌的差异。比如，在行为方面，有的人活泼好动，有的人沉默寡言，有的人热情友善，有的人冷漠无情，这些包含了气质和性格方面的差异。

气质是指一个人在心理活动和行为方式上表现的强度、速度、稳定性和灵活性等动态方面的心理特点。一般来说，气质受神经系统活动过程的特性制约。在气质类型的划分中，普遍接受的是气质的体液说。由此，消费者的气质类型被相应地划分为多血质、胆汁质、黏液质和抑郁质。不同的气质类型会直接影响他们的消费行为或反映到他们的消费行为中，使之显现出不同甚至截然相反的行为方式、风格和特点。

不同气质类型的消费者的特征及其表现如下：①多血质。多血质的消费者特征是情绪兴奋性高，思维、言语、动作敏捷，心境变化快但强度不高，稳定性差；活泼好动，富于生气，灵活性强；乐观亲切，善交往；浮躁轻率，注意力容易转移；兴趣广泛但不持久，缺乏耐力和毅力。他们多喜欢用服装来展现自我，能够获得较多的商品信息，购买服装有较强的灵活性，喜欢变化不同的款式、更容易喜新厌旧。②胆汁质。胆汁质者的消费者情绪兴奋性高，反应迅速，心境变化剧烈，抑制能力较弱，易于冲动，热情直爽，不够灵活，精力旺盛，动作迅猛，性情暴躁，脾气倔强，容易粗心大意。一般来说，他们喜欢在服装的选择上标新立异，特立独行，追求新潮，追求具有独特个性的服装。③黏液质。黏液质的消费者情绪兴奋性低，外部表现少，沉着冷静，反应速度慢；情绪稳定，善深思熟虑，思维、言语、动作迟缓；交际适度，情绪很少外露；坚毅执拗，淡漠，自制力强，不够灵活，易固执己见。他们购买服装时冷静理性，会进行多方面比较，不易受广告宣传或他人影响，喜欢购买熟悉品牌。④抑郁质。抑郁质的消费者善于察觉细节，细心谨慎，敏感多疑；内心体验深刻但外部表现不强烈，行动迟缓，不活泼；脆弱孤僻，对事物反应敏感，办事不果断，缺乏信心。他们会注重服装的各种细节，对商品比较挑剔，其购物行为比较拘谨，表现为优柔寡断。

性格指人对现实的态度和行为方式中较稳定的个性心理特征。例如，勤奋与懒惰、慷慨与吝啬、谦虚与骄傲、勇敢与怯懦等，都是性格特征。性格主要是个体在后天的社会化过程中形成的，它具有社会评价意义。由于性格是个性心理特征中最重要、最核心的方面，因此日常生活中，人们常用性格一词来代表人的个性。

性格类型的划分方法非常多，人们常说一个人的性格是外向的，另一个人的性格是内向的，这种划分方法是来源于荣格的向性类型说。1913年，瑞士心理学家荣格在慕尼黑国际精神分析会议上就已提出了内倾型和外倾型的性格，后来，他又在1921年发表的《心理类型学》一书中充分阐明了这两种性格类型。简单地说，个体力比多（Libido）的活动倾向外部环境，就是外倾性的人；力比多的活动倾向自己，也就是内倾性的人。外倾型（外向型）的人，重视外在世界，爱社交、活跃、开朗、自信、勇于进取，对周围一切事物感兴趣，容易适应环境的变化。内倾型（内向型）的人，重视主观世界，好沉思，善内省，常常沉浸在自我欣赏和陶醉之中，孤僻、缺乏自信、易害羞、冷漠、寡言、较难适应环境的变化。

斯普兰格（E. Spranger）是德国教育学家和哲学家，曾任莱比锡大学和柏林大学教授。他认为，性格是以人的固有气质为基础，同时受文化的影响。他在《生活方式》一书中提出，社会生活有六个基本领域（理论、经济、审美、社会、权力和宗教），人会对这六个基本领域中的某一领域产生特殊的兴趣和价值观。据此，他将人的性格分为六种类型。①理论型。该类型的人以追求真理为目的，能冷静客观地观察事物，关心理论性问题，力图根据事物的体系来评价事物的价值，碰到实际问题时往往束手无策。他们对实用主义和功利主义缺乏兴趣。②经济型。该类型的人总是以经济的观点看待一切事物，以经济价值为上，根据功利主义来评价人和事物的价值与本质，以获取财产为生活目标。③审美型。该类型的人以美为最高人生意义，不大关心实际生活，总是从美的角度来评价事物的价值，以自我完善和自我欣赏为生活目标。④社会型。该类型的人重视爱，有献身精神，有志于增进社会和他人的福利。⑤权力型。该类型的人重视权力，并努力去获得权力，有强烈的支配和命令别人的欲望，不愿被人支配。⑥宗教型。该类型的人笃信宗教，有信仰，富有同情心，心地善良。

另外，有关个性的理论不得不提的是精神分析理论。精神分析理论（Psychoanalytic Theory）是由著名的心理学家西格蒙德·弗洛伊德（Sigmund Freud）创立，弗洛伊德认为人精神活动的能量来源于本能，本能是推动个体行为的内在动力。人类最基本的本能有两类：一类是生的本能，另一类是死亡本能或攻击本能，生的本能包括性欲本能与个体生存本能，其目的是保持种族的繁衍与个体的生存。死亡本能派生出攻击、破坏、战争等一切毁灭行为。其中，弗洛伊德的泛性论很有影响力，弗洛伊德所说的性欲有着广义的含义，是指人们一切追求快乐的欲望，性本能冲动是人一切心理活动的内在动力，当这种能量积聚到一定程度时就会造成机体的紧张，机体就要寻求途径释放能量。

关于人的个性方面，弗洛伊德认为个性由三个部分构成，即本我、超我、自我。本我即原我，是指原始的自己，包含生存所需的基本欲望、冲动和生命力。本我注重享乐和即时满足，它的运作以快乐为原则，追求的目标是获得快乐，避免痛苦。超我是指符合社会规范和期望，是人格结构中代表理想的部分，其特点是追求完美，它遵循的是"道德原则"。自我遵循"现实原则"，主要是解决本我和超我的冲突，自我在社会范围的约束中满足本我。因此，自我是为了平衡本我受到的约束的欲望和超我的期望之间的关系。

弗洛伊德精神分析理论对心理科学，以及西方人文科学的各个领域有深远的影响，在消费领域的研究中，研究人员使用精神分析来解释消费者的行为，并分析消费者的需求，以及深藏背后的动机，认为自我是通过购买、消费商品所呈现的象征性特征来调和本我需求和超我限制之间的矛盾，商品能够代表消费者真正的目的。

二、品牌个性

如果一个人具有不同的个性特征，那么，品牌也有个性吗？比如，你最喜欢喝的饮料品牌有个性吗？品牌的个性和你的个性是否相同？这些问题或许你觉得奇怪，或者从来没有想过。

不过，根据相关调查发现，消费者确实经常用类似人的个性特征来描述某个品牌。例如，可口可乐是传统的、经典的、神秘的、热情的，百事可乐是年轻的、酷的、帅的等。

品牌个性，也称品牌人格，是指品牌所具有的人格化特征，它是品牌价值的重要组成部分。因此，一些形容人个性的词语可以用在品牌个性上,如充满活力的、精明能干的、严肃的、睿智的、浪漫的、性感的等。

1982年,研究者塞尔奇(Sirgy)提出任何品牌或产品都应该具有个性;1997年,阿克(Aake)运用心理学中的"大五"人格理论模型对品牌个性维度进行探索性研究,发现在美国文化背景下,品牌个性体系包括五大维度,15个次级维度和42个品牌个性特征,五大维度分别为"真诚(sincerity)、刺激(excitement)、胜任(competence)、教养(sophistication)和强壮(ruggedness)"。

有学者提出在不同文化背景下品牌个性的维度应该存在差异。例如,平和(peaceful)是日本文化背景下的品牌个性所特有的,激情(passive)是西班牙文化背景下的品牌个性所特有的。由此,品牌个性成为营销学、心理学研究领域的焦点之一,很多学者开展了对品牌个性的研究,在Aake等人研究的基础上不断地补充完善,其中,比较具有代表性的品牌个性的具体描述和维度划分如表6-1所示。

表6-1 品牌个性的维度划分

品牌个性的维度	品牌个性的层面	品牌人格
纯真	务实	务实、顾家、传统
	诚实	诚实、直率、真实
	健康	健康、原生态
	快乐	快乐、感性、友好
刺激	大胆	大胆、时尚、兴奋
	活泼	活力、酷、年轻
	想象	富有想象力、独特
	现代	追求最新、独立、当代

续表

品牌个性的维度	品牌个性的层面	品牌人格
称职	可靠	可靠、勤奋、安全
	智能	智能、富有技术、团队协作
	成功	成功、领导、自信
	责任	责任、绿色、充满爱心
教养	高贵	高贵、魅力、漂亮
	迷人	迷人、女性、柔滑
	精致	精致、含蓄、南方
	平和	平和、有礼貌、天真
强壮	户外	户外、男性、北方
	强壮	强壮、粗犷

从消费者的角度来说，品牌个性非常重要，因为品牌能够帮助消费者表达自我，当消费者发现他所寻找的品牌个性与自己的个性相吻合时，就很容易产生一种融入感，对这个品牌就会倾注更多的情感因素，赋予品牌拟人化特征，甚至和品牌保持一种亲密的关系，并把该品牌视为自我生活的一部分，消费者和品牌的关系就会非常牢固。

由此，企业也意识到给自己的品牌赋予个性的重要性，并通过对品牌个性的塑造来开展人格化营销。

人格化营销就是将品牌当成一个人去运作。这样，使单纯的、空洞的品牌形象在消费者心中越来越具象，逐渐变得生动和丰富多彩，比如，零食品牌三只松鼠赋予每一只松鼠鲜明的人物人格色彩——松鼠小美，是最受宠爱的公主，温柔娴静、美丽大方；松鼠小酷，拥有知性气息的新一代男生，同时还是带给你知性问候和贴心关怀的暖男一枚，是松鼠家的门面；松鼠小贱，吃得了美食也吃得了苦，同时乐观向上（图6-1）。这三只松鼠的个性涵盖了当下"85后""90后"中最主要的几大人群，把冰冷的零食化作主人与宠物之间的情感连接器，拉近了与消费者之间的距离，打动了消费者的情感点，促进消费的转化。

图6-1 "三只松鼠"品牌赋予松鼠鲜明的人物人格色彩

同样，如果提到江小白，人们可能就会想到一个长着大众脸，鼻梁上架着无镜片黑框眼镜，系着英伦风格的黑白格子围巾，身穿休闲西装的帅气小男生（图6-2），他时尚、简单、我行我素，善于卖萌、自嘲，却有着一颗文艺的心。因此，让消费者感到江小白不像是一款白酒，更像是我们身边的一个朋友，甚至是我们自己。通过品牌个性的塑造，打造品牌的人格化形象，这样的营销方式更接地气，有亲和力，也更有机会引起共鸣和传递价值，让消费者对品牌产生情感。

图6-2 "江小白"——有着一颗文艺的心帅气小男生

除了采取卡通人物，企业也可以通过广告代言人、产品符号化等方式来塑造品牌个性。奢侈珠宝品牌梵克雅宝自创立以来，就将大自然作为主题，并注入其创作之中，将茂盛的花园、振翅欲飞的蝴蝶或是追逐嬉戏的天堂鸟以瑰丽珠宝来呈现，并从童话和传奇故事中汲取灵感,以珠宝叙述童话情节(图6-3),尤其是经典的Alhambra四叶草幸运系列链,以金色圆珠细密围拢枚枚褶皱金质四叶草幸运图案,构成完美和谐的幸运象征。有人形容梵克雅宝就像一个温柔到极致的富家小姐姐,简单、自然、纯净。

图6-3 梵克雅宝通过产品设计表达"自然纯净"的品牌个性

提到珠宝品牌宝格丽,相信很多人都会首先想到蛇。的确,这种魅惑而神秘的动物俨然已经成为宝格丽符号化的象征代名词。在古希腊神话中,蛇是象征生命的重要角色,常代表疗愈、死亡与重生。从1940年起,宝格丽率先将蛇的形象运用到了腕表设计中,从此,蛇成为宝格丽性格最鲜明的品牌象征之一,蛇形腕表成为旗帜性作品(图6-4),如今,宝格丽的Serpenti灵蛇系列已经成为其经典代表作,宝格丽将蛇的形体演绎得淋漓尽致且千变万化。宝格丽被塑造成一个大胆、独立、自信,又神秘、充满诱惑的女性形象。

图6-4 宝格丽通过产品设计符号化特征表达品牌的"神秘和诱惑"

三、自我概念的形成

在日常生活中，我们常会觉察到自己的一切区别于周围其他的物与其他的人，这里所说的自己的一切包括我们的身体、生理与心理活动等。

"我是谁""我是什么样的人"等问题是心理学研究中一个古老又热门的话题，因为心理学研究的根本问题就是"人是什么"。

自我概念（self-concept）是指个人对自己的能力、气质、性格等个性特征的知觉、了解和感受的总和。换言之，即一个人对自我特征的认识，以及自己对于这些品质的评价，是一个人通过经验、反省和他人的反馈，逐步加深对自身了解的过程。

当然，由于自我概念是一个逐步形成的过程，是一个人个性社会化的结果，不同阶段的自我概念及其对服装选择的影响是不同的。

1.生理自我形成期

生理自我形成期主要是指0~3岁。

在生命降生之初，婴儿是没有自我概念的，他们甚至不能意识到自己和外界事物的区别。婴儿一般在八个月左右，生理自我开始萌生，这是自我概念的最初形态。到一周岁左右，幼儿开始能把自己的动作和动作对象区别开来，初步意识到自己是动作的主体。例如，当他（她）手里抓着玩具的时候，就不会再把玩具当作自己身体的一部分了。一周岁以后，幼儿逐步开始认识并感觉自己的身体。不过，他只是把自己作为客体来认识，他从成人那里学会使用自己的名字，并且像称呼其他人一样称呼自己。

一般到两岁左右，幼儿逐渐学会用代词"我"来代表自己。三岁左右的儿童，自我概念有了新的发展，主要表现在以下两方面。一是出现了羞愧感、疑虑感、占有欲和嫉妒感。例如，母亲对其他儿童表现出喜爱，他会产生嫉妒感。二是第一人称"我"使用频率提高，许多事情都要求"我自己来"，开始有了自我独立的要求。可以说，三岁儿童的自我概念已经有了一定的发展，但其行为仍然是以自我为中心的，即以自己的想法解释外部世界，并把自己的想法和情感投射到外界事物上。

这个时期，幼儿很难把自身和自己穿着的衣服区别开来，他们从出生就被柔软的衣物包裹，穿着衣物在幼儿看来是自然而然的，服装也是与自我密不可分的存在。当然，幼儿还不能自主选择服装，一般由父母为其选择，这种选择反映了父母期待通过孩子的着装向他人表明孩子的某些特征，特别是孩子的性别。男孩儿一般以蓝色、灰色、绿色等冷色调为主，女孩儿以粉色、红色、黄色等暖色调为主。

2.社会自我形成期

社会自我形成期是指三岁到青春期这段时期，一般是3~14岁。

这个时期是个体接受社会化影响最深的时期，也是学习角色的重要时期。个体在家庭、幼儿园、学校中游戏、学习、劳动，通过模仿、认同、练习等方式，逐步形成各种角色观念，如性别角色、家庭角色、伙伴角色、学生角色等。这一时期，也是个体获得社会自我的时期，他们开始意识到自己在人际关系、社会关系中的作用和地位，意识到自己所承担的社会义务和享有的社会权利等。

心理学上，无论男孩还是女孩，8岁左右都会开始在意自己的外形，并尝试往好的方向改变，孩子对自己躯体有了认同感，这被称作爱美敏感期，服装的性别区分更加明显，女孩儿对想通过服装变漂亮的积极性往往更明显，服装花色多，款式新，面料上各种绣花、拼色、印花工艺，而且包括花色繁多的发卡、皮筋、头饰等，甚至会涂指甲油，她们也通过模仿习得某些行为，比如，模仿自己的妈妈穿高跟鞋、擦口红等。

随着儿童活动范围的扩大，他们会选择自认为理想中的人物作为自己的榜样，如影星、歌手、网红，这些理想人物组成了"重要的他人群体"，他们的举止、发型、衣着成为这一时期个体模仿的对象。

3.心理自我形成期

心理自我形成期指从青春发育期到青春后期的大约10年时间，在14~24岁。

这一时期，个体的自我观念渐趋成熟，无论是生理，还是认识或情绪，都有很大变化，如逻辑思维和想象力的发展、感受性的敏感，这些都是自我概念得以发展的基础。这一时期，由于自我意识的发展，个体要求独立的意识强烈，想摆脱成年人的影响和束缚。一般来说，青年自我意识的发展经历着一个特别明显的、典型的分化，是一个矛盾、统一的过程。自我明显的分化，意味着自我矛盾冲突的加剧。

随着自我概念的成熟，这个时期的个体开始有意识地注重自己的外表，对自我的身体有了较深的认识，他们的自我认同、归属和获得承认的意识增强，在服装穿着上注意与伙伴保持一致，或模仿参照群体的着装方式。女孩会经常照镜子，并通过化妆和衣着来掩饰自身的不足，同时更加注重别人的服饰，并经常以他人的评价来决定自己的着装。这个时期，父母的意见和影响随着他们的成长而不断减弱，新的"重要的他人"的影响越来越大。

4. 自我概念统一期

当一个人25岁之后，一般已经完成了大学的学业，并进入社会职场，个体的自我概念不断完善和提高。这个时期个体对自己的认识评价、情感体验趋向稳定，这一阶段是主体我与客体我、理想我与现实我重新实现统一的时期。这种统一的结果有两种可能性：积极的结果是形成新的真实的自我统一，使人增强自信，努力奋斗，有利于自身发展；消极的结果则是形成歪曲的自我统一，使人或自卑，或自负，甚至影响个体自身的成长和发展。

有学者认为，自我概念的形成和发展是终生的，因此，即使一个人在儿童期和青春期已经形成了自我概念，但随着环境的变化，自我概念仍会发生变化，并认为一个人的一生就是人格不断成长的过程，因此，每一阶段的健康发展对个人成长都非常重要。

可见，自我概念是个体在社会化过程中逐步形成和发展的，个体对自身的认识是通过他人的比较或从他人的评价中获得的，就像个体可以通过一面镜子审视自己的容貌和体态一样，也就是说，是个体以父母、老师、同学、朋友或其他关系密切的人的评价为"镜子"来审视自己，最终形成了对自己的认识和情感。

另外，一个人的物质条件，包括身体状况、衣着服饰等也有助于自我概念的形成。例如，幼儿常常根据穿着的服装知道自己是男孩还是女孩，服装在一个人自我性别的认同方面起着重要作用。从这个意义上来说，自我概念的形成既有物质因素的影响，也受社会文化的影响。还有研究表明，自我概念的形成还与人的知识水平有关，一个人的文化素质越高，其自我概念的发展就越成熟。

> **小知识**
>
> **约哈里窗**
>
> 　　心理学家约瑟夫·卢夫特（Joseph Luft）与哈里·英格拉姆（HarryIngram）提出"约哈里窗（Johari Window）"（图6-5）的概念。"窗"是指一个人的心就像一扇窗，约哈里窗展示了关于自我认知、行为举止和他人对自己的认知之间在有意识或无意识的前提下形成的差异，由此把一个人的内在分成四个部分：公开的自己（openself）、盲目的自己（blindself）、隐藏的自己（hiddenself）、未知的自己（unknownself）。一般而言，这四个部分是相互影响的，任何一个区域变大，其他区域就会缩小，反之亦然。而各部分大小的变化，又会受到自我揭露、他人回馈的影响。"约哈里窗"在认识自我、促进人际沟通方面具有一定的应用价值。

	了解自己	不了解自己
他人了解	公开的自己 你和他人都很了解你本人	盲目的自己 别人很了解你，但你对自己不甚清晰
他人不了解	隐藏的自己 你很了解自己，但别人不了解	未知的自己 你和别人都不清晰关于自己的信息

图6-5　约哈里窗

四、多重自我和消费

自我概念有着复杂的结构,许多学者从不同的角度做了大量的研究。

美国心理学家威廉·詹姆斯(William James)把自我区分为作为经验客体的我(me)和作为环境中主动行动者的我(I)。1890年,他提出作为经验客体的我包括三种不同形式:①精神的我,由个人目标、抱负和信念等组成;②物质的我,指个人的身体及其属性;③社会的我,即他人所看到的我。

英国理论家查尔·斯霍顿·库利(Charles Horton Cooley)从自我和社会之间的关系上理解自我概念,认为自我和社会的概念相互联系,难以分割。1922年,库利提出"镜像自我"的概念,并指出自我知觉的内容,主要是通过与他人的相互作用这面镜子而获得的。

20世纪40年代,卡尔·罗杰斯(Carl Ransom Rogers)等区分了作为实际感觉到的自我(真实自我)和作为理想中的自我(理想自我),他认为真实自我被置于略低于理想自我的地位,真实自我和理想自我之间的差异表示个体心理顺应指数。

可见,对自我概念的认识是多方面的,自我概念的结构是多重的,具体解释为以下几种。

(1)真实自我,也称实际的自我,是指一个人实实在在的、完全客观的真实本我,是现实中我们的状态。实际上,消费者的购买行为往往不是在客观地、全面地认识自我之后才发生的,很多是自己没有意识到的,即受潜意识所支配的。

(2)理想自我,是消费者希望自己成为什么样的人,而不是他实际上是一个什么样的人。理想自我与一个人所崇拜和信仰的对象与所追求和渴望的目标有很大关系。

有些研究表明，消费者力求实现理想自我可以在他购买"威望类"商品时表现出来。比如，购买高档服装、珠宝首饰、豪华轿车、私人游艇等。尤其是通过服饰的选择和搭配，可以表现出个人的审美素养和对理想自我的追求。

另外，在不同历史时期的不同国家、民族和文化中，存在着人们共同的理想形象。例如，16~19世纪的欧洲以成熟的女性为美，服装造型正面看为X型，侧面看则为S型，强调胸部和臀部的丰满。而20世纪20年代，欧美女性追求一种"男孩子"风格的形象——容貌天真纯洁，手足纤细而胸部平坦，因而服装造型转为H型，装饰细节集中于腰腹部。20世纪50年代，欧美女性曾一度流行使用胸垫，追求一种性感的曲线；20世纪60年代又以瘦为美，几乎到了越瘦越好的地步；20世纪80年代又转而追求一种纤长、矫健的体形。

（3）镜中自我，也称为社会自我，是消费者自己认为的他人对自己的看法。这种自我同一个人对他人的看法有关。比如，他人的学识、年龄、社会地位等。因此，两者是一种互动关系。它表现出消费者所拥有的想法并且想象其他人是如何看待的。

（4）延伸自我，反映了消费者所拥有的可以帮助他们认识自我的物品，在某种意义上成为他们自我的一部分，那些被视为自我一部分的外在物称为延伸的自我。对于小时候的一辆玩具车、妈妈编织的毛衣、第一张火车票、第一条牛仔裤、第一双高跟鞋等，这些物品可能对你都有特别的意义，那么，就会一直保留而舍不得丢掉，从而成为自我的一部分。除了个人物品，住宅、家具、所住城市、社区等也都是延伸自我的一部分。

（5）主观自我，也称为自我形象，是消费者对自己的看法与认识,也是真实自我与理想自我的混合物。当一个人不喜欢现在的自我形象,希望更接近理想自我,认为其他人对自己印象不好或希望与某些人进行社会交往时,就有可能采取改变自我形象的行为。

由此,自我概念被认为由不同的元素构成的,而每个人对自我概念的理解具有多种选择,当我们扮演不同的角色时,某个"自我"会处于更中心的位置,这个"自我"将会影响消费,消费者会去寻找那些帮助其塑造自我概念的商品,如衣着、珠宝、汽车等。

通常情况下,人们都具有从真实的自我概念向理想的自我概念转化的意愿和内在冲动,这成为人们不断修正自己的行为,以求自我完善的基本动力。例如,美容整形手术是现实生活的"理想化",有些人为了使外在的容貌更接近理想的自我形象,会通过美容整形手术来改善外形、外貌,以提升自我整体形象,达到理想自我状态。

不仅如此,人们还力求自己的形象符合他人或社会的理想要求,并为此而努力按照社会的理想标准行事。正是在上述意愿和内在冲动的推动下,自我概念在更深层次上对人们的消费行为产生影响,调节行为的方式、方向和程度。而消费者一旦形成了某种自我概念,就会在这种自我概念的支配下产生相应的购买行为。

五、自我概念与产品的象征性

自我概念作为影响个人行为的深层个性因素,同样存在于消费心理活动中,对消费行为有着深刻的影响。

本质上讲，消费者希望通过消费来展示自己，所以他们会选择可以增强自我概念的商品，回避那些与自我概念的特点不一致的商品。正如有句话所说："产品塑造了自我，你就是你所消费的东西。"

1.商品的社会意义

由于自我概念涉及个人的理想追求和社会存在价值，因而每个消费者都力求不断促进和增强自我概念。而商品和服务作为人类物质文明的产物，除具有使用价值外，还具有某些社会的象征意义（图6-6）。

图6-6　奔驰车是豪华品牌车的代表，它强调尊荣华贵，象征成功和富有

换言之，不同档次、质地的商品往往蕴涵着不同的社会意义，代表着不同的文化、品位和风格，通过购买和使用这些商品，可以显示出消费者与众不同的个性特征，增强和突出个人的自我形象，从而帮助消费者有效地表达自我概念，并促进真实自我向理想自我的转变。

在很多情况下，消费者购买商品不仅是为了获得商品所提供的功能效用，更多时候还是为了获得商品所代表的象征价值。例如，劳斯莱斯车对购买者来说，显然不是单纯的交通工具。一些学者认为，某些商品对拥有者而言具有特别丰富的含义，他们能够向别人传递关于自我的很重要的信息。

美国心理学家贝尔克（Belk）用延伸自我（self-extension/self-expansion）这一概念来说明这类商品与自我概念之间的关

系。贝尔克认为，延伸自我由自我和拥有物两部分构成。换句话说，人们倾向于根据自己的拥有物来界定自己的身份，所以某些拥有物不仅是自我概念的外在显示，同时也是自我身份的有机组成部分。

> **小知识**
>
> **"产品关联用户"的自我**
>
> 手机作为现代通信技术的代表产物，不仅仅是冰冷的科技，还被很多学者称为"情感科技"（affective technology）——其很多功能和用户的情感生活紧密相连。例如，有研究指出，用手机给朋友或是亲人发短信、打电话能够满足传达爱意（affection）的心理需求，也能让用户感受到归属感（belonging）。不仅如此，还有学者指出，手机相当于一个舒适圈的存在，使用户增强自信心和安全感。有研究表明，一个人在使用手机上网或其他活动时，感到更自信、更安全，并且能够缓解他们的紧张感。由此可见，手机作为一项科技产品，它更像是一本日记，一个老朋友，深度融合在使用者的生活之中，与其情感产生共鸣。这个情感共鸣的过程中包含着自我概念的更新和转化。有研究指出，这是一个"产品关联用户自我"的现象，即产品通过提升用户的生活体验，或是体现其重要价值，从而被使用者接受，产生认同感，并内化成为用户自我身份的一部分。用更为学术的概念来阐释这种现象，即称为"自我延伸"（self-extension/self-expansion），这样的物品不仅仅影响人们的生活，也更深层次地影响人们成为怎样的自我。

产品象征意义的实现过程如图6-7所示。图中的阶段1，消费者首先会购买某种能够向参照群体传达自我概念的产品；阶段2，消费者希望参照群体能理解购买的产品所具有的象征性；阶段3，消费者希望参照群体将产品所具有的象征品质看作他人格的延伸部分或自我的一部分。概括地说，消费者购买产品是为了象征性地向社会传递关于自我概念的不同方面。

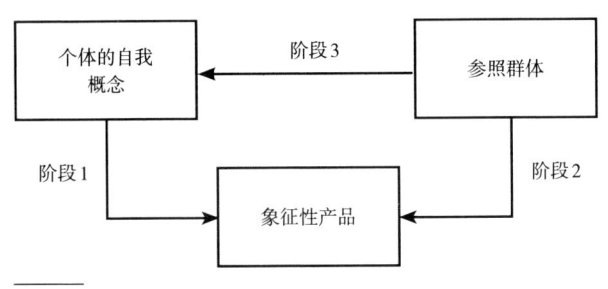

图6-7 产品象征意义的实现过程

2.传递自我概念的符号或象征品

法国哲学家、现代社会思想家鲍德里亚认为，现代消费社会的特点是从"物的消费"过渡到"符号消费"。符号消费是消费社会的核心概念。一件商品不仅具有使用价值、交换价值，还具有符号价值，即表达风格、名声、地位、身份及权力等特征的价值。在符号消费中，消费过程就是向他人显示自己地位的过程，也是在消费和享受这种"地位象征""理想自我"，以及由此所带来的一种自我满足的过程。

例如，现代人对奢侈品的崇拜和追捧，其实也是对理想自我追求的一种展示。法国时尚品牌管理专家卡普费雷（Kapferer）给出了奢侈品一词的符号学解释及其社会学含义："奢侈品代表的是美好的事物，是应用于功能性产品的艺术。就像光可以带来光明一样。它们提供的不仅是纯粹的物品，它们还是高品位的代名词。"

一般来说，成为象征品的商品具有三个方面的特征。第一，具有可见性。可见性指它们的购买、使用和处置能够很容易被人看到。第二，具有变动性。由于资源、禀赋的差异，有些消费者有能力购买，而另一些消费者无力购买。如果每人都拥有一辆奔驰车，那么，这一商品的象征价值就丧失殆尽了。第三，具有拟人性。这是说商品能在某种程度上体现一般使用者的典型形象。豪华汽车、高档珠宝、高档服装等商品均具有上述特征，因此，它们很自然地被人们作为传递自我概念的象征品（图6-8）。

图6-8 瑞士钟表品牌百达翡丽经典的广告语"没人能拥有百达翡丽，你只不过是为下一代保管而已"，使产品成为连接父母与孩子之间的情感纽带，象征着爱和永恒

六、自我概念与身体意象

1. 身体意象的含义

身体意象（body image）的概念被用于心理学、医学、精神病学、精神分析、哲学等许多学科的研究，并没有一个统一的定义。澳大利亚精神分析学家保罗·席尔德（Paul Schilder）认为身体意象是一个人在头脑中形成的自己身体的图像。也就是说，身体在我们自己眼中的样子。英国心理学家格罗根·莎拉（Grogan Sarah）将身体意象定义为：一个人对自己身体的感知、想法和感觉。

可见，身体意象是指个体对自己身体的认知和评价，是个体自我意识中最早萌发的部分,也是自我概念的一个重要的基础部分。

身体意象涉及个体对自己的相貌、体格、体能等的看法和评价,同样是多维度、多层次的,并且随着个体年龄的增长而显示出不同的特点。同时,身体意象也是受社会文化的支配和他人评价影响的。个体通过社会学习,将身体意象融入自我概念,并成为重要的一部分。

2.对理想体型的追求

与身体意象满意度相关的,是人们对完美身材或理想体型的追求,理想体型是指人们认为有吸引力的、适合某个年龄阶段的身体类型。

有趣的是,两性对于异性的理想型和同性的理想型有显著差异。比如女性认为的女性理想体型显著瘦于男性认为的女性理性体型,而男性心中男性的理想体型则要比女性心中的理想男性更为壮硕,肌肉含量更高。另外,理想体型很大程度上受到文化的影响。比如,汉朝以瘦为美,而唐朝以胖为美。

现代社会,由于大众传媒的影响,"理想体型"越来越极端化,离普通人也越来越远,尤其是女性对理想体型的审美要求越来越高,并且对于美的标准更加苛刻。

其实,对理想体型的追求体现了人们对美的向往。不论是东方还是西方,从古至今,理想体型总是与"健康"和"美"联系在一起。影响人们审美的因素包括以下五个方面。

(1)生活环境。每个人都会不由自主地受到周围环境的影响,并产生潜移默化的认知。对美、丑事物的认知也是一样。一线城市和二线城市,西方都市与东方文明,所能理解的美都是完全不一样的。

（2）教育背景。一个人受教育后，脑子里不仅仅留下了学识知识，也会自我进化，产生一些"对""错"的判断意识。例如，文科生普遍比理科生对视觉反馈敏感一些。大多数理科生对于非常见的色彩，会形成拒绝心理，这就是教育背景带给人的影响。

（3）性格与个性。有人曾经做过一项性格测试，发现A型血的女生，或者是活泼型的女生，会更偏向色彩丰富的衣饰。而O型血，性格沉稳的女生，则偏向选择安全的中性色，如黑、灰等。审美也一样，不同的性格对于视觉效果接受的程度不一样，导致了人们的品位产生差异化。

（4）价值观。价值观是我们长期选择的一项结果，同样也反映在审美上，一个受过良好教育，出身富有的成功企业家，在某种价值观的驱动下，会去繁从简，追求朴素的生活方式和着装。而像一些出名的艺术家和设计师，将更多的精力放在了通过自我的表达来影响或引领审美的潮流和文化方面。

（5）经济和技术的发展。随着科技的发展，经济水平的提升，人们的审美也从简单的色彩、图形、图像，更立体地去变化。例如，对材质、环保及重复利用率提出自己的想法。这也是人们对审美的一种自我选择。

多芬（Dove）是联合利华（Unilever）公司旗下的品牌，1957年诞生于美国。2005年，多芬做了一份横跨亚洲10个国家和地区、总计访问2100名女性的调研报告——《多芬美丽白皮书》。结果显示，仅有4%的女性认为自己是美丽的，大多数女人会感受到别人的美丽而没有意识到自己的美。

实际上，一直以来，多芬品牌的核心理念即鼓励女性寻找真正属于自己的美丽。从2004年起，多芬在北美和欧洲发起了"真美行动"（Real Beauty Campaign），帮助更多女性发现自己真实的美丽并勇敢绽放出来，引起了巨大反响。在多芬为"真美行动"拍摄的海报中（图6-9），残缺的"Beautiful"字样表达了多芬对"美丽"真正的看法。之后，多芬开始将活动向全球推广。

图6-9　多芬为"真美行动"拍摄的海报

此外，多芬今年还在全球范围内推出"真美画像"创意视频，他们邀请到素描肖像画家吉尔·萨摩根据7位女性对自己的描述和来自他人的描述分别创作两幅画像，而最后两幅画像的对比却令人无比震撼。视频的内容深深触动了几乎每一位女性对于美丽的困扰和诉求。多芬是希望通过这样一个简单而生动的社会实验，告诉女性消费者："你，远比自己想象得美丽。"

事实上，自品牌创立开始，多芬就一直选用普通人作为形象代言，通过对"真美无标准"的强调，拉近了与普通消费者的关系。

一直以来，与外貌有关的产品往往对标在女性消费群体上，这样的消费角度不仅会单方面增加女性的容貌焦虑，当然也会忽视一大半的消费人群——男性。随着"颜值经济"的爆发，变美不再只是女性的特权，男性化妆品与护肤品正形成一种市场发展趋势，男性化妆品市场正逐渐成为一片新兴的"蓝海"。

当化妆品市场从只针对女性转移到男性身上时，营销的对象及方式也会变得更加多样。在男性化妆品市场兴起的同时，许多其他产品也应当考虑，是否性别差异化营销在如今应当做出一些改变，不要再用一些"刻板印象"去对男女性使用的产品品类进行区分，而是将一切产品同时面向两种性别群体，这样可以发现更多的新兴"蓝海"。

3.改善身体和仪表

一项调查显示，通常女性对身体的不满意程度高于男性（身高例外），并且，女性对自我身体的不满意是指向整体的形象，而男性的不满一般是指局部。另外，对身体的不满意在不同文化中有不同的体现。美国的一项调查认为，非洲裔美国学生对身体的满意度最高，而亚洲裔美国学生对身体的满意度最低。

当个体的身体意象偏于消极时，就容易产生身体意象失调或负面的身体自我，也就是在认知和情感上对自己的身体产生消极的态度，并通过相关行为（比如节食、运动、回避社交等）对消极的认知和情绪进行调节。

在消费中，对自我身体不满意的消费者会倾向投入更多的资金来修饰或掩盖身体的不足，在外貌、头发、化妆、穿搭上花费大量时间，通过改善外在仪表，来改变对身体的感知。例如，穿紧身衣、紧身裤来塑造身材，甚至通过整容整形手术的方式，来塑造完美"自我"。

还有些消费者通过文身的方式等来改变身体意象。对于一些年轻人来说，通过对身体的装扮，认为这样的自我更具有吸引力，并认为这种身体艺术也是自我定义、自我发现的一部分。部分女性认为文身使自己更时尚，如今的文身方法更加多样，技术更加成熟，有的文身是短期的，甚至是贴在皮肤上，很容易洗掉，这使更多的人愿意去尝试，并认为这是一种无风险表达勇敢的方式。但对大多数人来说，文身是令人不适的，是"叛逆"的，因此，文身只是在一些亚文化圈中流行，没有普遍性。

近年来，随着我国人民生活水平的不断提高和求美需求的日渐多元化，越来越多的消费者希望通过整形手术来改变自己身体意象中不满意的部位。当前我国医疗美容（简称医美）市场非常活跃，发展迅速，成为全球增速最快的医美市场之一。所谓医疗美容是运用药物、手术、医疗器械及其他具有创伤性或者不可逆性的医学技术方法对人的容貌和人体各部位形态进行修复与再塑的美容方式。

从2015至2019年，我国医美市场实现每年超过22.5%的复合增速，据弗洛斯特沙利文（Frost & Sullivan）数据预测，2019至2024年，行业将以17.3%的复合增速持续增长，另据德勤发布的《中国医美行业2022年度洞悉报告》预测，到2025年，我国市场规模将超过3500亿元，消费者规模将持续扩大。

美国的一项调查显示，选择医美，进行整形手术并非仅限于女性，很多男性加入了整形队伍。大部分男性做的是抽脂手术。男性整形是由于体形不佳带来的不安全感和由此造成的困扰，女性的这种不安全感往往来源于理想身体形象和真实身体状况的不一致。

4.时尚界的责任

建立健康的、积极的身体意象,即正向身体意象是非常重要的。当一个人身体意象失调(也称负向身体意象)会产生多方面的消极影响,主要体现在以下四个方面。第一,对整体自我的影响。身体意象失调会导致个体的低自我价值感、自我否定及较低的自尊水平。第二,对社会生活的影响。身体意象失调的人一般生活满意度较低、生活质量较差,常会有人际关系的问题,有社交回避的倾向。第三,对情绪体验的影响。身体意象失调的人会有抑郁、焦虑和恐惧等负面的情绪体验。第四,对身体管理的影响。身体意象失调可能会导致饮食失调、过度节食、进食障碍、厌食障碍、药物滥用等一系列不健康管理行为。

一段时间以来,由于时尚界推崇瘦弱的模特和形态,使消费者经常将广告中出现的模特形象与自我进行对比,而这种对比很容易让消费者产生负面身体意象,还会导致生理、心理问题或身体疾病。

例如,因为减肥导致的进食障碍、对自己的外表身材不满意,甚至会产生自卑、羞耻的心理。对美的要求变得严苛和偏执,进而导致女性自卑、失去信心甚至恐惧社交的情况。为此,时尚界的从业者已经意识到一些负面的宣传并进行了一些改变。

2012年,以色列正式通过法律禁止体重过轻的模特出现在广告中,由此成为世界上第一个立法抵制"过瘦"模特的国家。此外,西班牙、意大利、巴西、智利等国家的时尚界也都制定了限制模特体型的规定。另外,时尚品牌在进行代言人选择时也比以往更加慎重。

2014年,内衣品牌"维多利亚的秘密"发布了一张名为

"完美身材（The Perfect Body）"的广告海报（图6-10），广告画面展示了具有完美身材的、苗条的女性模特，但遭到了女性组织的强烈反对。随后，人们自发发起了一项请愿，要求该公司道歉。后来，维多利亚的秘密不得不改变了原来的广告，将广告词改为"A Body for Every Body"。

图6-10 "维多利亚的秘密"品牌发布的引起争议的内衣广告

2016年，英国地铁上一则减肥产品广告引起轩然大波。减肥产品公司Protein World的海报上是一位身穿比基尼的美女，旁边打出大字"Are you beach body ready？"（你是否准备好了沙滩身材？），女权主义者们纷纷抗议这则广告对普通女性进行身体羞辱（body-shaming），并组织各种身材的反对者身穿比基尼在广告牌旁拍照示威。最后，伦敦市长不得不宣布以后公共交通广告中禁止出现有涉及"身体羞辱"的宣传。

除了广告中的代言人，有些服装公司开始注意招聘普通人来担任销售人员，而非要求销售人员具有靓丽的外表，因为前者更加真实，让顾客有亲近感，顾客愿意和其沟通，甚至在某种意义上，销售人员的不完美身材还可以提高顾客的心理优势，有助于销售的达成。

实际上，人的身材、体型很大程度上受到遗传的影响，虽然我们不能拥有"理想身材"，但可以改变影响自我感觉的信念和态度。身体意象作为身体自我的一个部分，对个体自我概念的发展至关重要，对个体的发展和生活质量有着深远的影响。拥有积极身体意象的人，不仅仅是消极身体意象的反面，还包括对自己身体的欣赏，不管其实际外表如何；接受自己在体重、体型方面的不完美；尊重身体，包括参与健身运动来保持健康；保护自己的身体不受伤害等。

毕竟，在崇尚多元价值的当代社会，"美"的标准不是单一的，更不应该存在对身高的歧视、肥胖的歧视，否则，就会构成对"大多数"的"否定"和"羞辱"。如今，有觉醒意识的消费者不仅抵制用广告牌美女的标准来审视和苛求自己，还认为应该放弃对于身材"完美"的执念，在多样化的领域展现自己的独特美丽。

> **小知识**
>
> ### 超短裙（miniskirt）
>
> 超短裙（miniskirt）是一种裙摆长度恰好遮住臀线的半身裙。超短裙的其中一个定义是当穿着者站立时，食指和无名指可以触及裙子的底边。有人说法国设计师安德烈·库雷热（André Courrèges）是迷你裙的发明人，有些人相信海伦·罗斯（Helen Rose）为1956年的一部科幻电影《被遗忘的行星》（*Forbidden Planet*）的演员安妮·弗朗西斯（Anne Francis）制作的裙装是迷你裙的起源，但一般还是将迷你裙的发明归功于由迷你汽车产生灵感的时尚设计师玛莉·奎恩特（Mary Quant）。据说，玛丽·奎恩特在伦敦切

尔西(Chelsea)的国王路上开了一家名为Bazaar的服饰店,1950年代后期,她开始进行关于短裙的实验,这场实验推动了迷你裙的诞生。由于玛丽·奎恩特在伦敦时尚界的地位,迷你裙从一个小小街边店登上了国际时尚舞台,成为20世纪六七十年代西方女性最流行的热服(Mod Style),进入发展的鼎盛时期。

第七章

需要、动机和态度

需要是我们日常生活中经常说的一个词。比如，夏天热了需要开空调，冬天冷了需要穿羽绒服等，这个词使用的场合和情境非常多。

动机推动需要向行为转化。有的动机很简单，如一个人可能会问你"为什么一顿饭吃了四个馒头"，你可能回答"我太饿了"，就这么简单。但有时一个行为背后的原因却复杂得多，如有人问你"为什么花半年的工资买了个路易威登（LV）的包"，这个问题的答案似乎就不像"我饿了"那么简单。可见，动机具有复杂的特性。

一、需要、欲望和需求

需要（need）是指人们取得并享受某种物品的愿望，是人们在个体生活和社会生活中感到某种缺乏而力求获得满足的一种心理状态。需要作为一种心理活动，它激发人产生某种动机及行为。

需要是如何产生的呢？一种称作"均衡论"的理论认为，在正常条件下，人的生理和心理处于平衡或均衡状态。一旦生理或心理的某个方面出现"缺乏"时，便会导致原有的平衡或均衡状态被破坏，变为不平衡或不均衡。这时人的生理或心理便出现了一种不舒服的"紧张"感，只有减少或消除这种"紧张"感，人的生理和心理才能恢复正常的平衡或均衡。依据这种理论，需要可以被看作减少或消除"紧张"状态的心理反应。需要的激发过程，如图7-1所示。可见，需要就是为了消除个体的紧张感而被激发。

正常的平衡或均衡 → 缺乏 → 不平衡或不均衡 → 紧张 → 需要

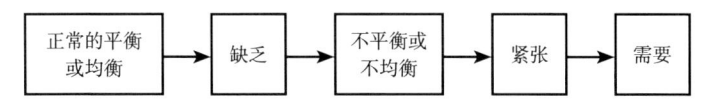

图7-1 需要的激发过程

一个人从出生，就需要食物、水、空气、住所等来满足个体的需要，随着个体的长大，人的需要更加多样，并且受许多因素的影响，包括个体产生需要时的生理状态、情境和认知水平等。可见，有的需要并不是生存必需的，而是受后天因素的影响。例如，个体的认知水平有差异，从而对主客观条件的分析、判断、推理不同，那么，确定的需要也是不同的，因此，认知水平是个体确立活动目标的基础，是产生需要的前提条件。

具体来说，需要的形成有两个条件。一是不足之感，如果个体在主观上还没有产生欠缺感，即未产生心理失衡，需要就没有产生。由于消费者自身条件的限制而产生自我抑制时，需要也不能形成。只有当条件发生变化，个体意识到自身处于一种不圆满状态时，需要才会萌生。二是求足之愿，当个体的身心未达到一种生理和心理需求的饱和状态时，就会产生追求满足的需要。当然，消费者的这种饱和状态并不恒定，它会随着条件的变化而变化。

欲望（desire）是人类本能的一种释放形式，是人类产生、发展、活动的一切动力，它构成了人类行为最内在与最基本的要素。在欲望的推动下，人不断占有客观的对象，从而同自然环境和社会形成了一定的关系。因此，欲望的产生既取决于个人，也取决于社会文化因素，是两者共同作用的结果。例如，当感觉到饥饿时，北方人想吃馒头，南方人想吃米饭，美国人吃汉堡，日本人吃寿司，这是受到不同文化和特定情境的影响。

从广义上来说，人类的所有活动，包括政治、战争、商业、文化、宗教、艺术、教育等都是人类欲望驱动后的结果。

需要与需求（demand）虽然只有一字之差，但两者的内涵却不同。从上文可知，需要是个体感到某种"缺乏"而力求获得满足的心理倾向，是内外环境的客观要求在头脑中的反映，常以一种"缺乏感"体现，以意向、愿望的形式表现出来，最终发展为推动个体进行活动的动机。需求是指人们在欲望驱动下的一种有条件的、可行的、最优的选择。这种选择使欲望达到有限的最大满足，即人们总是选择能负担的最佳物品，表现在消费者理论中就是在预算约束下达到最高无差异曲线。

需求的构成要素有两个：一是消费者愿意购买，即有购买的欲望；二是消费者能够购买，即有支付能力。两者缺一不可。

消费者的需要其实是现实与理想状态之间的差距，这种差距会推动消费者去实现自己的愿望。消费者需要表现得多种多样，由于研究角度不同，对需要分类的结果也就不同。例如，按照需要的起源不同，可分为生理需要和心理需要。按照需要的对象不同，可分为物质需要和精神需要。

另外，对商品的需要还可以划分为功效性需要和享乐性需要等。例如，消费者购买漂白粉用于洗衣服时，即使漂白粉的味道通常令人感到不愉快，但只要能够达到衣物洁净的目的，就可以让消费者满意，这体现了消费者功效性需要的特点。而当消费者购买路易威登品牌的箱包时，虽然这个箱包并不会比普通包装的东西更多，但对于消费者来说，却满足了享乐性需要。而且，即使是功效性的需要，有的消费者也希望获得高层次的享乐性需要，如洗衣粉不仅能够清洗衣物干净，而且能使衣物柔软，散发香味，消费者就能感受到享乐的价值。某坚果品牌提出"吃不停，乐不停"的宣传语，暗示其不仅好吃还能带来快乐，能同时满足人们的功效性需要和享乐性需要（图7-2）。

图7-2 某坚果品牌不仅好吃还能带来快乐

提到需要的划分时，最普遍流行的就是马斯洛的需要层次理论（Maslow's Hierarchy of needs）。亚伯拉罕·马斯洛（Abraham Maslow）是美国著名社会心理学家，他提出了融合精神分析心理学和行为主义心理学的人本主义心理学，需要层次理论是马斯洛影响最大的理论之一，至今仍在多个学科领域和实际工作中发挥着巨大的影响力。根据马斯洛理论，需要可以划分为五个层次（图7-3）。

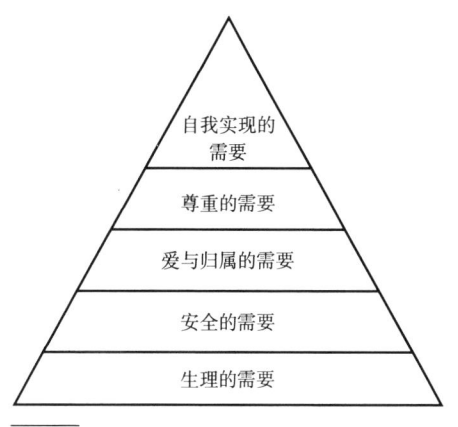

图7-3 马斯洛的需要层次

（1）生理的需要。是维持个人最基本的生存需要，如食物、水、衣服等。

（2）安全的需要。包括人身安全、生活稳定的需要等。

（3）爱与归属的需要。即个人要求与他人建立情感联系以及隶属于某一群体，并在群体中享有地位的需要。

（4）尊重的需要。包括自尊和获得他人尊重的需要，这属于一种精神、情感层次的需要，包括对于地位、声望、荣誉等的需要或欲望。

（5）自我实现的需要。这是马斯洛需要层次理论的最高层次，也是人性的最高境界，是人对真、善、美至高人生境界的需要。

根据马斯洛的需要层次理论，消费者首先寻求满足最基本的需要。因此，一个饥肠辘辘的人可能为获得食物而不顾个人安危，也不会看重尊重和自我实现的需要。正如中国古语中所言："仓廪实而知礼节，衣食足而知荣辱。"

对马斯洛的需要层次理论还需要辩证地去看，在不同的情境下，人们对满足不同需求的商品归类是不同的。例如，在中国，可能通过拥有一座大房子获得尊重；在日本，可能是通过拥有一辆豪车或高档服饰来获得尊重；在美国，可能通过获取医生执照获得尊重；等等。其实，即使在同一个国家，由于个体认知和需求的差异，马斯洛的需要层次理论也往往具有不同的表现形式。另外，在不同的文化和消费情境下，马斯洛关于需要层次的划分也并非完全按照顺序进行。

当然，不同的需要类型并不是完全孤立的，它们之间有着密切的关系。例如，消费者在追求物质需要的同时表现出某种精神需要，而精神需要的满足也离不开一定的物质产品等。就像消费者去一家餐厅吃饭，可以达到进餐饱腹的目的，满足生理的需要；菜肴的干净卫生，满足安全需要；还由于享受到了餐厅的优质服务获得了尊重的需要。

> **小知识**
>
> **亚伯拉罕·马斯洛**
>
> 亚伯拉罕·马斯洛（Abraham Maslow），美国社会心理学家，提出了融合精神分析心理学和行为主义心理学的人本主义心理学，他的代表作品有《动机和人格》《存在心理学探索》《人性能达到的境界》等。作为人本主义运动最杰出的代表人物之一，马斯洛认为人的本性是中性、向善的，主张完美人性的可实现性。他提出的理论包括人本心理学科的理论、需要层次理论、自我实现理论、心理治疗理论、高峰体验理论等。其中，需要层次理论是马斯洛影响最大的理论之一，至今仍在多个学科领域和实际工作中发挥着巨大的影响力。

受时尚消费的趋势影响，消费者对时尚的需求表现在：第一，追求商品的符号性特征，追求消费的意义。消费者的购买选择常常与"品牌""标志"等符号性事物相关，年轻一代的粉丝群体更易受到明星意见的影响，网红带货也更易引起购物风潮，并赋予购物意义性。第二，满足对美的追求。消费者越来越注重美感享受和情感体验，时尚商品的观赏性成为时尚消费中重要的考量对象，人们希望时尚消费能够带来新潮愉悦的体验，从而获得精神上的满足。第三，个性化需求。消费者倾向于选择个性化、独特的商品，如小众品牌、知名品牌、个性定制化产品等，在此过程中获得与众不同的消费体验。同时，消费者也更愿意通过自媒体等平台与品牌进行沟通，反馈对商品的使用感受，参与并影响商品及其服务的设计过程。第四，冲动与盲目性需求。一部分消费者将商品"是否时尚"作为消费与否的主要标准，对潮流盲目跟从导致大量的冲动消费。

二、动机过程与动机冲突

动机（motivation）是人们行为背后的内因和驱动力。当一个人采取某种行动时，总是受到某些迫切需要实现的意愿、希望和要求的驱使，而这些内在的意愿、希望和要求具有能动的、积极的性质，能够激发和驱动特定行为的发生，由此就构成了该行为的动机。

那么，动机是如何形成的呢？

首先，动机的产生必须以需要为基础。只有当个体感受到某种生存或发展条件的需要，并达到足够的强度时，才有可能产生采取行动以获取这些条件的动机。因此，动机实际上是需要的具体化。

其次，动机的形成还要有相应的刺激条件。当个体受到某种刺激时，其内在需要会被激活，使内心产生某种不安情绪，形成紧张状态。这种不安情绪和紧张状态会演化为一种动力，由此形成动机。

最后，需要产生以后，还必须有满足需要的对象和条件才能形成动机。例如，当冬季来临时，个体因寒冷而感到生理紧张，由此产生买羽绒服的需要，这时，只有在市场上发现自己想要的羽绒服时，才会产生购买羽绒服的动机。

在消费者购买动机的形成过程中，上述三个条件缺一不可，其中外部刺激更为重要。因为在通常情况下，消费者的需要处于潜伏或抑制状态，需要外部刺激加以激活。外部刺激越强，需要转化为动机的可能性就越大，否则，需要将维持原来的状态。

动机的形成过程说明企业在营销活动中要多方位地满足消费者的需要，强化商品或服务的刺激，这对于促成消费者产生购买动机是非常重要的。图7-4所示为动机形成的心理过程。

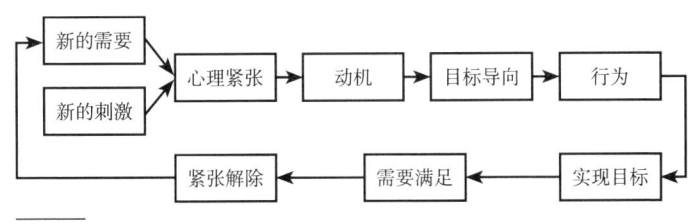

图7-4 动机形成的心理过程

动机一般分为两类。第一类与身体的生理需要有关。这些动机是与生俱来的，可称为原始性动机，或生物性动机、生理性动机。其包括饥饿、渴、性、睡眠、温冷、痛苦等。第二类与心理和社会需要有关。这些动机是经过学习获得的，可称为继发性动机、社会性动机或心理性动机等，包括友情、爱情、亲情、归属、认可、独立、成就、赞许等。

消费者的消费行为也是一种动机性行为，不同的购买行为直接源于各种各样的购买动机。由于消费者自身的需要和外在影响因素的多样性，其购买动机表现得十分多样和复杂。常见的购买动机包括求实、求新、求美、求廉、求名等。

当消费者同时具有两种意向的购买动机并且共同发生作用时，动机之间就会产生矛盾和冲突。这种矛盾和冲突可能是由于动机之间的指向相悖或相互抵触，也可能是由于消费条件的限制。实际上，动机冲突是客观存在的，因为人们的欲望是无止境的，而拥有的时间、金钱和精力却是有限的，所以当多种动机不可能同时实现时，动机之间的冲突就是不可避免的。那么，如何解决动机冲突呢？一般来说，购买动机冲突有三种形式，不同类型的冲突应采取的方式不同。

（1）接近—接近冲突。又称为双趋冲突，指消费者以同样强度追求同时并存的两个目的却又不能兼得时产生的内心冲突。例如，周末时，消费者可能会为是和家人聚餐还是和朋友去爬山而纠结，从而产生心理失调状态。在这种情况下，往往是相互冲突的两种动机都会给消费者带来相应的利益，因而对消费者有着同样的吸引力，但由于时间精力有限，消费者只能在有吸引力的可行性方案中进行选择，吸引力越均等冲突越厉害。这种不愉快的失调状态驱使消费者去减轻这种状况，当做出一种选择时，消费者往往会寻找理由来支持他们的选择，或者发现另一种选择的缺点，从而证明自己选择的正确性。例如，因为朋友要远行而选择陪他爬山。

（2）接近—回避冲突。又称为趋避冲突，指消费者的同一目的同时产生两种对立的动机，一方面好而趋之，另一方面恶而避之的内心矛盾冲突。在这种情况下，消费者面临着同一消费行为既有积极结果，又有消极结果的冲突。其中，具有积极结果的动机是消费者极力追求的，具有消极结果的动机是消费者极力避免的。例如，某消费者既喜欢吃糖果，又害怕身体发胖，品尝美味的动机与避免体重增加的动机之间就经常发生冲突。同样，买裘皮大衣会因为觉得自己不够环保而会有负罪感，买真丝衬衫又担心不好打理等。解决这类冲突的有效措施是尽可能地降低不利结果的严重程度，或采取替代品抵消不利结果的影响，如用仿皮毛、仿真丝代替原产品。

（3）回避—回避冲突。又称为双避冲突，指消费者同时遇到两个威胁性事件，但又必须接受其一，才能避免其二时的内心冲突。由于两种结果都是消费者企图回避或极力避免的，但因条件所迫又必须做出选择，因此两种不利动机之间也会产生冲突。在消费中，双避冲突也是很常见的心理冲突。例如，是花高价买一件新款西服还是花低价买一件上一季的服装？前者时尚美观，但是价格较高；后者价格低自己能支付得起，但是又担心朋友会说自己买了过时的衣服。在面对双避冲突，解决办法就是对两种坏结果做权衡，然后做出选择，承担选择的后果。当然，企业也可以采取措施缓解消费者的动机冲突，如给新款西服适当的折扣就能有效吸引消费者。

三、着装的动机

当你问一个人为什么穿衣服时，相信你会收到对方惊奇诧异的目光，毕竟，每天早晨起床穿上衣服，晚上睡觉脱下衣服，是理所当然的。但这个看似简单的问题，一经思考，却又并非那么容易回答。

人类学家、心理学家、社会学家等对着装的动机进行了大量研究，提出了不同的理论，体现了人们着装的动机。

1.自我保护理论

这一理论认为服装是人类在生存过程中因生理或心理上的保护需要而必然产生的。着装的动机首先是为了保护人的身体，以适应气候的冷暖变化。例如，5万~10万年前，欧洲大陆上的原始人为抵御第四冰河期的寒冷，开始创作兽皮衣物；亚、非大陆上的原始人又因高温低湿而制作服装来防晒保湿。

如今，人们日常生活中的各种着装，首先也是为了御寒保暖、遮风挡雨。而且，帽子或雨伞等配饰还被设计出防紫外线功能，具有多种保护的功能等。

自我保护理论认为，人们着装的动机不仅是为了适应气候的变化，也是为了防止昆虫、动物的威胁，或者岩石、荆棘的伤害。例如，原始人把兽皮做成条带围在腰部，走路时条带的飘动可以驱赶昆虫；也有的用泥土、油脂或植物汁液涂抹在身体上来防止日晒和蚊虫的叮咬等。

此外，自我保护理论认为着装也是人们寻求心理上的保护，满足心理需求的一种方式。例如，在我国的一些地方，小孩儿满周岁或生日时会穿虎头鞋（图7-5），人们认为穿上虎头鞋可以辟邪恶、保平安。同样，我国很多人都相信，在过本命年的时候，一定要佩戴红腰带、红内裤和红袜子等，认为这样可以辟邪。实际上，许多人购买了不同的服装、珠宝配饰、鞋子、帽子等，都可能是因为这些服饰对购买者具有特别的意义，被人们看作护身符，相信它们能消灾祈福。可见，即使到了现代社会，人们着装的生理性保护动机或许并非那么强烈，但由于存在大量的焦虑、不安或恐惧，以及对美好生活的各种期待等，人们希望通过穿着来实现心理上的满足和安慰，动机也变得更加迫切。

图7-5 虎头鞋是我国传统手工艺品之一，人们赋予它驱鬼辟邪的功能，也有祝愿孩子长命百岁之意

2. 端庄理论

端庄理论也称羞耻学说。这个理论认为，人们穿衣的目的是遮盖身体的隐私部位。伦理学家相信，赤裸身体带来的内疚感和羞耻感是人们穿衣的主要原因，这一理论又被称作"《圣经》文化理论"，并用亚当和夏娃的故事来解释服装的起源和动机，即人类的始祖原本全身裸露，因偷吃了伊甸园的禁果，知道了羞耻，便拿无花果树叶遮体。

但是端庄理论并不适用所有文化，在一个文化里要遮盖的隐私部位，可能在别的文化看来并不是隐私的，因而也不会觉得羞耻。例如，在南太平洋的某个小岛上，女性裸露胸部是可接受的，但裸露大腿却被认为是可耻的。另外，人的羞耻心并不是天生的，会随着时间的迁移、地点和习惯的不同而发生变化。

以泳装为例，欧洲中世纪时期，因为受到宗教的禁锢，身体不能暴露。游泳运动被看作是有伤风化的行为和疾病传染的途径，尤其是女性，游泳甚至洗澡都受到了一系列的限制。19世纪中叶，随着女子游泳活动的逐渐流行，为了禁止女性穿着"放荡"的服装，政府还对人们在海滩上穿戴的服装颁布了法令，如图7-6所示。这些法令规定游泳衣必须覆盖从颈部到膝盖的人体部位，甚至男子也不能幸免，必须遵照此规定，穿戴遮掩大腿和手臂的服装才能下水。

图7-6 历史上，泳装的尺寸被严格规定

1870年左右，出

现了一种新式泳装,这种有袖子和护腿、类似儿童睡衣的连体编织服装,受到了那些想游泳而不是散步的女人的喜爱。之后,以往的衬衣式泳装被一种有皮带的、长度及膝的泳装所替代。20世纪初,随着经济飞速发展,人的思想也随之解放。男性泳衣简化为单一的短裤,非常利于游泳;而女性泳衣的形制也有了很大变化,没有了以前的高领、袖子,衣长也减短到了膝盖的位置。到了20世纪20年代,人们开始认识到泳装必须切合实际,尽管当时仍有对泳装的种种规定限制。直到20世纪30年代,泳衣开始被视为体育运动的衣服,并随着女权运动方兴未艾,泳装的推陈出新才不为道德观念所绑架,社会才慢慢放解开对泳衣的各种限制(图7-7)。

图7-7 随着时代的变迁和观念的进步,泳装变得越来越简单

如今,女子泳装形态的发展趋势已不在于身体暴露的程度有多少,因为暴露的极限在20世纪70年代便已经达到,更可能引起泳装变化的是新材料的出现。

不过,也有的学者认为人们着装的目的并不是遮盖身体,而是吸引别人的注意,特别是对覆盖部位的注意,认为人的身体在遮盖状态下比裸态更具有诱惑力,并举例说原始人是由于性崇拜才会遮盖性器官,或在人体上佩戴饰物,包括美化自身和装饰等,都是为了引起对这些部位的注意,加强对异性的吸引,因此,服装是基于这种性心理而逐渐发展起来的。

3. 装饰理论

装饰理论认为人们着装的动机是源于人类对美的追求，即认为服装、配饰是人们用来装饰的物品，用以表达美感。

美化自身是高等动物包括原始人类所共有的本能。在人类进化的过程中，嗅觉减退，视觉的作用增强，人类对色彩、光线、形象的感受更加敏锐。

人类用来装饰的方法可以分为肉体的和附加的，暂时的和永久的等。例如，用彩泥涂身，在身体上刻痕，文身，染齿，涂甲等，之后出现的饰物、衣服，都是一种附加的装饰形式，都是从美化自身的目的出发而发明的，这种原始的审美心理成为服装发生、发展的最初动力。

其实，涂色、文身等不仅在原始人中存在，在现代社会中仍旧存在，如画眼影（图7-8）、涂口红、拍BB霜，有的人也会文身等。

图7-8　人们用"眼影"来装饰眼部周围，以色与影使面部具有立体感

如今，人们通过各种各样的服装、饰品，或者美容、整容达到理想装饰的效果。戴在头上的发带、坠在耳上的耳环、披在身上的披肩、手上拎的手袋都可以看作装饰物。从广义上来说，人们化妆、做发型、护肤等行为都是人们为了表达美，重新塑造自己。

除此之外，研究者认为着装的装饰动机不只是为了表达美，还可以是社会身份和地位的体现。在原始社会，人类中的勇敢者、首领、富有者为了突出自己的道德地位和力量、权威与财富，会用一些有象征意义的物件装饰在身上，诸如猛兽的牙齿、珍禽的羽毛、稀有的贝壳、卡石等。这种象征装饰是原始人炫耀其地位与财富，显示尊严与勇敢的心理体现。另外，有的装饰具有识别氏族的作用，后演化为图腾。例如，在菲律宾的北部山区卡加林，人们相信"刺青是战士至高无上的荣耀，是族人用血铸造的护符"，在他们的部落神话里，蟒蛇刺青是女神爱上凡人英雄的标志。

当下，人们对奢侈品及其品牌标志的追捧和迷恋与此异曲同工。那些来自欧洲经久不衰的奢侈品，都是18世纪、19世纪的匠人们为王室贵族定制手工制品而创立的，在创立初期其主顾客都是享有名气的王室贵族。所以，奢侈品在那时不仅是身份地位的象征，还是阶级分化的标志。当奢侈品可以成为大众消费者的选择时，其品牌标志的存在像是一种标签，让消费者感觉自己通过品牌展现自身的社会地位。

小知识

品牌图腾

图腾是古代原始部落信仰某种自然或有血缘关系的亲属、祖先、保护神等，并将其用作本氏族的徽号或象征。品牌图腾是指把品牌所有的精神意义进行意象化浓缩，铸造出一个抽象的、天然融合了品牌精神个性的、视觉化的象征，它是让品牌具有核心识别、显著区别于其他品牌并难以模仿和复制的标志。可以说，品牌图腾本质上就是消费者对品牌文化的信仰符号，也是一个文化圈层的部落标记。在品牌营销中，通过品牌图腾强调品牌的文化归属感，让消费者主动识别和入圈，并且带着引以为豪的荣誉感向他人分享和推荐，从而使品牌图腾成为品牌的资产。

法国奢侈品品牌路易威登的二代传人乔治·威登从花卉图案和贵族标识中获取灵感，并巧妙地将父亲姓名首字母"L"和"V"融入，发明了字母和图案组合的 Monogram 图案（图7-9）。这种图案的组合不仅将品牌与元素完美结合，同时也将皇室的尊贵融入其中，成为其品牌拥趸者的图腾象征。

图7-9 LV经典的Monogram图案的包袋

上述有关原始人类着装动机的理论，都分别说明了服饰在不同条件和不同时期产生的动因，虽然每一种理论都无法全面准确地揭示人类的服装动机，有的甚至带有想象和猜测，但仍可以从不同的方面给人以启发和思考。

在当下的消费生活中，人们着装的动机更加复杂多样，且受到多种因素的影响。不仅与个人的个性、认知有关，还受社会、经济、文化的发展等大环境的影响，消费者的着装动机更加细分化。

消费者购买服装的具体动机可以分为：

1. 求实购买动机

求实购买动机是以追求服装的使用价值为主要目的的购买动机。具有这种购买动机的消费者在选购服装时，一方面比较注重服装的性能和质量，要求商品具有较高的使用价值；另一方面讲求经济实惠、物美价廉、耐穿耐用等。他们有时并不过多强调服装的品牌、设计和包装。

从实践来看，这种购买动机并非与消费者收入水平有必然联系，而主要取决于个人的价值观和消费态度。

2. 求新购买动机

求新购买动机是以追求服装时尚、新颖和奇特为主要目的的购买动机。具有这种购买动机的消费者注重服装的设计造型、款式、色彩及时尚性，喜欢别出心裁、标新立异的服装，而不太在意服装的实用程度和价格高低。

3. 求美购买动机

求美购买动机是以追求服装的欣赏价值和艺术价值为主要目的的购买动机。具有这种购买动机的消费者，一方面注重服装本身存在的客观的美的价值，如色彩美、设计美、艺术美等；另一方面注重服装的美化功能，如美化自我形象、提升个人魅力等。因此，这类消费者在选购服装时，特别重视服装的外观设计、造型、色彩和品位，不太考虑商品的价格。

4. 求廉购买动机

求廉购买动机是以追求价格低廉的服装为目的的购买动机。具有这种购买动机的消费者在选购服装时，特别注重"价廉"，时刻关注服装的价格变动。他们倾向多花体力和精力，从多方面了解有关服装的价格信息，并对服装之间的价格差异进行仔细比较，反复衡量。他们喜欢选购优惠价、特价、折扣服装，不太计较服装的品牌、外观和包装。

这类购买动机与消费者的经济条件有关，但一些收入较高却生性节俭的人，也会具有求廉购买动机。

5.求名购买动机

求名购买动机是以追求名牌、高档服装的名望，并借以显示或提高自己的身份、地位和威望为主要目的的购买动机。具有这种购买动机的消费者特别注重服装的品牌、产地、声誉及其象征意义，不太注重服装的使用价值。

6.求便购买动机

求便购买动机是以追求服装穿脱方便、购买方便或售后方便为主要目的的购买动机。具有这种购买动机的消费者对时间和效率特别看重，厌烦反复地挑选比较，希望能快速方便地买到适合的服装。同时，他们也希望购买的服装便于携带、售后维护方便，以减少麻烦，比如，有人因担心真丝衣服容易起皱、不好打理而不愿购买。

7.从众购买动机

从众购买动机是在购买服装时以要求与别人保持同一步调为主要特征的购买动机，所以也称为模仿购买动机。从众购买动机是在参照群体和社会风气的影响下产生的，它驱使这类消费者购买和使用别人已经拥有的服装，而不充分顾及自身的特点和需要。因此，这类消费行为往往具有盲目性和不成熟性。

8.保值购买动机

保值购买动机是以投资保值为目的的购买行为。例如，购买珠宝首饰、名牌服装、箱包等进行保值增值。

众所周知，奢侈品具有一定的保值属性。2022年，根据奢侈品手袋转售平台Rebag的数据显示，爱马仕、路易威登和香奈儿连续两年成为最保值的三大奢侈品牌，爱马仕以原价1.03倍的转售价格位列榜首，路易威登的转售价格则为原价的92%，香奈儿也比2021年有所提升，平均转售价格为原价的87%。

尤其是爱马仕三款包——铂金包（Birkin）、凯莉包（Kelly）、康康包（Constance）被称为箱包的三大金刚，无论如何涨价，都被认为是买入不跌的保值款式。尤其是爱马仕喜马拉雅包装（图7-10）被称为"收藏界的屋脊"。2021年12月，在国际拍卖行佳士得（Christie's）的拍卖会上，爱马仕的一只雾面白色喜马拉雅尼罗鳄鱼皮25厘米内缝钻石的凯莉包，以337万5000港币（约286万元人民币）成交，一举夺下拍卖史上最贵手袋宝座。

图7-10 价格昂贵的爱马仕喜马拉雅包袋

四、态度的形成

2022年夏天，"仙女裙+运动鞋"的搭配一度流行。有人喜欢这样的穿搭，认为仙女裙的甜美和运动鞋的帅气，能够呈现浪漫惬意的度假风，所以立刻下单购买；而有人对此表现为漠不关心，说没有感觉，认为与己无关；还有人认为仙女裙应该与优雅、精致的玛丽珍鞋搭配，而不该和运动鞋穿搭。可见，人们对自己接触的或听说过的人、事物或现象往往有不同的认识、评价、感情反应和行为倾向，这就是我们所说的态度。

态度（attitude）是指一个人对事物所持有的肯定或否定、接近或回避、支持或反对的心理和行为的倾向。人们几乎对所有事物都持有态度，如对衣物、食物、电影、政治等。态度造成了人们对事物是喜欢还是厌恶，是远离还是接近的心情。

一个人的着装行为，即从服装的购买、穿着、保养到放弃的过程与个人对服装的态度有关，而社会上多数人对某种穿着方式的态度会对其能否形成流行产生一定的影响。例如，在我国，牛仔裤曾经被认为是奇装异服而受到一些人的抵制，但由于适合年轻人的特点和符合时代的潮流，成为一种时尚，最终得到了大多数人的认可。

态度作为一种心理倾向，通常以语言形式的意见，或非语言形式的动作、行为作为态度自身的表现形态。例如，十几年前，我国的消费者热衷购买皮草服装，穿貂皮大衣成为流行的时尚，皮草行业风靡一时。可近几年，许多消费者的态度发生了转变，他们对皮草的兴趣降低，而追求一种简约时尚的美。伴随文化素质的提升，消费者也认识到保护动物的重要性，于是开始抵制动物皮毛制品，而不再购买皮草服装（图7-11）。

图7-11 日渐冷清的皮草市场

消费态度的转变也促使不少品牌开始摒弃皮草衣品。继卡尔文·克莱恩（Calvin Klein）、乔治·阿玛尼（Giorgio Armani）及拉夫·劳伦（Ralph Lauren）等时尚品牌之后，古驰也做出了停用所有动物皮草作为衣料的决定。

1.态度的构成

多数研究都认为态度是由认知、情感和行为倾向三个要素构成的复合系统,称这三个为态度的情感—行为—认知模式(Affect-Behavior-Cognition model,ABC模式),这个模式强调情感、行为、认知之间的内在关系,即不能由单一因素决定消费者对商品的态度。

一个消费者知道一件衣服的面料60%为棉,25%为涤纶,15%为丝,产地为日本,这样的认知并不意味着这个消费者对这件衣服的态度,也不会决定他是否会购买这件衣服。

态度的三个要素在态度系统中处于不同的层次地位,担负不同的职能。态度结构如图7-12所示。

认知是指人们对客观事物的评价,即"印象"。消费者通过感觉、知觉、思维等认知活动,形成了对服装的认识、理解与评价等。例如,一个穿着保守的消费者认为通过服装显示自我的做法是愚蠢的,而一个赶时髦的人相信流行的服装能引起别人的关注。

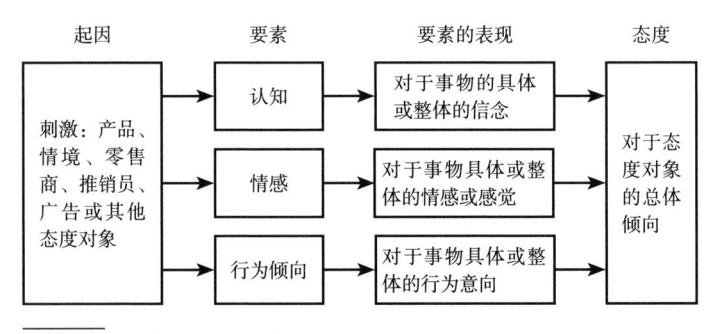

图7-12 消费者态度的结构

情感是指在认知的基础上对客观事物的喜欢或厌恶的情绪体验。例如，在炎热的夏天，消费者说："我真的很喜欢我的真丝衬衫，特别讨厌穿化纤的衬衫"，这种喜欢就包含积极的感情成分和积极的情感体验。

行为倾向是指个人对态度对象的肯定或否定的反应倾向，即行为的准备状态。通常，消费者对某些商品或服务有喜爱的倾向，就会导致购买行为的产生；反之，则不会导致购买行为的产生。

以上态度的三种成分之间是相互关联、密不可分的，在大多数情况下它们是协调一致的，即反对、厌恶引起消极的行为倾向，反之亦然。但有时，这三种成分之间也会出现不协调的情况。例如，有人虽然认为"仙女裙+运动鞋"的搭配很好看，但却不喜欢追随潮流，从而不会产生购买行为。

2.影响态度形成的因素

态度不是先天形成的，而是在后天的环境中，通过经验学习形成的。一个刚出生的孩子不会区别衣服是真丝面料好还是化纤面料好，也不会明白香奈儿的品牌理念是独立与自信。

研究态度是如何形成的，应该从影响需要的因素开始，否则无法找到态度形成的真正根源。消费者对能够满足需要的产品，就持满意的态度；对不能满足需要的产品，就持不满意甚至否定的态度。

消费态度的形成与消费者获取信息的种类、数量关系、质量关系、价值判断均具有密切的联系。如果消费者对美雅碧（MIYAB）面料（三菱公司专为保暖内衣研发的新型蓄热科技面料，它的特点是薄、暖、软、滑）的性能知之甚少，便难以产生对它的偏好。

态度形成还与消费者所处的社会文化环境有关。消费者的文化、民族、亚文化等因素对态度的影响，主要表现在对产品类别、属性、色彩等方面的选择上。例如，自古以来中国人对黄金就有一种特殊情结，对黄金持有积极态度，从作为君子信诺象征的"一诺千金"，到用于标识时间宝贵的"千金一刻"，再到"书中自有黄金屋""烽火连三月，家书抵万金""报君黄金台上意，提携玉龙为君死"，无不用"金"字表达着对世间奇巧、美好事物的热爱与珍视，同时，这也是对黄金价值的社会肯定。后来，中国人的黄金情结从皇家宫廷延伸到了普通老百姓的生活中，黄金饰品久盛不衰。中国黄金协会发布数据显示，2023年的春节到元宵节期间，我国黄金消费同比增长18.2%，同时，更年轻化、时尚化的黄金产品吸引了大量"90后"甚至"95后"的消费者。被称为"中国黄金第一家"的北京市菜市口百货股份有限公司（菜百）推出了生肖兔金饰、中国风元素的金饰，受到年轻人的喜爱（图7-13）。

图7-13　"菜百"推出的兔年生肖产品吸引了年轻人

在很多情况下，态度的形成是由经验的积累慢慢形成的一个基本认知。例如，某消费者认为李维斯（Levi's）牛仔裤是耐穿的，随后，消费者对这一认知进行评估，在评估的基础上产生对李维斯（Levi's）牛仔裤的情感（喜欢或不喜欢），进而形成满意或不满意的态度，从而影响其后来的购买行为。

另外，态度还受商家促销策略的影响。商家的促销策略，包括商业广告、营销推广、公关等，从某个角度来说，也会直接影响消费者的消费态度。例如，一个消费者之所以喜欢卡诗（KÉRASTASE）洗发水，是因为超市促销时送给了她一件小样，用过之后体验感很好，于是对该品牌产生了积极的态度。

3.态度的功能

由于态度代表着消费者对产品持久的一般性评价，在消费者行为中扮演着关键的角色，因为一般而言，人们的态度和行为是一致的。根据卡茨（Katz）的态度功能理论（functional theory of attitude），态度有四种基本功能，即效用功能、自我防御功能、知识功能和价值表现功能。

效用功能基于奖罚原则，指态度能使人更好地适应环境和趋利避害，或者说，利用态度使回报最大化，使惩罚最小化。人是社会性动物，社会群体对人的生存、发展具有重要的作用。人们经常通过表达态度去维持和发展一段关系，只有形成适当的态度，才能从某些重要的人物或群体那里获得赞同、奖赏或与其打成一片。

自我防御功能是指当消费者的个别行为与所属群体的行为相左，或与社会通行的价值标准发生冲突时，消费者可以通过坚持固有态度以保护个体的现有人格，或适当调整和改变态度，求得与外部环境的协调，从而减少心理紧张，保持心理平衡，同时增强对挫折的容忍力与抗争力。

自我防御功能有两种运行机制。一方面，自我防御功能使消费者远离可能有威胁的信息。例如，喜欢吸烟的人可能会漠视那些证明吸烟有害健康的宣传，在这种情况下，态度作为一种防御机制使个体远离吸烟有害健康的事实。另一方面，消费者通常会对提高自我形象的商品产生积极的态度。例如，收入水平不高的消费者也会购买一些高档化妆品来预防因容貌衰老带来的不安心理，并对购买高档化妆品行为持积极的态度，这实际上也是出于自我防御的目的。

知识功能是指消费者形成某种态度，更有利于其对事物的认知和理解，简化决策过程。事实上，态度可以作为帮助消费者理解商品或服务、广告促销等活动的一种标准或参照物。消费者在已经形成的态度倾向性的支配下，可以决定是趋利还是避害。知识功能可以使外部环境简单化，从而使消费者集中精力关注那些更为重要的事情。另外，消费态度的知识功能也有助于部分地解释品牌忠诚度的影响。对某一品牌形成好感和忠诚度，能够减少信息搜集时间，简化消费决策程序，并使消费者的行为趋于稳定。

价值表现功能是指通过态度表现出消费者的性格、兴趣、核心价值观或自我概念。例如，在观看足球比赛时，许多人会穿着自己支持的球队的啦啦队服装来表示支持，为自己支持的球队呐喊助威。同时，也反映消费者可能选择的决策方案和即将采取的购买行动。例如，有的消费者即使移民海外，但会通过说汉语、写汉字、用筷子、吃饺子等来表达对祖国文化的思念和传承。也有的消费者喜欢通过喝可乐、吃西餐等形式表达他们对美式文化的喜爱。

五、态度的改变

营销中,品牌常常希望改变人们对其产品的不利态度,而形成对品牌有利的、积极的态度。事实上,一个人对产品、服务的态度形成后,具有相对稳定性的特点,改变态度远比形成态度要复杂、困难得多。

态度的改变可分为两种。一是方向的改变,即原来反对的变成赞成,或原来喜欢的变成不喜欢。这种态度的改变也称为不一致性改变。二是强度的改变,但态度的方向不变。例如,原来态度为赞成(或反对),改变为强烈赞成(或强烈反对),即指增加积极度(或消极度),使之成为一种更加强烈的积极态度(或消极态度)。这种态度的改变也称为一致性改变。事实证明,态度的形成受多种因素的影响,态度的改变也是如此,即态度在多种因素的相互作用下可能会发生变化。

1.影响态度改变的因素

(1)态度形成的条件。

①形成态度的强度直接影响态度的转变。消费者对不同程度的刺激会产生不同的心理反应。因此,形成态度的强度也会有很大的区别,这直接关系到态度的转变。一般来说,消费者所受的刺激越强烈、越深刻,形成的态度越不易改变。例如,消费者购买了一个价格较高的箱包,但箱包的质量如果没有期望值高,售后服务又不到位,就会导致消费者对这个箱包品牌形成强烈的不满。这种态度一经形成就很难改变。

②形成态度的因素越复杂,态度的改变越困难。如果消费者态度的形成只依赖一个事实,那么只要证明这一事实是假的或

错误的，态度就会改变。但是，如果态度的形成是建立在许多事实基础上的，则态度的改变就十分困难。

③形成的态度持续时间越长就越难以改变。例如，许多老年人都有"老字号"情结，觉得老字号质量信得过，有保障。旧社会，北京曾有"头戴马聚源，身穿瑞蚨祥，脚蹬内联升，腰缠四大恒"的顺口溜，是说戴马聚源帽店的帽子，显得尊贵；穿瑞蚨祥绸缎料做的衣服，显得光彩；蹬一双内联升鞋店的鞋靴，显得荣耀；腰缠着四大恒字号钱庄的银票，显得富有。如今，除四大恒票号已消亡，其他三个老字号企业依然活跃在北京市场。特别是始建于1853年的内联升，被称为"中国布鞋第一家"，拥有一大批忠诚的老顾客，许多社会名人、演艺界人士偏爱内联升的布鞋，同样普通百姓更是内联升布鞋的钟爱者，有的消费者甚至从外地专门来北京的内联升定制布鞋（图7-14）。

图7-14 被称为"中国布鞋第一家"的老字号——内联升

（2）与个体特征有关。

①个体的价值观。每一个人都有自己的价值观，并通过对事物的各种态度反映出来。绝大多数商品或服务都象征性地代表一种特别的形象，当其与消费者所持的价值观相吻合时，就会使消费者对其产生良好印象，并难以改变。而且，个体的价值观与该态度相联系的程度越强就越难以改变。

②个体获取信息的特征。消费者对信息传达者或输送渠道

越信任,越对其保持正向态度,改变起来难度越大。例如,运动鞋品牌在对其产品进行宣传时,请奥运会金牌得主作为代言人与请电影明星作为代言人相比,前者会有更大的说服力。

③个体之间态度的相互影响。态度具有相互影响的特点。有心理测试表明,当一个人首先表达他对某事的意见后,在场的其他人很容易附和;而当另一种意见更有说服力时,人们又可能转变认识。这说明人们对事物的看法、见解很容易相互影响。这种相互影响的原因比较复杂,比较可信的解释就是从众心理的作用,随大流会使人感到安全。另外,人们不愿表现出自己的错误或无知,附和他人意见是一种比较好的掩饰。

④团体压力。态度通常是与个人所属团体的期望和要求相一致的。团体的规范和习惯力量会无形中形成一种压力,影响着团体内成员的态度。团体中的个体也愿意使自己的态度和行为与团体中的大多数成员相一致,以求得到团体的认可。更值得强调的是,当消费者改变了所处的团体时,其态度又会同新的团体规范相适应。

2.调整营销策略来改变消费者的态度

(1)改变消费者的认知。

①改变对商品的信念。营销的目的是让消费者相信产品的质量和功效,相信产品能够给他带来帮助,如果消费者对产品没有信任感,就无法建立对产品的坚定信念。如果消费者对产品有了不正确的认知,就要通过提供有力的事实或证据来改变消费者对品牌或商品的一个和多个属性的信念。

历史上,土豆原产地是美洲,哥伦布发现新大陆以后,西班牙人便将土豆带回本国和葡萄牙种植,而后传入意大利和欧洲各地。一开始，欧洲人看不起土豆，甚至对土豆持有相当大的抵触情绪。但土豆比起其他农作物更易生长，收成明显比小麦和大麦好。土豆的这些优点被发现后，欧洲人才逐渐改变了对土豆的偏见，大量种植，使之很快风靡欧洲。

在我国，人们传统上习惯喝茶，对咖啡的认知很有限，甚至有些人认为喝咖啡对身体不好。20世纪80年代，雀巢速溶咖啡"味道好极了"的广告词成为许多人对咖啡印象深刻。1999年1月，星巴克在北京中国国际贸易中心开设了门店，通过开设咖啡教室普及咖啡知识和咖啡文化，不断加深人们对咖啡的认识，给顾客不一样的星巴克体验，逐渐改变了许多人对咖啡的负面态度，截至2023年11月，星巴克已在中国开设了超过6800家门店（图7-15）。

图7-15 星巴克打造的首家全沉浸式咖啡体验门店——上海烘焙工坊

②改变商品属性的权数。如果消费者认为商品的某些属性比另外一些属性更加重要，从而对本公司的品牌产生较不利的认知。为此，营销人员可以设法改变消费者的属性权数，强调本公司产品相对较强的属性是此类产品最重要的属性，以改变消费者的品牌认知。比如，克莱斯勒汽车在款式、耐用性、节油性、舒适性等方面和竞争者相比不占优势，但它是最早将汽车安全气囊作为标配的汽车公司之一，因此它在广告中大力强调汽车的安全性是汽车最重要的属性，从而使消费者的品牌认知朝着有利于该品牌的方向倾斜。

③增加商品新的属性。在消费者对商品的认知结构中增加新的属性概念，使消费者原先没有认识到或没有重视的相对较强的属性成为影响消费者认知的重要属性。例如，多数消费者购买台式计算机显示器时对辐射问题并未给予充分的重视，换言之，消费者在关于显示器的品牌信念形成过程中没有考虑"辐射量"这项属性指标，如果这种情况不改变，消费者就不可能购买无辐射但价格昂贵的液晶显示器。营销人员可运用多种手段宣传辐射对人体造成的危害，促使消费者把辐射量作为显示器的重要属性来考虑，这样就能够改变其产品信念和购买行为。

④改变理想点。指在既不改变消费者的属性权数，也不增加新属性的条件下，改变消费者对属性理想标准的认识。例如，电视机尺寸大小是消费者选择产品所考虑的重要属性之一，许多人存在着单纯求大的倾向，导致许多中等尺寸的电视机销路不佳。有鉴于此，营销人员可宣传电视机的尺寸应当与房间的大小相适应，进而改变消费者对电视机理想尺寸的认识。

（2）影响消费者的情感。营销人员越来越多地试图在不直接影响消费者品牌信念和行为的条件下先影响他们的情感，促使他们对产品产生好感。营销人员使消费者对产品产生好感的方法有三种。

①建立消费者对产品的条件反射。企业将消费者喜爱的某种刺激与品牌名称放在一起展示，多次重复就会将该刺激产生的正面情感转移到品牌上来。例如，挑战极限运动能够激发消费者感受力量和毅力的正面情感，如果把挑战极限运动的镜头与某运动饮料的品牌放在一起多次播放，就会将消费者对该项运动的喜爱转移到本品牌上来。

巧克力品牌士力架（SNICKERS）广告主打"饿"的主题，

采取幽默夸张的表现方式，建立"饿"和士力架产品的条件反射，强化"饿"和士力架的强关联，当消费者有饿的感觉时，就自然想到该品牌。士力架"You're Not You When You're Hungry"（横扫饥饿，活力无限）的广告语已经深入人心（图7-16）。

②激发消费者对广告本身的情感。消费者如果喜欢一则广告，也能催生他对产品的正面情感，进而提高购买参与程度，形成有意识的决策过程。使用幽默广告、名人广告、情感性广告等都能增加受众对广告的喜爱程度。

图7-16　士力架建立了"饿"和士力架产品的条件反射

③增加消费者对品牌的接触。多次接触品牌也能增加消费者对品牌的好感。对于低度参与的产品，可以通过反复播放广告的方式提高消费者的喜爱程度，而不必改变消费者最初的认知结构。这里，重复是以情感为基础的营销活动的关键。

（3）改变消费者的行为。根据自我知觉理论，消费者的行为本身透露了消费者对商品的态度，因此，改变消费者的行为也可改变其态度。人们以某种方式去行动时，实际上已经做出了承诺，这种承诺会带来态度的改变，而行为能导致态度改变的关键是它们所包含的承诺程度。

例如，消费者使用优惠券购买某种商品，说明对该商品有了一定承诺；如果消费者没有任何理由就购买某种商品，则说明有了更高程度的承诺；重复地购买某种商品，说明承诺的程度是最高的，消费者对商品已产生了积极态度。因此，购买行为本身导致对商品积极态度的形成。换句话说，如果不喜欢这件商品，便失去了购买的意义。

因此，营销人员的关键任务是，促使消费者使用或购买本企业的产品并确保产品的优异质量和卓越性能，使消费者感到购买本产品是值得的。吸引消费者试用和购买产品的常用策略有：发放优惠券、免费试用、购物现场的展示、消费者体验、捆绑销售及降价销售等。在商店中营造欢快的购物氛围对消费者行为的改变也有一定的影响。此外，营销人员还要注意健全商品分销系统，保持适当的库存，避免脱销，防止现有消费者去尝试竞争产品。因为这种尝试很可能会引起消费者对竞争产品的好感并改变其购买选择。

第八章
社会、文化与未来

人是社会的人，生活在社会中的每个人都不可避免地要同他人交往、同他人产生联系，自己的行为会影响他人，他人的行为也会影响自己。正如哲学家培根说："喜欢孤独的人不是神灵就是野兽。"

因此，几乎所有的人类个体都是在与其他人的交往中度过一生的，寻求归属感是人类生活中非常重要的一部分。任何个体都或多或少会和其他个体产生联系，形成各种各样的人类群体，并在群体中承担不同的角色，由此组成了一个复杂的人类社会。

消费者的观念、意见、态度等都会受到他所在社会的群体，或者他所期待的群体的影响，并在行动上往往倾向于与群体规范保持一致，以获得认同感和归属感。有时，取悦他人，希望与他人相处融洽的愿望甚至成为消费者购买行为的首要动机。由此，在群体的影响下，出现了从众、暗示和模仿等心理现象。

一、群体与角色

1.群体的类型

群体分类就是将群体进行划分。群体分类的方法有很多种。

（1）正式群体与非正式群体。正式群体（formal group）是指为了共同的利益和目标组织起来的组织。例如，企业、机关、学校等，这些组织有明确的组织目标、正式的组织结构。一般来讲，正式群体有一套其成员要遵守的规定、制度、纪律、准则等。比如，银行要求职员必须穿戴工作制服才能上岗。

非正式群体（informal group）是指人们在交往过程中，由于共同的兴趣、爱好和看法而自发形成的群体。非正式群体的结构一般比较松散、自由。例如，经常和小伙伴爬山、打球、喝咖啡等。尽管非正式群体的影响或许没有正式群体强，但也会对消费者行为造成一定的影响，并且由于非正式群体与日常生活息息相关，有时其影响力甚至会更大。

（2）主要群体与次要群体。主要群体（primary group）是指成员之间经常面对面接触和交往，具有亲密的人际关系的群体，如家庭、邻里、朋友群体等。在主要群体中，成员之间不仅有频繁的接触，而且有强烈的情感联系。正因如此，像家庭、朋友等成员关系密切的主要群体对消费者的影响是非常直接与有力的。

次要群体（secondary group），以间接交往为基础，交往频率低于主要群体，如专业性的组织或社会上的俱乐部。与有血缘关系的群体类型相比，次要群体的成员需要较强的纽带才能建立起深厚的情感关系。

（3）崇拜群体与回避群体。崇拜群体（aspirational group）是个体希望自己成为其中一员的群体，或者是所羡慕仰望的群体。崇拜群体一般能够唤醒一个人的"理想自我"。例如，一个年轻人法律专业毕业后，渴望成为某个著名的律师事务所的成员，于是从言行举止方面模仿他所羡慕的律所的律师，他认为这样有助于自己获得正式加入的准许；再如，一个青少年希望能成为歌星，他就会从动作、发型到服装等各方面模仿他心目中崇拜的某个歌星。

有研究显示，青少年对演艺明星的关注度很高，对"谁最帅""谁的穿衣品位最好""谁的发型最酷"等有较一致的评价，这表明青少年对时尚潮流的意识也很强。

回避群体（dissociative group）是消费者不想加入，尽量回避的群体。例如，一个女生认为穿旗袍是中年女性的专属，自己不想看起来那么"老"，于是就会选择避免穿旗袍。一个男生如果认为戴眼镜显得像书呆子，就可能会选择戴隐形眼镜。

（4）虚拟网络社群。随着网络的普及发展，虚拟网络社群所形成的群体对消费者的影响也不可忽视。虚拟网络社群是指在网上分享关于某项特殊消费活动的兴趣和知识，并以此来进行交往的人群为主体。比如，腾讯微信、新浪微博等，或动漫论坛、品牌社区等，甚至某企业的用户社区，如社交平台小红书上的活跃用户群，小米社区的"米粉"等。

虚拟网络社群还是一个新事物，但它对个体消费的影响很大，因为社区中的消费者是基于相同的兴趣和产品使用习惯而发展起来的群体。一般来说，虚拟网络社群建立联系为消费者和企业都可能带来积极的结果，消费者不仅与其他消费者建立联系，可以及时了解到他们所喜欢的产品信息及他人使用的评价，企业也由于了解消费的需求，和消费者互动，使公司盈利。

例如，在小米社区（图8-1），"米粉"们讨论小米产品、参与趣味话题、交流玩机心得、第一时间测评体验小米新品、还与小米开发组人员面对面交流，还能参与小米官方活动，和更多米粉一起玩，获得更多的乐趣。而小米公司在与"米粉"的互动中，形成了一套独特的商业属性，其产品设计研发、新品交流互动以及产品销售，都有"米粉"深度参与的痕迹，用户的价值在小米得到了独特的体现。依托"米粉"群体帮助改进产品是小米的一大创新，使小米的营收不断创新高。

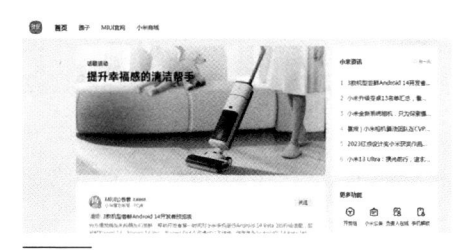

图8-1　小米社区被称为"千万米粉的大本营"

2.群体的影响

群体影响（group influence）指的是群体成员对群体内其他成员的态度、意见和行为产生影响的方式。群体影响不仅限于消费者的购买行为，消费者的态度、观念和价值观念等也会被群体影响。

群体并不是对所有的商品和消费活动都有影响。例如，一个善于思考，有自信心的消费者，受群体的影响较小；反之，对他人依赖性强的消费者，往往受群体的影响较大。当然，还需要考虑消费者的某个消费行为是公开可见的还是私下进行的，产品是奢侈品还是必需品。一般而言，别人能看得到物品，消费者会更在意外界的看法，而私下使用的产品，消费者更关注自我需要与使用体验。与大众消费品相比，消费者购买具有象征性、炫耀性特征的奢侈品时，群体对其影响更加显著。

从群体的特征来看，那些权威性高、可信度强的群体对消费者的影响更大。一方面，是因为个体需要遵守群体的规范；另一方面，消费者愿意自觉遵从这一群体，通过消费行为表现个人对群体的认同。尤其是消费者欣赏某个群体的特质的话,他就会模仿其行为,或调整自己的行为,以该群体的要求作为指导来决定自己的消费偏好。例如,小米公司的许多"米粉"从最初购买小米手机进而买小米的路由器、空气净化器、小米扫地机器人等,甚至有的"铁粉"家里成了小米产品的"样板间"。

群体对人们的着装有什么影响呢?俗话说"穿衣戴帽,各有所好",看起来穿着什么样的衣服,留什么样的发型纯粹是一种个人行为,是个人需要、动机、偏好的结果。但实际上,这类问题还受到文化、群体、人际交往等多种限制因素的影响。

群体对个人着装行为的影响随群体的性质、任务和环境等的不同而不同。我们通常把用以辨识从事某个职业或不同团体的成员,像学生、军人、医师、护士和警察等职业的人所穿着的服装称为制服,制服具有式样、颜色和功能上的统一性。

在高度组织化的集团中,制服或职业服的功能是明显的。第一,它具有标识或区分的功能,如军队、警察和检察官的制服,在集团内部以明显的标志来标识等级,在集团外部用统一的式样、颜色或标志来与其他集团相区别。

第二,制服具有保护功能,在一定程度上可以保证集团成员在执行工作任务时的安全。例如,消防服就是保护消防队员人身安全的重要装备之一,它不仅是火灾救助现场不可或缺的必备品,也是保护消防队员身体免受伤害的防火用具,其面料必须具有耐火性、耐热性和隔热性,还要具有强韧性,防止锐利物体的冲击、碰撞等。因此,适应火灾现场救助活动的消防服就显得尤为重要。

第三,协调集团成员关系的功能。整齐划一的着装可增强集体的凝聚力，赋予人使命感和责任感，使集团成员向共同的目标努力。有研究显示，学生穿校服可以避免学生虚荣攀比，不仅方便学生参加各种体育活动，还可以促进学生关注学习，提高学生的集体荣誉感（图8-2）。

图8-2 穿校服的学生——统一着装是一种群体行为

第四，树立集团良好形象的功能。集团形象可以通过集团成员统一的服装反映出来，使人显得更加专业，而且显得朝气蓬勃，更容易取得社会公众的信任。一些服务性机构或企业常常借助员工的着装来树立在公众中的形象，以此体现公司文化。

有研究认为统一的制服对成员既有积极作用，也有消极作用。积极的作用，如可以节约必须花费在服装上的成本（包括心理的、社会的、经济的成本），可以强化对集团的归属感、团结心和凝聚力。

但统一的服装使着装者处于"匿名"状态下活动，从而有可能减弱个体对自我行动的控制。在"匿名"状态下，个体可能会做出一些通常情况下不会做的事情。统一的服装使个人淹没在群体之中，丧失了自己的个性，还有可能导致个人创造性活动的减弱。另外，统一的服装，常常难以满足人们对美的追求，给穿着者以心理上的单调感和重压感。因此在校园中常常可以见到青春期学生为了"反叛"学校的校服限制，竖起校服的领子，或挽起袖子，以此来表达自己是具有独立个性的个体。

3.社会化和角色

社会化是指个体学习知识、技能和规范,接受社会文化的过程,或者说是社会将一个"自然人"(或"生物人")培养成为符合社会要求的社会成员,转化成一个能适应一定的社会文化、参加社会生活、履行一定的角色行为的"社会人"的过程。经过这一过程,一个人的个性得以形成和完善,社会文化得以积累和延续。

社会化过程的一个重要方面就是社会角色的获得。社会角色也可以简称"角色","角色"原是指演员在戏剧舞台上按照剧本的规定所扮演的某一特定人物及其行为模式。美国社会学家米德(Mead)和人类学家林顿(Linton)把"角色"概念引入社会心理学和社会学的研究,指出社会角色是个体在社会关系位置上的行为模式,它规定一个人活动的特定范围和与其地位相适应的权利、义务与行为规范,也是社会对处于特定地位的人的行为期待。例如,结婚代表着一个人从单身向已婚的角色转变,通过婚礼上的布景、鲜花、礼服、摄影师及参加者的服装等符号性商品和仪式获得对新角色的认可(图8-3)。

图8-3 婚礼可以强化一个人社会角色的转变

由此,在社会互动中,社会为每个人提供了一个"剧本",用于指导分配给不同社会成员的不同角色的"表演",那么,扮演好某一"角色"就是要领会某一特定身份被期待或必需的行为，即把握好对具有某种身份的人的"规范"。任何一种社会角色的产生都是一定社会文化、历史积淀的结果，是社会生产和生活发展的产物。

> **小知识**
>
> **角色关联产品集**
>
> 角色关联产品集是社会上人们普遍认为某种角色所需要的一系列产品。这些产品或者有助于完成角色扮演，或者具有重要的象征意义。角色关联产品集规定了适合和不适合某种角色的产品。例如，教师通常穿着整齐干净、文静素雅、大方得体的服装被认为是合适的；商人则通常被认为是西装革履、名牌加身。有时，企业会通过营销活动强调其产品能满足目标角色的实用性或象征性需要，从而使人们认为产品适用于该角色。例如，奢侈品制造商努力使某品牌的箱包、腕表成为企业家角色关联产品集中的核心产品，手机制造商也强调高配置手机对扮演好商界精英角色的重要性。

每个人都生活在一个复杂的社会关系之中。在学校我们是学生，在家里我们是孩子、兄弟、姐妹，在工作单位我们可能是职员或管理者，因此，一个人承担的角色是多重的，每个角色都有相应的权利、责任、义务等，因此，我们可以看到一个人在承担不同角色时，其行为表现的差异，展现出人类的多面性，这是由于每一个角色都为其中生活着的人提出了多样的要求。

当一个男性作为教师角色给自己买服装时，要讲究大方庄重；作为丈夫给妻子买服装时，就会注重色彩明快、新颖时尚；作为父亲给孩子买服装时，则希望服装款式活泼可爱、质地舒适柔软；作为朋友给好友买服装作为礼物时，会对品牌、包装等有要求。因此，一个人担任的角色越多，他在购买时考虑的因素就越多，有时要考虑对自己的效用，有时要考虑对他人的效用，有时还要考虑社会效果，在这种情况下，其消费心理和行为也越复杂。

有时，由于一个人承担多种社会角色，并且多种社会角色同时对他提出要求，或者当一个人所承担的几种角色间出现了行为规范互不相容的情况时，就会发生角色冲突。

例如，情人节当天，妻子要和你去吃烛光晚餐，但是单位领导要你晚上加班工作，这时就出现了角色冲突，即丈夫的角色与职员的角色发生了冲突。其实，一个人在社会上常常扮演多种角色，角色冲突是经常发生的，一般可以采取调和冲突的办法进行解决。比如上面的例子，可以采取的方法有：第一，说服妻子，放弃晚餐，也就是暂时中断扮演丈夫角色，专门扮演职员角色；第二，吃晚餐，放弃或推迟工作，暂时中断扮演职员角色，专门扮演丈夫角色；第三，吃完晚餐再去工作，或者工作完再去吃晚餐等。

当一个人的社会角色发生改变时，其消费心理和行为会有相应的改变，所购买的产品或品牌将与新的角色相联系。电影《穿普拉达的女王》（*The Devil Wears Prada*）中，随着安妮·海瑟薇扮演的主角安迪（Andy）工作和身份角色的改变，她的着装从普通装开始转向普拉达等奢侈品牌，其心理和行为也发生了相应的变化（图8-4）。同样，一个人从大学毕业，到工作、

图8-4 电影《穿普拉达的女王》主角安迪角色改变之后的着装风格

结婚、生子、孩子离家、空巢及退休等，这些生活中的重要转折所发生的角色变化都为企业营销提供了新的机会。

4.角色和服装

角色的确立需要具备很多因素，每一种社会角色都有一套相应的表现和行为期望，通过服装获得角色的认知是一种有效的方法，因此服装是社会角色和特定身份的一种标志。例如，教师在学校上课时，衣着就要整洁得体大方，首选职业装；医生在上班时，就要身穿"白大褂"，因此，一个人的服装不仅要满足自我需要，还要得到社会的认可，这样才能称得上达到了表达社会角色的目的。例如，各种角色的服装形象在头脑中形成定式以后很难改变，以至于在出现有悖于这种习惯印象、不合乎角色的着装时，很容易引起人们的怀疑与猜测，比如，路上开车时被一个没穿警服却自称警察的人拦住，人们都会对此人的身份产生怀疑。

当社会学家按角色获得的方式把角色进行分类时，分为归属角色和自致角色两种类别。归属角色也称先赋角色，指建立在性别、年龄、血缘等先天的或生理基础上的社会角色，如一个人刚出生就被赋予了种族、民族、家庭出身和性别等特征。

性别角色是以性别差异为基础形成的社会角色，因性别不同而形成的不同角色，可能是影响社会行为中最具有普遍意义的因素。这是因为社会赋予了男性和女性以不同的期望和义务，而且常把这些差异归因于不同的生理特征所形成的，合理化地渗透到生活的各个方面，特别在服装的着装规范上，世界上大多数社会都有典型的男性和女性服装。一般认为女性柔弱、丰满、文雅、温和，其服装色彩丰富、精致和富于装饰，具有阴柔之美；而男性则刚强果断、矫健有力、充满活力，其服装应该挺括、庄重、整洁干净，且不引人注目。如果男性服装过于"花哨"，社会可能认为其缺少阳刚之气。

但是，随着社会的发展，着装意识和心态也发生了变化，如粉色不再是女装专用的颜色，有的男性穿起了粉色衬衫，来展现温柔内敛的性格，甚至还出现了"男扮女装"或"女扮男装"，以及无性别化服装（或称中性化服装）。

无性别化服装，简单来说就是男女同穿，颜色、款式、材质上没有明显的性别区分。法国设计师和艺术家伊夫·圣·洛朗在1966年打造了世界上第一套"吸烟装"（图8-5），"吸烟装"兼具男士礼服刚硬的质感和适配女性身材的柔美，男装女穿的时代从此开启。此后，"无性别风"成为欧洲人反抗第二次世界大战后性别刻板意识的武器。服装之间的性别定义在一段时间内被模糊化了。如今，在强调多元化审美的时代，服装作为承载性别角色的重要载体，无性别主义穿搭更像是一场打破性别刻板印象的穿衣解放，新时代下的年轻人以此主张自我和表达个性。

图8-5 伊夫·圣·洛朗设计的"吸烟装"开创了中性着装风格

小知识

吸烟装

吸烟装（Le Smoking）也叫"烟装"，是一种由男士礼服经典的设计和细节与女性高雅、柔美等元素结合的中性风格服装。主要表现为硬挺有金属光泽感的质感面料和整体宛如一支纤长"香烟"的"I"型轮廓。实际上，吸烟装原本竟真的与吸烟有关。最初上流社会的男士在晚宴结束后会脱下燕尾服坐在吸烟室里抽烟，换上那种黑色轻便装，吸烟装是一种由男士礼服经典的设计和细节与女性高雅、柔美等元素完美结合的中性风格。1966年，法国著名设计师伊夫·圣·洛朗开创性地设计了第一件女性吸烟装，由此开启了真正的中性风格，是服装史上重要的一笔。

奢侈品古驰的创意总监亚历桑德罗·米歇尔（Alessandro Michele）自2015年上任以来，就不断地通过设计和秀场上的造型、品牌形象等去宣扬不设限、多元化的理念，刺绣、蕾丝、丝带等元素频频出现在古驰的秀场上，其中包括男装秀场，尤其聚焦"跨出性别框架"这个理念。2020年，古驰推出首个无性别"Gucci Mx"系列服装（图8-6），希望借此更强化打破性别窠臼、模糊传统的性别界限，宣扬自由和自我表达的精神。

图8-6 古驰推出无性别"Gucci Mx"系列服装

服装在年龄上的角色期待不像性别上那样强烈。对于某种款式或色彩，只适合某个年龄段穿着的说法是个很模糊的概念。当然，社会上有普遍认同的对人生的每个年龄阶段相应的着装模式。对不同年龄的人，还是有可辨别其特点的穿着方式，并对应着不同的消费心理和个性。

儿童服装主要是由父母来选择购买，一般选择以棉质为主，透气性好，保温性良好，宽松柔软，且有利于婴幼儿活动，有利于小孩子成长的服装。随着生活质量的提高，再加上我国许多独生子女处于"众星捧月"的优越地位，享受着来自社会和家庭多方面的爱抚和关怀，童装也成为流行时装的一个组成部分，其做工、面料和设计都比较讲究，有的价格之昂贵甚至不低于成人服装。

有不少奢侈品牌推出了儿童系列服装。迪奥（图8-7）、博柏利、古驰和芬迪、浪凡、阿玛尼等奢侈品牌推出了专门针对儿童和婴儿的服装。2023年路易威登宣布首次推出婴儿系列，向0～1岁的宝宝提供包括服饰、鞋履、配饰及摆件在内的婴儿服饰和日常用品。路易威登方面表示，希望该系列的产品能够满足新手父母的需求，目的是可以强化品牌与"要当爸爸妈妈"的客户之间的联系，将其目标客群扩大到他们的孩子和后代之中。

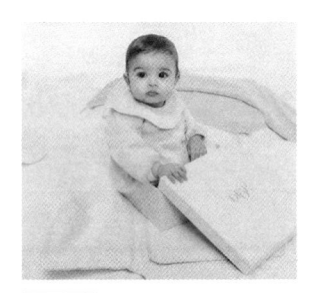

图8-7 为年轻父母带来难忘喜悦的迪奥Baby Dior服装

人们在不同的年龄阶段所表现出来的不同的着装行为，除了受生理和心理的制约外，在相当大的程度上，还取决于社会在每一历史时期，对儿童、年轻人和老年人的态度，以及他们所处的社会地位和经济能力。

儿童受到社会各界的普遍重视和爱护，父母更想通过对子女的精心打扮来表达自己的爱心和经济能力。

年轻一代在穿着上更为自由、随意，成为当代服装的"时尚弄潮儿"。中年人随着经济的独立，家庭的建立，社会地位的确立，逐步形成牢固的价值观和消费意识，其服装消费行为受到社会地位、身份的影响，他们成为中高档服装的购买者。

老年人在服装上的花费减少，以方便实用为主，但也有的老年人会更加注重服饰。总之，虽然服装对年龄角色有不同的期待，但也正在不断地打破原有的规范。

除了归属角色，社会学家认为存在自致角色。自致角色也称自获角色或成就角色，主要指通过个人的活动和努力而获得的社会角色，服装有助于想充当某种特殊角色的获得。角色符号通常有两种：一种是与团体或组织有关的功能；另一种是仅仅建立在个人特性基础上的角色。前者主要指通过服装的款式色彩、徽章等标志团体或组织规范的一致性，如制服、校服等。职业角色就是通过合适的服装达到的。有学者研究指出，职业女性之所以喜欢穿保守的、有品牌的、面料上等的服装就是要表现有权威性的、女强人的外观，这有助于其事业上的成功。

另外，一个人通过着装扮演的角色，在很大程度上与自身的心理意识有关。这种与角色密切联系的着装观念，称为角色归依；反之，与扮演的角色不符的着装观念，称为角色距离，反映了对角色身份的不完全认同或认识不足。例如，一位女性高管穿着笔挺的职业西装，精神抖擞，气场强大，但是在下班时间她可能想穿上漂亮的连衣裙，以表达内心对高管身份的距离。

二、从众、暗示和模仿

1.从众

在日常生活中，从众心理和行为非常常见。例如，听说吃鸡蛋能减肥，就天天吃鸡蛋；听说喝蔬菜汁能养生，就天天喝蔬菜汁；听说买哪只股票赚钱，就跟着买哪只股票……服装的流行，从某种意义上说，也是人们从众行为的直接结果。因此，从众是一种比较普遍的社会心理和行为现象。

近几年，"排队购买"成为城市街头一景，无论是去吃火锅，还是去买奶茶、喝咖啡，排队几乎成了一种普遍现象。据说，某奶茶店平均排队2～3小时，在社交媒体引发激烈讨论。不可否认，"排队购买"可以提升品牌的人气，有人排队就意味着客流量大，也意味着成交机会更多，而且"排队购买"可以引起路人的注意，带来更多的流量和销量转化。对企业来说，如果能让顾客心甘情愿排队拿着等位的"号码牌"，某种程度上也反映了企业的经营状况（图8-8）。但是，"排队购买"有时也反映了顾客的一种从众和盲目，而且有的企业甚至把"排队购买"当成一种营销套路，这也给品牌带来了负面的影响。

图8-8 由于限量供应，奢侈品门店经常需要排队入场

从理论上来看，从众是指个体在真实的或想象的群体压力下，表现出与群体其他成员行为趋于一致的现象。具体来看，从众的形式包括服从和接纳。顺从是指靠外在力量表现出来的从众行为，主要是为了得到奖励或避免惩罚。如果顺从行为是由明确的命令所引起的，可称其为服从；如果是内心真正接受的、真诚的、内在的从众行为，可称其为接纳。也就是说，从众可以是表面的，也可以是深入内心的。换言之，一个人的公

开行为表现可以是顺从群体，但其内心信念可能是与群体行为和信念不一致的，也可能是与群体的行为和信念相一致的。

> **小知识**
>
> 阿希实验
>
> 美国社会心理学家所罗门·阿希（Solomon Asch）是对有关从众问题研究影响最广泛的一位学者。20世纪50年代，阿希设计了"三垂线实验"，证明了从众行为的存在。他把被试者和一些陌生人安排在一个房间里。每个人都被要求在不相等的 A、B、C 三根线中，找出与 X 线长度最接近的一根，如图8-9所示。
>
> **图8-9　三垂线实验**
>
> 除被试者外的其他人被事先安排好，先于被试者回答线条 C 是最接近 X 线长度的。但很明显，答案应该是 A。这项实验的结果令人惊讶，有超过1/3的被试者违背了自己的看法，而同意了其他人的意见。

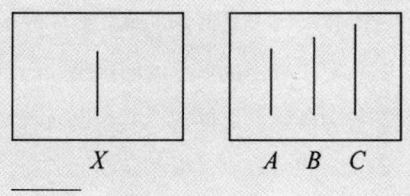

阿希实验表明，当遇到群体内与自己不一致的观点时，大多数个体会选择附和群体的多数意见，而不是坚持一个与群体多数意见有冲突的观点，即使在确信自己的观点是正确的情况下也是如此。

那么，人们为什么会从众呢？影响从众的因素是多方面的，其中"信息"和"规范"是两个最基本的因素。

社会生活中，我们通过别人获得了许多有关外部世界的信息，甚至有许多关于我们自己的信息也来自别人。例如，我们常常不太清楚什么样式、什么颜色的衣服适合自己，需要和周围的伙伴商量，听听他们的意见。我们也经常从别人那里获得有关流行服装的信息，以使自己的衣着能适应潮流。

之所以这样做，是因为一般认为，多数人正确的可能性更大，认为他们是信息的来源而怀疑自己的判断，在对情境缺乏把握的情况下，尤其如此。例如，人们会更愿意到人多的商店购物，到人多的地方旅行，到人多的餐馆用餐，表现为对多数人行为的信任。

从众的另一个影响因素是群体规范。群体规范是群体的一个重要特征，它指定了群体成员行为的规则，同时也是群体成员间相互期望的行为基础。群体规范既可以表现为有明确规定的准则条文，即正式规范；也可以是自发形成的、不成文的准则规范，即非正式规范。

群体规范作为成员必须遵守的行为规范，对群体成员具有某种强制性。如果群体成员不遵从群体标准，就可能受到嘲讽、讥笑。所以，群体规范通过内化—外化的机制影响个体思想和行为的变化。这种影响通过群体规范对个人形成的一种压力就是群体压力。这种压力迫使他遵从多数人的意见。虽然群体压力不具有强制执行的性质，但有时比权威命令还有力量，使个体在心理上难以抵抗。

另外，个体还有对偏离群体的恐惧，他希望合乎群体的期望，获得群体中其他成员的赞许，他担心如果和群体成员的意见不一致，会受到群体的指责、批评或孤立，会遭受社会排斥，被人讨厌，受人歧视。在这种心理的作用下，个体不希望自己成为一个"越轨者"或"不合群的人",不愿意脱离群体,希望自己在群体中被接纳、受欢迎。那么,人们便常常遵从大多数群体成员的一致意见,产生从众行为。

影响从众行为的因素还与群体规模的大小、群体凝聚力和群体成员的个性特征等有关。阿希实验指出,在3~4人规模的群体中最易产生从众行为。但也有研究说明,群体规模越大,越易产生从众行为。而且当一个群体具有较高凝聚力,或者成员之间高度信任时,那么,这个群体就会保持较高的一致性,人们就越易从众。在从众行为中,群体其他成员的知识常常是判断的基准,而知识的可靠程度是由成员的特长优势表现出来的。因此,个人一般倾向于信任并接受有特长优势的群体及成员的影响。

此外,个人的自信心、独立性和能力、性别差异、文化背景的不同,也是影响从众的因素。一个人如果认为自己比周围的其他人对某一问题更具有解决的能力,则他就越不易屈服于群体的压力。多数研究显示,女性比男性更容易产生从众心理或行为,其中的原因包括在社会化过程中,男性往往被教育要"成为一个独立的思考者",而在对女性的教育中却不强调这些内容,甚至鼓励其接受、顺从。

小知识

羊群效应

管理学和经济学里经常用羊群效应(The Effect of Sheep Flock)来描述个体的从众心理。一群羊在一起往往是散乱无章的,羊和羊之间不时地、盲目地左冲右撞,而一旦有一只羊动起来,其他的羊也会不假思索地一哄而上,全然不顾前面可能是悬崖或者可能有狼。因此，羊群效应就是比喻人们的一种从众心理，这种从众很容易导致盲从、不计后果，甚至使人陷入骗局或遭受失败。当然，羊群效应并不见得一无是处，在信息不对称和预期不确定条件下，也许跟着"头羊"做还能降低不可预知的风险。

2.暗示

暗示是社会影响的主要形式之一。所谓暗示，是指以言语或非言语、简单或复杂的方式，含蓄、间接或直接地对别人的心理和行为产生影响。暗示是一个潜移默化的社会影响过程，其结果导致个体行为对群体行为的趋同。

学者研究认为，群体中暗示对个体的影响，主要是由于"传染"的结果，处于群体中的个体几乎都受一种精神感染式的暗示或提示，在这种感染下，人们会不由自主地产生这样的信念——多数人的看法比一个人的看法更值得信赖。从心理机制上讲，暗示是一种被主观意愿肯定的假设，不一定有根据，但由于主观上已肯定了它的存在，心理上便竭力趋向于这项内容。

而且，在群体中，暗示作用更容易被诱发，并且传染性更强，有时甚至会使群体中的个体失去自己的观察力和思考力，而趋向于和群体其他成员相一致。例如，"双十一"购物节电商的打折降价吸引了大量的人参与，所有参与者形成了一个"以更实惠的价格购买到心仪商品"的群体。虽然这个群体非常松散，成员之间身份、经济状况各异，也并非居住在相同的区域，但是他们依旧形成了一个临时的群体，优惠、打折等宣传噱头就是这个群体的期望，即使你本身并没有特别在意价格，但是成为其中的一员，就会被这样的暗示驱动，参与到一系列的疯狂采购中。

再如，使用某个品牌手机的所有消费者可以构成一个群体，他们是基于一个共同的关注点（如这个品牌不错）而购买这个品牌的手机，这个关注点就是他们形成一个群体的支点。但是，假设其中一个消费者在网上发表评论说这个手机某些方面（如性能或服务）不好时，它可能会被部分人认同，然后开始辐射性地扩散开，最后影响大多数消费者对这款手机的评价。可见，群体极易受暗示作用的影响。

暗示分为直接暗示和间接暗示。直接暗示指有意识地向对方直截了当地发出信息，使其迅速地不加考虑地接受，以达到预期的反应为目的而不会引起反抗。例如，菜市场的叫卖声、上课的铃声、街头的各种标语口号等都是直接向受暗示者发出信息，这些都属于直接暗示。暗示者向他人发出比较含蓄的刺激信息，既不显明动机，也不指明意义，而是让受暗示者自己去理解暗示的内容，从而接受其暗示，称为间接暗示。例如，某服装品牌的门店里穿着整洁制服的销售人员给消费者一种放心和信赖的间接暗示。同样，门店明亮的灯光、淡雅的花香、宽阔的动线设计等也暗示该品牌的定位和格调。农夫山泉广告中展现自然风光的画面是为了暗示农夫山泉的矿泉水属于"天然产品"（图8-10）。路易威登箱包上的"LV"标志性Monogram花纹（被称为"老花"）看似简单，但其暗示品牌的传统与正宗，因为其历史回溯至掌管品

图8-10 农夫山泉广告以自然风光来暗示产品的天然特征

牌的第三代传人嘉士顿·威登（Gaston-Louis Vuitton）时期，其父佐治·威登（Georges Vuitton）在1896年创造Monogram帆布并留下印记，借此纪念身为创办人的父亲，渐渐Monogram元素成为路易威登品牌的标识。

暗示还可以分为他人暗示和自我暗示。暗示信息来自他人时称为他人暗示。广告、杂志、电视、商店橱窗以及朋友传递的有关服装流行的信息，都属于他人暗示。他人暗示中权威的暗示具有重要影响。暗示信息来自本人称为自我暗示。自我暗示对自身可以发生积极作用，也可发生消极作用。一个人的自信心就是一种自我暗示。例如，一个人衣着整洁，高雅大方，会感到充满信心；而一个人在生活中"疑神疑鬼""杯弓蛇影"，是自我暗示的消极影响。很明显，积极暗示可帮助受暗示者稳定情绪，树立自信心，战胜困难和挫折；消极暗示会给受暗示者造成不良的影响。

暗示还常常具有非合理性和替代性的特点。暗示刺激具有情绪感染作用，使被暗示者陷于某种情绪氛围之中，而不能做出合理判断。例如，商店中有人正在排队买鸡蛋，就会对一些人产生暗示作用，使这些人产生盲从行动。

暗示还具有替代性的特点。例如，当说一个人是个爱赶时髦的人时，不仅给人一种这个人在服饰上舍得花钱的暗示，还可能留给人一种此人"不求上进"的印象。这时"爱赶时髦"似乎成了"不求上进"的替代物。

那么，以服装为例，为什么不同的人对暗示的反应是不一样的？首先是暗示者本人的条件，包括暗示者的性别、年龄、体力、身材、知识、权力和地位等。其中，如果暗示者的地位具有优越性和权威性，那么他对服装的看法和观点会对众多的人产生影响，甚至引起服装的流行。例如，对同一面料、样式的服装来说，知名设计师设计或有名的大品牌具有比普通设计师或非名牌有更强的暗示性。其次，多数人的共同行为也会对人产生暗示作用。例如，一种款式的服装在社会上到处可见，这本身就是一种暗示，意味着这种款式正在流行。最后，暗示效果与受暗示者的个性特征和需要有关。缺乏主见、随波逐流、心理敏感的人容易接受暗示。

由于每个人在社会上无时无刻不在接受别人的暗示，也无时无刻不在暗示他人，从而使人与人之间相互影响与相互作用。那么，企业在制作广告时也可以通过暗示的方式对消费者产生影响。而且由于暗示不是直接给消费者施加影响，没有强迫购买的压迫感，消费者更可能自愿自觉地从心里接受产品。

实践证明，暗示越含蓄，其效果越好。因为直接的提示容易使消费者产生疑虑和戒备心理，而间接的暗示更容易被消费者接受。例如，广告语"不是所有牛奶都叫特仑苏"，间接暗示了产品的高端属性（图8-11）。

图8-11 "不是所有牛奶都叫特仑苏"暗示其产品的特别和不一般

3. 模仿

模仿是指个人受非控制的社会刺激而形成的一种行为，其行为以自觉或不自觉地模拟他人行为为特征。模仿是人的本能之一，也是人社会化的主要手段。模仿也是一种重要的学习方法，通过仿效和重复他人行为的趋向而完成学习过程。一些演艺明星或体育明星的发型、服饰，甚至生活方式，能很快在某些人群中流行开来，就是模仿在起作用。模仿的对象范围较广，可以是穿着、发型、言谈举止等外部特征和行为方式，也可以是内在的思想、兴趣或观念，使某一群体的人们表现出相同的行为举止。因此，模仿是一种群众性的社会心理现象。

模仿可以是有意的、主动的，也可以是无意的、被动的。当被模仿对象具有榜样作用，社会或团体又加以提倡时，这种模仿就会自觉进行。

模仿可分为直接模仿、间接模仿和创造性模仿。直接模仿和间接模仿都是对榜样的行为方式的整体模仿，以求得与榜样在外表上的接近或一致。儿童对大人的行为举止的模仿有很多是直接模仿。例如，在街上当你看到别人穿的衣服很漂亮，自己很喜欢，或看到别人的穿搭方式很特别，便加以仔细观察，并记在心中，在以后穿着时加以模仿吸收，这就是间接模仿。

创造性模仿是指通过模仿而使榜样原有的某些行为特征增加了新的意境。例如，有的人不考虑自身的实际情况，只要是时髦的衣服，就迫不及待地穿起来，常常难以取得理想的穿着效果。有人则不是盲目地赶时髦，而是根据个人的体型、年龄、肤色等特点，对流行服装中的某些适合自己的东西加以巧妙利用，以表现自己的个性。可见，创造性模仿与直接模仿和间接模仿不同，它不是表面的模仿，而是能够抓住榜样的本质特征，象征性地表现榜样的行为。

当服装品牌通过T台走秀发布新产品时，就是给普通消费者一个模仿穿着的机会，当然，并不是说消费者可以直接模仿走秀的服装，实际上，这很难做到，因为T台上展示的服装主要是表达一种概念、一种前瞻性，以及流行风尚，而真正在日常生活中能穿的衣服，应该是借鉴T台秀场服装搭配的局部的元素，对秀场上的服装进行创造性的模仿，从而搭配出属于自己风格的服装。因此，在模仿中加以创造，使自己区别于他人，才能跟上时尚潮流。

对于服饰穿搭而言，许多消费者通过模仿明星来缩短自己与时尚的差距，对他们而言，这些明星为他们指出了时尚的方向，是时尚风向标。这时，这些明星成为影响消费者选择的意见领袖。

所谓意见领袖（opinion leader），是指那些影响他人的观念、态度或行为的人。其实，非明星的普通人当在某方面具有特别的专长时，也同样可以成为意见领袖，成为消费者模仿的对象。例如，牙科医生对牙齿美白的意见很容易被采纳。只是对普通消费者来说，从人群中来识别意见领袖并不容易，需要花一定的精力。

德尔·I.霍金斯（Del. I. HawKins）等学者认为，意见领袖最大也最明显的特征是对某类产品较群体中的非意见领袖有着更为长期和深入的介入。这种持久介入，使人对某类产品或活动有更多的知识和经验，由此使意见领袖得以出现。因此，意见领袖通常是和特定的产品或活动相联系的。

社会学家还区分了擅长单一领域或有限领域的意见领袖和擅长多个领域的意见领袖。拉扎菲尔德（P. F. Lazarsfeld）等人在20世纪60年代对美国人的政治观点、家庭购物、服装式样、电影四个方面的意见领袖做了调查，发现这四个方面的意见领袖很少重合，也就是说，在美国，似乎是单一意见领袖占主导地位。

针对意见领袖的研究表明,即使是擅长多个领域的意见领袖,他们的知识也往往集中在几个特定的领域。比如,对汽车有研究的意见领袖可能同时是摩托车、山地车的行家,但很难对化妆品也精通。如果一个时尚的意见领袖对服饰穿搭很在行,他一般对化妆品也有见解,但很难是一个懂汽车的意见领袖。

对企业或品牌而言,找到意见领袖,甚至"创造"出自己的意见领袖,通过意见领袖来影响消费者,成为有效的营销手段。尤其是随着新媒体的不断发展,意见领袖成了时尚的创造者和传达者。

时尚领导者即在时尚方面的意见领袖,拥有一定的专业知识、具有较高的时尚鉴别水平或者是在时尚信息的掌握上有更快的速度等,他们在大众媒介上传递时尚的信息,发表关于时尚的意见,逐渐积累起一批拥簇者。这些时尚领导者不仅参与时尚的传播,也能通过对物品的解构制造出"时尚",他们常常可以起到引导的作用。原本很有可能并不受大家注意的一种产品、一类元素,因为时尚领导者对其的解读,他的拥簇者接受了他的解读,便使这种产品、元素被赋予了时尚的内涵。因此,接受了时尚领导者的解读并进行这类时尚消费的人,通过模仿,也相应有了新的自我建构。于是,时尚领导者引导着大众,不断引导一种新的时尚潮流。根据国外学者的研究,时尚领导者一般具有的特征和衡量标准如表8-1和表8-2所示。

表8-1 时尚领导者的一般特征

序号	内容
1	相对年轻
2	未婚,无子女

续表

序号	内容
3	收入和职位相对较高
4	女性
5	阅读时尚杂志
6	有车
7	爱交际、合群、有好胜心
8	喜欢或不讨厌变化
9	倾向于爱表现或自恋

资料来源：Dorothy U.Behling. Three and a Half Decades of Fashion Adoption Research: What Have We Learned？[J]. Clothing and Textiles Research Journal, 1992, 10（2）:34-41.

表8-2 时尚领导者量表

序号	内容
1	别人向我请教最新的流行趋势
2	朋友询问我关于新款衣服的意见
3	朋友认为我是一个对时尚趋势非常有见地的人
4	我通常会向别人传递时尚信息
5	我喜欢帮助别人做有关时装的决定
6	和其他人分享关于新款服装的想法是很重要的事
7	最近我说服了某人改变自己穿着的某个方面，从而使他变得更加时髦

资料来源：Patricia Huddleston, Imogene Fold, Marianne C.Bickle.Demographic and Lifestyle Characteristics as Predictors of Fashion Opinion Leadership among Mature Consumers [J]. Clothing and Textiles Research Journal, 1993, 11（4）:26-31.

2019年，福布斯中国发布的50位意见领袖榜，梳理出了美妆、时尚、母婴、生活方式和电竞五个特定垂直领域的关键意见人物。其中，黎贝卡领衔时尚。

黎贝卡曾是南方都市报的记者，随着新媒体的兴起，她开始推出自己的公众号"黎贝卡的异想世界"，图文分享穿搭资讯与购物心得。同时又通过文字向读者传达"在追求事业的同时不放弃生活品质，永远保持积极向上"的生活态度。而其经营的公众号已聚拢了超过1000万的"粉丝"，其中90%为女性，60%以上居住在一线、新一线城市。她们独立且对生活品质有追求，这使黎贝卡成为很多品牌找到目标圈层的入口。黎贝卡先后与时尚领域多品牌推出联名款，包括手账、首饰、包包等。

> **小知识**
>
> **关键意见领袖**
>
> 关键意见领袖英文是Key Opinion Leader，KOL是其缩写，通常被定义为拥有越来越准确的产品信息，被相关群体接受或信任，并对该群体的购买行为产生重大影响的人。与"意见领袖"不同，关键意见领袖通常是某个行业或领域的权威人士，或具有相对更高的社会地位。关键意见领袖的典范通常是政治人物、专栏作家与社交媒体名人，或者来自社会"草根"，他们在其所属的领域内占有突出地位，他们的意见具有价值并值得大众采用。在新媒体时代，KOL经常活跃在社交媒体与博客上，并与粉丝们保持积极的对话。

与KOL相比，时尚意见领袖中的"时尚博主"由于其平民身份，更具有亲民性，很容易聚起粉丝，让品牌接触到更为广阔的人群。"时尚博主"一词来源于"fashion blogger"，专指分享时尚、潮流、着装资讯的博客主。当某博客的主人，是公认的时尚达人时，他（她）便会被称为时尚博主。如今，被喻为

"草根明星"的时尚博主已成为一种职业，受到众多爱时尚、爱打扮的粉丝的追捧，在时尚界异军突起，不仅占据了时装秀的前排座椅，更开始同品牌进行合作，登上各大主流舞台，被更多人所熟悉，有些博主甚至将博客经营成了价值不菲企业。

例如，来自意大利米兰的时尚博主Chiara Ferragni，在博客上经常分享自己的一些穿衣心得，搭配技巧并晒出自己的各种造型，博文主要用英文和意大利文写。很快，她的博客受到很多人的欢迎，也因此获得媒体的关注。由于Chiara搭配功力和时尚敏锐度非常高，很擅长颜色混搭，且搭配风格变化幅度非常大。其在Instagram上的追随者超过几百万，频繁登上杂志封面，年盈利以百万计（欧元），由于太会赚钱，Chiara被当作"案例"，并被请进美国高校分享成功经验。

需要注意的是，在时尚领域，当时尚品牌通过媒体传播建立起自己的品牌形象，传递自身的内涵，即通过媒体的宣传帮助品牌的消费群体建构出一个群体。这实质上是通过将生产者的需要转化为消费者的需要，来对人们在时尚消费中的自我确定起引导作用。但与流行不同的是，时尚原本是属于小部分人群的，就像以前少数的上层精英的时尚在经过传播、被下层阶级模仿以后，这些上层阶级便会迅速抛弃它，开始尝试、建立另外的时尚。现在的时尚虽然已经不再是精英群体、上层阶级的专有，但一旦时尚变得过于大众，同样会被人们迅速抛弃。从这个角度来看，媒体传播虽然加速了人们的时尚消费及在这之后的自我确定，但同时也有可能使一些类型的时尚迅速被消解掉，进而使消费者在这基础上的自我确定不再，需要消费者追随新的时尚，进行新的自我确定。

三、文化与消费文化

1. 文化的内涵

文化是理解消费者行为的一个非常重要的考量因素。比如，在我国北方，人们早餐时习惯吃馒头、油条，喝豆浆，可到了南方，早餐就是各类米线或肠粉。在各种各样消费行为的背后，其实是文化的差异。

虽然文化对消费的影响无处不在，但有时人们却似乎忽略了文化影响的重要性，或想不到这是由文化的差异造成的。荷兰的特姆彭纳斯和英国的汉普顿-特纳在其所著的《跨越文化浪潮：理解全球化经营中的文化差异》中写道："鱼儿只有离开水之后才意识到水的重要性。文化对我们而言如同水和鱼的关系。我们身处其中，自由呼吸。"在日常生活中，人们在吃、穿、住、行等方面的习性，我们认为都是理所应当的，直到当我们进入一个新的文化环境下，才能觉察出其中的差异。当看到苏格兰的男人身穿苏格兰格子裙时，很多从来没有想过男人也可以穿裙子的人会感受到"文化冲击"（culture shock）。

那么，什么是文化呢？文化是一个非常广泛的概念，哲学家、社会学家、人类学家、历史学家和语言学家一直努力试图从各自学科的角度来界定文化的概念。英国人类学家爱德华·泰勒认为："文化是一个复杂的总体，包括知识、信仰、艺术、道德、法律、风俗，以及人类在社会中所获得的一切能力与习惯。"

为了更好地理解文化，可以把文化区分为物质文化和非物质文化。物质文化包括人类创造的各种物品，包括建筑、交通、服饰、日常用品等，这些属于可见的显性文化。通过物质文化，我们可以了解到人们的生活方式。非物质文化主要指人类精神活动所创造的成果，如哲学、宗教、科学、艺术、道德等。具体包括宗教、信仰、风俗习惯、道德情操、学术思想、文学艺术、科学技术、各种制度等，这些属于不可见的隐性文化。物质文化和非物质文化之间的关系是极其复杂的，人类学家通过研究物质文化探讨人们的思想和信仰是如何与物质文化结合的等。那么，在一个文化中被认为得体的穿着也反映了该文化所倡导的价值观。

小知识

自我参照准则

要做到彻底理解文化的差异性是困难的，主要原因之一是所谓的自我参照准则在起作用。自我参照准则是指无意识地参照本国或本地区的文化价值观。例如，我国有些地方的商人在做生意时，见到客户总要递上一支香烟，实际上这就是在使用自我参照准则。虽然在我国的社会交往中，递上香烟是表示礼貌和友好，但在其他国家或地区，向他人递香烟可能是一种冒犯，甚至可能会触犯法律。

文化不仅具有差异性，还具有层次性。亚文化（subculture）又称为次文化或副文化，是指与主文化相对应的非主流的、局部的文化现象，它在主文化的背景下，属于某一区域或某个集体所特有的观念和生活方式。实际上，每个消费者都属于许多亚文化群体，即一个消费者可以属于一个主文化群体的同时也可以属于多个亚文化群体。

一种亚文化不仅包含与主文化相通的价值与观念，也有属于自己的独特价值与观念。由于亚文化是直接作用或影响人们生存的社会心理环境的，其对消费的影响甚至比主文化更大，它能赋予人一种可以辨别的身份和属于某一群体或集体的特殊精神风貌和气质。

在亚文化的表达方面，服饰能反映某一文化群体所属的次级群体成员共有的独特信念、价值观和生活习惯。在民族亚文化方面，我国是由56个民族构成的总体文化群体，每一个民族都具有自己的民族亚文化特征，形成了有本民族特色的语言文字、风俗习惯、爱好禁忌等。例如，在服饰方面，哈萨克族女子常穿连衣裙、绣花背心、绣花套裤，戴吐麻克或白布盖头、大披巾，喜欢在绣花帽上插羽毛；蒙古族男女老幼喜欢穿蒙古袍，束彩腰带等，绚丽多彩的服饰文化充分彰显了各个民族的历史、习俗和文化，为中华文化增添了无限色彩，是中华文化的重要组成部分。

2.消费文化与仪式感消费

消费不仅是人们日常生活的一部分，还是一种生活和生产方式及通过它所表现出来的人们的社会关系和社会文化形态。文化中那些影响人们消费行为的部分，或文化在消费领域中的具体存在形式，都可称为消费文化。人们在消费实践中会不断形成新的消费文化，为文化总系统注入新内容。

法国学者鲍德里亚认为："消费文化就是在消费社会人们的消费行为中所表现出来的文化。"英国学者迈克·费瑟斯通认为："消费文化指的是消费社会中的文化。它基于这样一个假设，即认为大众消费运动伴随着符号生产、日常体验和实践活动的重新组织"。我国学者尹世杰认为："消费文化就是消费领域中人们创造的物质财富和精神财富的总和，是人们消费生活方面各种创造性活动的升华和结晶。"

因此，消费文化是在一定的历史阶段中，人们在物质生产与精神生产、社会生活及消费活动中所表现出来的消费理念、消费方式、消费行为和消费环境的总和。消费文化是社会文化的一个极重要的组成部分，是人类在消费领域创造的优秀成果的结晶，是社会文明的重要内容。政治制度、经济体制、经济发展水平、人们的价值观念、风俗习惯、整体素质等都对消费文化有重要的影响。

由于文化的不同，直接或间接地影响一个地区消费者的生活方式、生活水平、购买力水平和消费结构，从而在不同的文化区域可能形成不同的消费文化特征。例如，在我国不同的地区，消费者对食物有不同口味偏好，形成了独特的饮食消费文化，闻名中国的八大菜系，风格各异，各成一派。消费文化还能帮助消费者建立对各种消费活动的价值评估。例如，中国的家用冰箱尺寸普遍比美国的家用冰箱尺寸小，这与中国人对饮食要求的精细化，对食材的新鲜度要求高，有每天买菜的习惯有关。

我国是一个有着悠久历史和深厚传统文化底蕴的国家，文化对我国消费者的心理和行为产生了根深蒂固的影响，形成了消费领域里独特的文化现象。

"面子"是中文词汇里一个具有丰富内涵的概念。从字面上看，面子就是人的脸面，但在我国的文化中，这个词受到了异乎寻常的重视。"给面子""争面子""丢面子""爱面子""留点面子""伤面子""丢脸""无脸见人""体面"等诸多概念，成了人们日常生活和日常交际的基本概念，反映了人们的深层心理结构。在面子文化的影响下，消费者主要有以下两种行为表现。第一，凡是涉及面子的消费都格外小心谨慎，注意遵从各种礼仪规范。为了维护面子，有的消费者甚至不顾自身的经济状况，可以对商品的价格不在乎，但是却对商品的包装和寓意高度关注。第二，消费者对商品的情感性、夸耀性和符号性价值的要求，有时会超过对商品物质性价值的要求，表现为炫耀性消费、攀比性消费和象征性消费。

在我国传统文化中，人们具有浓厚的家庭观念，非常注重家庭，重视家庭成员间的依存关系，以及在此基础上的家庭关系、亲戚关系。因此，在传统文化的影响下，消费者的家庭观念、家庭依赖感、家庭责任感都更加强烈。例如，房子在我国具有特殊的意义，它不仅是某种形式的建筑，更是一个家庭的载体。买房置地是家庭甚至是整个家族发达的一个象征和标志，房子成为家族延续传承的物质财富和家族文化的证明。因此，买房成了一个家庭的事情，子女买房时父母会提供资助，甚至亲戚也会全力相助。

在消费中追求仪式感，近些年非常火热，吃饭时要用精致的餐具，圣诞节精心布置的圣诞树，初雪时吃一顿火锅……仪式感体现在很多的生活场景中，成了一种新的消费习惯和文化现象。反映了消费者通过物质消费满足对品质生活、精神世界的高要求。

从"仪式感消费"中，企业发现了新的市场机会，为消费者提供与仪式感有关的商品层出不穷，销量也十分可观。比如，生日蛋糕、生日蜡烛、庆贺卡片、鲜花、口红、香水、巧克力等。还由此衍生出各种仪式感的消费活动，比如，"秋天的第一杯奶茶""冬天的第一杯热红酒""冬季的第一顿火锅"……而且，仪式感从最初的特殊日子越来越走向每一天，最典型的例子就是每天吃出不一样的厨房小家电。

电商数据显示，自制松饼、养生粥和果汁成为年轻人"早餐三宝"，与此需求相关的豆浆机、榨汁机等厨房小家电的销售额大大增长，厨房小家电成为"仪式感"生活中的标配。另外，春节时请摄影师拍一套春节主题写真；周末来一场户外野餐、露营，除了高"颜值"的食材，还要带上相机、鲜花拍上几张照片；在家里过生日时购买生日背景墙装饰、氛围灯带等。仪式感作为人们生活中必不可少的调味品，逐渐被赋予了更多的附加价值和神圣意义。

仪式服装一般具有特殊的意义。婚礼上新娘穿的白色婚纱，代表着神圣、纯洁与美丽。一位白领女性，上班时可着职业正装，下班后参加聚会就可以加上一些修饰，如换一双高跟鞋，戴上有光泽的配饰，围一条漂亮的丝巾。如果是出席正式晚宴，穿着旗袍或晚礼服长裙是得体的。有时，仪式会赋予一件衣服特殊的价值，比如，妈妈为你织的第一件毛衣，大学毕业典礼上的一套西服等，对消费者个体来说，这些物品具有特殊的意义。

某珠宝品牌专注于突出珠宝消费的仪式感（图8-12），体现品牌"对爱的庄重承诺"。

图8-12 珠宝品牌在店内打造的具有仪式感的求婚场景

3.文化价值观对消费的影响

尽管不同文化之间的差异性体现在多个方面，但最根本的差异还是文化价值观的差异。文化价值观是指人们形成的一种对具体的行为模式和生活意义的持久信念，它是人们在处理事物的过程中表现出来的一种较稳定的喜好或厌恶态度。例如，在美国，咖啡一直是早餐的最佳饮品；但在意大利，人们不仅早上喝咖啡，下午和晚上也喝；在我国，很多人认为晚上喝咖啡会让人睡不着觉。不同的选择和习惯的背后实质是文化价值观的差异。

文化价值观对消费者具有非常重要的影响，它不仅影响消费者日常生活的诸多方面，同时也影响其消费方式。众多研究表明，不同文化的价值观体系是造成消费心理反应和行为差异的主要因素之一。有关消费行为的研究文献显示，文化价值观作为一个强有力的因素影响消费者的消费动机、生活方式及商品的选择。消费者会通过使用某种富有特定文化意蕴的商品和服务来表达自己的价值观，体现消费的意义。

每一种文化都可以用不同的文化价值观来描述，这些价值观引起了消费行为和消费价值观的差异。荷兰心理学家吉尔特·霍夫斯泰德提出了文化价值观的衡量方法（Hofstede's cultural dimensions theory）。

第一，个人主义/集体主义指数（Individualism/Collectivism Index，IDV）。这主要反映了人们对个人与集体关系的价值取向。一方面，个人主义文化具有较高的IDV，它认为个人奋斗、个人成就或个人利益很重要，反映了一种以自我为中心的思维，个人与集体、社会间的关系比较松散。另一方面，集体主义文化具有较低的IDV，它反映的则是一种以集体为中心的思维，强调个人利益服从集体利益，强调团队协作的工作方式。在集体主义文化下，人们倾向于与社会结成一种强烈的、紧密的关系，这种关系会给人们带来安全感和归属感。

IDV指数对消费者的决策方式和消费价值判断方式具有重要意义。在高度集体主义的社会中，人们倾向于生活在大家庭中，注重同事关系，集体归属感较强，往往从所属群体中获得身份认同，并忠于该群体。所以，在这样的社会，商品广告中可以更多地强调诚实和友好。在IDV高的社会，消费者通常会把消费品看作他们自身价值的延伸。因此，企业可以在广告中加入自我表现或自我赞赏的词语。有研究发现，反吸烟广告在高度个人主义的国家应该强调吸烟对个人的危害；相反，在高度集体主义的国家强调吸烟对他人的危害则会更有效。

第二，权力距离指数（Power Distance Index，PDI）。这一指数反映的是人们对等级、特权和不公平的态度，即对一种社会结构中上下级之间的权利不平等状态的容忍度。在PDI高的文化中，人们倾向于接受等级制，习惯于服从上级的命令，认为势力、操纵力和世袭是权力的重要来源，而且对权力拥有者享有一定特权表示认同。而在PDI低的文化中，人们重视公平，反对特权，尊重知识。而PDI较低的国家，不同阶层之间，甚至上下级之间可以直呼其名。另外，在PDI高的文化中，有的消费行为被认定是特殊阶层所拥有的，如高尔夫被认为是高阶层人士所从事的活动。

第三，不确定性回避指数（Uncertainty Avoidance Index，UAI）。它反映的是人们对不确定性或风险的态度。此指数高的文化难以容忍不确定性，不鼓励冒险和创新，对新事物往往持怀疑的态度，并且其成员较为关注安全感和行为的规范性以规避不确定性。因此，在这种文化下，人们会拘泥于过去习惯了的行为规范，而这些行为规范还会转化为不可违反的行为准则。

此外，在UAI高的文化中，人们往往崇拜权威，并回避风险。相反，在UAI低的文化中，人们易于接受新事物、新观念，并且乐于冒险和创新。

在UAI高的社会中，消费者倾向于选择自己熟悉的商品或服务，避免风险，喜欢程序化的生活，因此，营销者的任务就是要提供更多的关于商品的信息，将消费者不熟知的商品转化为看上去具有吸引力且消费者熟悉的商品。

第四，男性化/女性化（Masculinityversus Femininity，MAS）指数。这个指数反映了人们对性别分工和成就感的态度。在MAS指数高的国家，往往呈现出典型的男性特征，人们充满自信，喜欢自我表现，追逐金钱和社会地位。在MAS指数较低的国家，则强调性别平等。MAS指数较高的国家，男性在社会发展中居支配地位，而女性处于从属地位，女性的就业率相对较低。而MAS指数较低的国家，男女地位相对平等。

在不同的MAS指数的社会，广告策略应有差异。以手机广告为例，在一个以男性为主的社会中，可以在手机广告中强调其优越的性能，因为一个功能全、速度快的手机可以让人在工作中更出色。相反，在男女地位平等的国家，手机广告则要更多地突出和亲人、朋友间的沟通交流等功能。

四、流行文化

流行文化（popular culture）属于文化的范畴，它与消费文化、休闲文化、奢侈文化、物质文化、都市文化、亚文化、大众文化及群众文化等概念相关，表示的是按一定节奏、以一定周期、在一定地区或全球范围内，在不同层次和阶层的人群中广泛传播的文化。

随着科技的发展和新媒体的产生，流行文化传播的范围越来越广泛。例如，互联网成为社会信息传播和汇聚的平台，各种文化运用互联网平台进行传播、交流、交锋、交融已经成了常态。同时，随着抖音和快手等短视频直播平台的产生，不管是社会名流还是普通大众都成了流行文化的传播者，成了价值和观念的提供者，影响着人们对社会、事物、消费的看法。

通常，流行文化是商业运作的结果。在商业运作过程中，流行文化吸引了一批稳定的消费群体，而这些消费群体又带动了流行文化市场，配合了流行文化的商业活动，保证了参与活动的商业主体的利益。由此，流行文化受利益驱动，成了被市场控制的商业运作结果。例如，电影在上映之前，编创演人员会进行大力宣传造势，以吸引大众的目光，拉动电影市场的需求，保证票房。不仅如此，和电影相关的副产品也随之产生，电影的原创文学作品、电影的光碟、电影音乐的CD及带有标志的系列产品都成了流行文化的符号而被大量复制，以占领消费市场。

一般来说，流行文化是通俗的、大众的，这与艺术、戏剧、音乐和文学等不同，人们对流行文化的鉴赏，是出于一种自我娱乐与娱乐大众的心态，即流行文化具有很强的亲民效应和感染力。当某个流行文化非常盛行之时，也许会对人们和社会文化的发展产生不利影响。例如，近年来流行的各种短视频，有人认为其导致人们的注意力分散，影响了人们的思维方式。

在服装领域，具有流行文化特征的服装之一就是T恤。时尚设计师乔治·阿玛尼（Giorgio Armani）曾说："我始终认为T恤在时尚界的地位至关重要，堪比希腊字母表中的首尾字母。"设计师弗兰科·莫斯基诺（Franco Moschino）也曾称赞道："我深深相信衬衫和T恤是当代流行产业中，最天才的发明，它也是现今服饰造型的基础。"

T恤又称T恤衫、T字衫，是英文"T-shirt"的音译名，多数是针织棉质、圆领、短袖，穿着自然、舒适，而且价格不贵，适用于各种场合，成为全球男女老幼均爱穿着的服装。据说T恤的全球年销售量已高达数十亿件，与牛仔裤构成了全球最流行、穿着人数最多的服装。因为人们在不同的时代对T恤装饰以不同的文字或图案，通过设计T恤的图案或文字进行时代信息传达，有人甚至把T恤称为"文化衫"。

T恤的历史可以追溯至20世纪初，最初它其实是以内衣的形式出现，当时美国海军和陆军士兵们都身穿一种棉质的纯白套装作为打底，而这种套装只允许被穿在正式的制服之下。T恤最初并没有图案。开始对T恤进行图案设计的是米高梅电影公司（Metro-Goldwyn-Mayer），MGM公司利用T恤宣传好莱坞的电影影片，印制宣传图片和宣传标语，起到了广告和文化宣传作用。所以，可以说，T恤和文化的结合开始于电影。

20世纪50年代好莱坞电影进军世界市场，无形中促成了T恤风潮的国际性蔓延。T恤与牛仔裤、黑色皮夹克共同塑造了一种深深影响年轻一代的叛逆英雄形象，代表着对传统礼节、上流品位的藐视和摒弃。

1951年，影星马龙·白兰度（Marlon Brando）在电影《欲望号街车》里时常穿着一身极度贴身的白T恤出镜，健硕而性感的身材散发出无尽魅力。在当时那个崇尚正装文化的美国社会，马龙·白兰度的造型带来了强烈的震撼。随着《欲望号街车》电影在全美公映，白兰度的白色T恤形象变得举国闻名，柔软体贴的T恤衫把男性的美从呆板、单调、循规蹈矩的传统上流品位着装中解放出来，阳刚的身形通过T恤展现，一时间成为人们模仿的对象。

受马龙·白兰度的影响，影星詹姆士·迪恩（James Dean）在电影《无因的反叛》里也献出了自己的经典T恤造型。和马龙·白兰度相比，他身材纤瘦、面容清秀，却以白T恤搭配机车夹克的造型在电影银幕上留下让人难以忘记的痞帅形象，成为崇尚叛逆的青少年心目中的英雄。

此外，影星亚特·卡尼（Art Carney）在白色T恤衫外面套一件黑色马甲的滑稽造型，也使人们更加深了对于T恤与平民之间的亲密关系的理解，随后一系列表现反叛青少年题材的电影纷纷采用T恤着装，由此使T恤被赋予了前所未有的独特个性，烙上了文化的印记。

20世纪60年代，西方开始流行的亚文化思潮，包含嬉皮士、无性别着装等，T恤成为人们进行自我和个性表达的重要工具和方式，在T恤上设计和装饰各种图案，表明自己的态度或情绪。尤其是20世纪60年代的音乐是T恤图案中的重要元素。通常情况下，很多T恤上会印制上音乐歌曲名、歌手头像等内容，人们感觉穿着关于歌手相应内容的T恤参加演唱会很幸运。在T恤服装图案设计中有关摇滚乐的内容占有很长时间，甚至可以说，摇滚乐和T恤流行时间基本相同，比如著名的披头士、滚石等乐队，都有T恤伴随。

20世纪70年代，T恤开始大规模流行。1973年《妇女时装日报》声称T恤是当年反文化的首席发言人。1975年，据记载，有4800万件T恤充斥于美国的服装市场，并在此后的多年中保持了这一势头。T恤衫上的图案与文字更加丰富，有幽默的广告、讽刺的恶作剧、自嘲的理想、惊世骇俗的欲望、放浪不羁的情态。

20世纪80年代末90年代初，文化T恤衫进入我国，改变了以往人们认识中的老头衫形象，受到年轻人的追捧，有些人在T恤衫印上了一些调侃性的文字，比如"别理我，烦着呢""跟着感觉走"等，体现当时社会的个性化文化。与西方文化不同，我国T恤体现的通常是积极、正面的信息，特别是2008年汶川大地震后，一些T恤上印着国旗、祖国加油等图文，北京奥运会时期，T恤上印制了关于奥运会信息的文字和图案（图8-13），把奥运文化融入人们的日常生活，也是个性化、时尚化消费的体现。

图8-13 印有2008年北京奥运会会徽的T恤

在1991年的巴黎时装周期间，德国服装设计师卡尔·拉格斐尔德（Karl Lagerfeld）将白T恤搬上了T台，把这件最简单的服装单品和品牌标志性的粗花呢外套搭配在一起，让人意识到白T恤的另一种高贵而优雅的可能性。2017年，Dior春夏成衣系列发布会上，一件印刷着醒目标语的白色T恤出现在秀场，随后便成为当季基础单品中的爆款，受到无数明星的追捧。知名的T恤设计师还有日本设计师川久保玲（Rei Kawakubo），她的Comme des Garcons Play系列，以标志性的红心图案而闻名（图8-14）。

2022年，英国版 *VOGUE* 策划了一个专题，邀请时装编辑分享他们挑选白色T恤时的心得和秘诀。英国版 *GQ* 也紧跟其后推出了白T恤的内容，并称它为"打造终极衣橱的必备单品"，因为虽然流行的服装单品很多，但白T恤是任何性别、年龄和穿衣风格者都能驾驭的衣橱必备项。

图8-14 日本设计师川久保玲的红心白色T恤

如今，T恤反传统文化的象征意义慢慢褪色，已经融入我们当下的生活。从对服装的需求来看，更多的人开始喜欢舒适和随意的休闲服装，T恤已经作为休闲服出现在世界的各个角落。T恤的材质从最初单一的棉质变成形形色色的超细纤维，高弹纤维及高分子合成物等，成为与牛仔裤、夹克衫、西服都可以搭配的超强单品。T恤以其柔软舒适、穿洗方便、价格实惠等功能性受到众多消费者的喜爱。

五、可持续时尚

1. 可持续时尚概念的提出

提到环境污染，或许你第一时间想到的是工业污染、汽车尾气等，但你是否知道，时尚产业向来是环境污染的一大制造者。

2017年艾伦·麦克阿瑟基金会（Ellen MacArthur Foundation）的报告数据显示，纺织行业生产每年排放约12亿吨温室气体，超过了所有国际航班和海运排放的总和，服装行业每年向海洋排放50万吨微纤维，相当于500亿个塑料瓶。同时，每年全球要生产超过800亿件衣服，而生产这些衣服所用的纺织纤维需要消耗1万亿加仑的水，33万亿加仑的原油和200亿磅的化学物质，而这些服装只有大约20%回收或再利用。新闻媒体AlterNet的报道称服装产业是仅次于石油工业的世界第二大污染行业，生产了全球20%的废水和全球10%的碳排放量。而废水为环境带来的挑战是巨大的，污染的地表水会影响地下水、土壤乃至海洋。另外，全球每年有1280万吨纺织品被废弃，也对环境造成严重污染。

从服装生产的源头看，由于棉花是服装业的重要原料，棉花的生产过程对环境的影响不容忽视。这是由于种植棉花需要大量的土地、水、肥料和杀虫剂；在服装产品的生产过程中（纺织、印染、制作）产生了印染废水、纺织噪声、裁剪边角废弃物等。据统计，纺织印染废水排放约占整个工业废水排放总量的35%。纺织服装工业还需要大量的水，在染料和生产中，化学加工会产生更多的污染。不仅如此，废弃衣物的处理也是一个严峻的问题。

中国循环经济协会数据显示，我国每年大约有2600万吨旧衣服被扔进垃圾桶，此数据预计将在2030年后提升至5000万吨。

资料显示，在全球范围内，大量的时尚产品和服装最终成为垃圾填埋场的废物或被焚烧。仅在美国，每年就有1300万吨衣服被废弃；在英国，每年完全没穿过却被丢弃的衣服多达24亿件，价值高达100亿英镑（约合885亿人民币），平均每户每年要丢掉26件还可以穿的衣服；2018年国际知名品牌博柏利燃烧了价值约2860万英镑（约合2.53亿元人民币）的库存商品，其目的仅是维护商家的品牌形象。由此可见，因时尚而导致的浪费和环境污染是多么惊人。

从时尚本身的特点来看，时尚是一种与时间相关的现象，即在特定时间和背景下的流行表达，具有较强的时效性。从对服装产品的需求特点来看，消费者喜新厌旧、追求时尚的特点在服装产品的需求方面表达得很充分。但从长远的角度看，这显然不利于环境和社会发展。

近些年来，人们对"快时尚"进行了反思，虽然Forever21等快时尚品牌因价格低廉而受到年轻人的追捧，但是这种快时尚带来的产品快速消费和淘汰，引发的严重后果是"过度消费"和浪费，并且损害环境。

从社会大环境来看，当消费主义盛行，人们把追求欲望的满足作为消费的首要目的时，消费者所关注的常常不在于满足现实需要，而在于不断地满足被制造、被刺激的欲望。于是，服装的生产者不得不推出更多、更新颖的服装以迎合消费者的不断膨胀的欲望，打造越来越完美的商业广告，并创造各种流行、潮流，引领时尚趋势，力图诱惑推动消费者进行"买买买"，由此产生各种盲目消费、超前消费和畸形消费。

在这样的背景下，可持续时尚（sustainable fashion）的概念应运而生。

2018年12月8日，在波兰卡托维兹联合国气候变化大会（COP24）上，包括中国纺织工业联合会在内的43个时尚奢侈品行业的品牌和组织签署了新的《时尚业气候行动宪章》，以推动时尚行业的环保进程。从此，更多的国际时尚品牌纷纷将可持续时尚纳入企业发展的战略。

如今，可持续时尚成为时尚圈、服装界、环境保护等领域非常流行的词语，无论是服装的生产者、品牌的所有者（图8-15、图8-16）、设计师，还是企业经营者，从环保专家到普通高校，都在倡导可持续时尚。

图8-15 服装品牌"茵曼"推出环保吊牌，倡导慢时尚——在茵曼衣服的吊牌组合里，印有慢生活语录，并将这些吊牌赋予了再次利用的环保价值，将吊牌DIY做成各种别致的饰品

在我们的日常生活中，"可持续"已成为一种趋势，一种潮流，一种时髦的生活方式，甚至以一种文化现象进入主流视野。比如，你是否在服装店购物付款时看到旧衣回收的标语？你是否注意到常去的咖啡店已将塑料吸管换成可降解吸管？你是否发现时尚品牌正在将废料回收再利用，同时减少动物皮毛的使用？可见，我们身边越来越多的品牌在践行"可持续"的发展，越来越多的人在讨论"可持续"的话题。可持续时尚正在一点一滴渗透人们的生活。

图8-16 我国设计师服装品牌——"江南布衣"（JNBY）以自然主义为基调，追求环保、无污染、健康、舒适，传达"Just Naturally Be Yourself"的品牌哲学

来自瑞士的Freitag品牌创立于1993年，Freitag坚持可持续发展的理念，是环保包袋品牌的先驱。Freitag的核心产品采用回收材料制作的包袋。包体材料来源于回收的卡车篷布；

背带、肩带使用回收的汽车安全带；用来做绳边的橡胶，源自回收的自行车轮胎（图8-17）。

Freitag品牌考虑到回收材料的清洗需要消耗大量的水和化学物质，因此，品牌使用收集的雨水减少水资源浪费，使用秘制清洗剂来减少（没有杜绝）化学试剂的使用。

图8-17 瑞士的环保包袋品牌Freitag

除了生产环节，品牌也对产品的使用和设计进行了思考。Freitag的产品不仅耐用结实，同时通过维修工坊、包袋交换等活动来鼓励消费者减少不必要的消费，以达到尽可能长时间的使用Freitag产品的目的。另外，Freitag品牌还提供客户定制服务，客户可以指定要裁切帆布上哪个部分的图案，裁切不同的位置，顾客自己创作想要的包袋，非常个性化。2021年，Freitag在苏黎世开了一家可以自己做包的"Sweat-Yourself-Shop"新店（图8-18）。与其说这是一家店铺，倒不如说是一家小型的手工坊，人们可以在这里花上个把小时，按照个人创意，亲手设计、裁剪和制作属于自己的卡车防水布包。

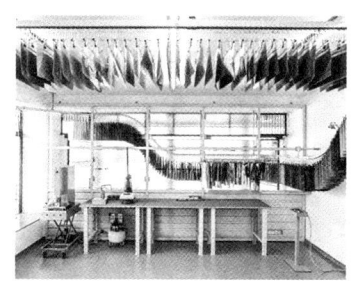

图8-18 Freitag在苏黎世的"Sweat-Yourself-Shop"店

由此，Freitag品牌把环保、绿色消费、废弃物再生利用这些话题从理念、设想和试验发展为一种新的消费潮流。

小知识

"断舍离"

"断舍离"出自日本山下英子所著《断舍离》一书，是指把那些不必需、不合适、过时的东西统统断绝、舍弃，并切断对它们的眷恋，"断舍离"之后才能过简单清爽的生活。2019年12月2日，"断舍离"入选国家语言资源监测与研究中心发布的"2019年度十大网络用语"。作为网络流行语，"断舍离"代表的意思为断绝不需要的东西，舍弃多余的废物，脱离对物品的迷恋。如今，"断舍离"已成为一些人的生活理念，希望通过实现断舍离，能够清空环境、清空杂念，过简单清爽的生活，享受自由舒适的人生。

2.可持续时尚的内涵

可持续时尚（sustainable fashion）的内涵是什么？包含什么内容呢？可谓观点众多，包罗万象。

在维基百科中，可持续时尚的定义是：促进时尚产品和时尚系统向生态更加完整性和社会正义性转变的行为和过程。可持续时尚不仅涉及时尚纺织品或产品，还包含整个时尚系统，这意味着相互依存的社会、文化、生态，甚至金融体系都囊括其中。同时，可持续时尚还需要从许多相关利益者的角度来思考。

有学者认为可持续时尚是指时尚要符合生态文明的要求，对生物多样性、气候变化、公共健康三大危机有责任、有担当、有交代。可持续时尚应遵循3R原则（reduce，reuse，recycle），即减少浪费，再利用，再循环。

还有的观点认为，可持续时尚是经济社会环境的可持续发展，包括可持续产品、可持续潮流及可持续技术三个方面。具体表现是通过可持续的方式进行设计、生产、销售并使用的服装、服饰和配件等，同时，要将这一进程给环境和社会经济带来的冲击放在考虑范围之内。从业人员必须依照可持续的标准，持续改进产品的整个生命周期，包括设计、原材料生产、生产、运输、储存、市场营销，最后的销售、产品的使用、再利用、维修、翻新，每个环节都有其特定的可持续效果。

与可持续时尚相关的几个概念包括：

（1）"可持续服装"指的是环保的，而不是高污染和高排放的服装产品。在服装原材料使用上，考虑材料的可持续性，多使用天然纤维，这包括植物纤维，如棉花、麻、竹子、大豆等，以及动物纤维，如羊毛、兔毛、鸭绒、蚕丝等。服装产品的生产应该减少对环境的消极影响，如水污染、大气污染、气候破坏、动物危害等。

（2）"可持续潮流"是一种可再生的潮流，具有低排放、低消耗、高强度利用的特点。从潮流趋势看，"慢时尚"可以算得上可持续时尚的一种体现，"慢时尚"更倾向采用自然材质，更注重品质，更加注重环保与可持续发展。从环境的角度来看，"慢时尚"意味着减少使用的衣服和工业废料。因此，"慢时尚"反映了一种尊重人类生活条件、生物、文化多样性和全球稀缺资源的观点。

（3）"可持续技术"是指"可持续"的技术潮流。技术革新的主要功能之一应该是防止污染，减少能源消耗，提高回收利用的旧衣物的效率，也包括使用新的标签技术，降低产品的成本等。

2023年，奢侈品牌葆蝶家（Bottega Veneta）开展名为"Bottega for Bottegas"的全球工艺扶持项目重申手工艺的重要性，致力于为世界各地的创意工坊提供支持和帮助，还为旗下手袋提供终身保修服务（图8-19）。

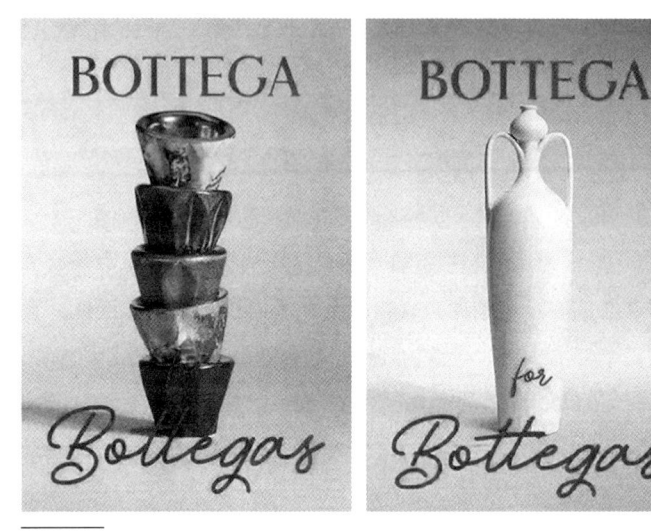

图8-19 葆蝶家开展 Bottega for Bottegas 的全球工艺扶持项目

因此，企业的可持续发展并不仅限于产品本身，还应该覆盖研发、供应链等。

另外，从消费端来说，消费者对"可持续"更加重视，消费者在选择产品时，更倾向于选择信息透明化、公开化，以及品牌具有可持续理念和价值观的品牌。

日常消费中，消费者自身可以践行可持续消费理念，参与可持续时尚消费的活动，增强对环境保护的认知。例如，通过"服装交换"可以促进服装的再利用和再循环，将衣服从一个消费者手中交换到另一个消费者手中，这样就不再使用新的原材料来制造更多的服装。通过这样的方法，为消费者最终节省金钱和时间。

提高产品的使用寿命是另一种可持续性方法。高端品牌长期以来一直通过产品服务系统来支持其产品的使用寿命，如户外夹克的重新打蜡、昂贵手提袋的维修、天然毛皮的清洁护理与再生设计等。这些商品会让消费者长久保留、珍惜并且常常穿着该服装，甚至可以传给下一代。众所周知，产品的质量反映了其生命周期的长短，一些质量优良且做工时尚的服装，是具备耐久性且蕴含情感因素进行传承的。

另外，消费者还可以通过有效的衣物回收来实施可持续时尚的行为，包括从旧货店或出售二手服装的商店购买衣服，或将旧衣服捐赠给慈善机构，以便重复使用或转售；也包括减少丢弃的衣物数量，以及减少农业化学品对生产常规纤维作物（如棉花）的环境影响。

小知识

动物福祉

动物福祉指的是能以同理心给动物提供满足心理健康、身体健康和适应生存的环境，使其基本的自然需求能够被满足。根据国际人道协会的统计，时尚产业为了制造毛皮大衣、帽子、手套等服饰，每年在全球范围内会杀死约1亿只动物。奢侈品集团开云（Kering）集团对此积极响应，陆续发布了相关的动物福祉准则，包括不再使用动物皮毛原料生产产品等。

2022年，R.I.S.E.可持续时尚实验室发布的《时尚行业可持续行动指南》指出："'可持续时尚'不但涵盖对环境生态的影响，也关乎制造过程中劳工、动物的福祉以及地区发展。与产品、生产制造过程、活动和行为者（决策者、品牌、消费者）紧密相关，不仅关注时尚产品（纺织品、服装、包袋、鞋履、配饰等），更关注时尚产业整个价值链中设计研发、生产制造、消费使用和回收各个环节的多方共同参与，包括消费者对于可持续时尚产品消费的理解与支持。"

> **小知识**
>
> **R.I.S.E.可持续时尚实验室**
>
> R.I.S.E.可持续时尚实验室由全球关注社会创新和可持续发展最大的平台之一 Impact Hub 在上海发起，旨在与来自品牌方、生产者、零售生态等方面的创新行动者和推动者合作共创，通过"洞察""连接"和"倡导"，帮助时尚产业更好地推动自身可持续发展；同时，还通过发起 RERISE 可持续时尚消费决策引导平台，促进品牌方与消费者的良性互动，让更多人参与到时尚行业的可持续变革中，推动时尚行业更加理性、包容、智能和生态友好。

美体小铺（The Body Shop）是一家提供面部肌肤及身体护理产品的零售商，从1976年在英国开办第一家店开始，如今 The Body Shop 已经在全球50个国家和地区拥有超过2000家分店。每年有7700万名顾客购买它的产品。The Body Shop 还被英国消费者协会评为第二大值得信赖的品牌。The Body Shop 拥有600多种头发和皮肤护理产品，还有400多种附属产品，其著名产品为包括生姜头皮护理系列、茶树系列、乳木果系列与竹炭系列在内的个人清洁、护肤及美体产品（图8-20）。

The Body Shop 的创始人安妮塔·罗迪克是一位坚定的环保主义者，在她的坚持下，The Body Shop 所有产品的原料全部取自大自然。它开发的苦瓜洗面奶、海藻洗发露、巴西豆护发乳、雨林沐浴球等都是纯天然制品。这些产品的外包装也同样朴实无华,有着英国品牌的独特风格,没有法国化妆品所

图8-20 The Body Shop生姜头皮护理产品和茶树精油

强调的精致华丽。另外,美体小铺在包装上提倡"3R原则",即"Recycle""Reuse"和"Refill",以此来支持环保。

3.可持续时尚的实践

近年来,消费者对时尚行业的可持续发展越发关注。2019年,"可持续时尚"在互联网的搜索量比2016年增加了3倍以上,预计这一趋势将持续增长。在麦肯锡公司的调查中,约66%的受访者表示他们在购买奢侈品时会考虑可持续性。同时,中国消费者正处在从消费主义向可持续生活方式过渡的文化迁徙,根据R.I.S.E.可持续时尚实验室发布的2021年《中国可持续时尚消费人群行为图谱》发现,高达79%的中国受访者已认识到现代时尚行业的污染,并有93%的受访者赞成"应该购买或使用具有可持续性的产品"。

根据动物保护团体FOUR PAWS于2021年的调查显示,有64%的成年人意识到时尚产业存在虐待动物的行为。除此之外,动物福利也已经成为消费者选择品牌的关键因素,37%的消费者表示自己会优先选择重视动物福利的时尚品牌,更有近九成

的消费者希望品牌能够重视动物的保护。

从反皮草反浪费运动，到回收废旧纸制品和用塑料瓶制成时尚单品，奢侈品品牌一直都是环保话题争议的焦点。消费者在购买奢侈品和服务时，是否会考虑到道德和可持续发展问题？要是放在几年前，答案一定是"不会"。过去，消费者看重的是奢侈品的稀缺性和独特性，品牌效应往往是奢侈品营销策略的基石。换句话说，消费者在意自己穿戴的品牌本身，而不太会关注产品本身的质量和可持续性。现如今，消费者的关注点发生了变化，而可持续成为越来越多的消费者购买的关注点。

时尚奢侈品巨头法国开云集团是时装界的领军企业。2013年，开云集团在意大利米兰成立了一家创新材料实验室，至今已拥有3000余种可持续发展的可再生材料，以保证设计师能够从根本上实现可持续发展，并通过对优秀设计师的影响力来实现可持续发展。

其他如意大利奢侈品牌普拉达，采用美国可持续布料制造商Aquafil的技术，将废弃塑料、渔网和纺织纤维的废料提炼纯度，以此产生了再生尼龙系列产品。

2019年9月，在米兰国际时装周期间，古驰举办了一场别开生面的碳中和时装秀；乔治·阿玛尼将本季系列主题取名为"地球"；芬迪展现的是天然的海边夏日，营造自然的氛围；

2021年10月，英国奢侈品品牌博柏利和一个二手奢侈品寄卖网"RealReal"建立了伙伴合作关系，旨在通过回收的方式促进可持续的流行趋势。在可持续发展战略的基础上，进入二手交易市场。通过回收再利用，使其产品寿命更长。

2022年，芬迪推出了一款名为零污染的法棍手袋（Baguette），该手袋采用天然植物染料染色而成。路易威登推出的大尺寸旅行包毛毡Multicolored Keepall手袋采用有机棉、再生羊毛、再生皮革、再生涤纶等环保材质制成（图8-21）。

珠宝品牌卡地亚（Cartier）则推出了由苹果废料加工而成的Tank Must表款，并称表带的制作过程可节省水资源达十升，节省的能源可完成约200次智能手机充电，相当于节约六倍的碳排放。

图8-21 路易威登的Multicolored Keepall产品由再生涤纶线组成的提花编织而成

此外，博柏利将可持续发展定为品牌的战略目标，计划到2030年碳排放减少46%，并开发项目以支持其他企业的减排进程。

可持续时尚的实践不仅存在于奢侈品大牌。随着消费者的环保意识越来越强，绿色环保成为牛仔裤时尚界竞争的一个热点，如何才能减少牛仔裤对环境的污染成为时尚行业的新命题。

也许很多人并不知道，生产一条牛仔裤会造成大量的污染和浪费。例如，牛仔裤的蓝色来自含有化学成分的靛蓝染料，而这种靛蓝在水中的溶解性很差，这就意味着牛仔裤在制造及消费者在清洗牛仔裤的过程中，会不断有靛蓝染料流入河流，而它们不能够溶解，这就造成了水污染。同时，在牛仔裤的制作工艺中，浸染、水洗等多个环节涉及大量用水，消耗大量水资源。

美国牛仔裤品牌李维斯（Levi's）的技术人员发现，可以在

不同的工艺环节中使用新技术，这样能显著减少牛仔裤的用水量。于是推出一组名为"省水牛仔"的产品（图8-22）。李维斯在新出的牛仔裤上增加"生态标签"吊牌，在标签上说明整条牛仔裤的整个生产过程使用的资源和能源，间接说明对环境的影响。并标明牛仔裤并不需要天天洗，甚至不需要每个星期洗一次，在持续穿着的状态下，只要两个星期洗一次就足够了。

图8-22 李维斯推出"省水牛仔"系列产品

其他牛仔裤品牌正考虑使用有机染料代替传统的工业染料靛蓝。当然，自然染料的成本更高，但是对于减少污染的贡献是非常可观的。例如，来自瑞典的环保牛仔裤品牌 Nudie Jeans 生产的有机牛仔裤，其价格一般为200～300美元，虽然售价很高，但其销量正在上升。

在我国的服装品牌中，重视并贯彻可持续时尚理念的品牌正在不断增多。

之禾（ICICLE）品牌创立于1997年，总部位于上海。旗下有ICICLE女装、ECOBABE婴孩装，ICICLE HOMME男装。自创立之初，品牌即坚持以舒适环保通勤为理念，致力于为年轻的中产阶级提供高质量、易打理的纯天然通勤装。之禾的目标是将品牌打造成为中国有代表性的高端环保品牌（图8-23）。

2021年8月，之禾发布2021秋冬"Natural Way自然之道"系列。作为该系列的发布地点，之禾来到"艺术在浮梁"举办地江西省景德镇市的浮梁县寒溪村史子园，旨在聚焦寒溪村中

图8-23 之禾品牌官网2023春夏"树木有灵"体现其可持续经营理念

的日常生活场景，借艺术之动能，以服装为载体，用现代时尚语言诠释自然观，唤醒人们内心对自然之美的共鸣。

相应地，之禾2021秋冬"Natural Way自然之道"系列产品采取天然的可持续理念，选用可持续的天然材质，与大地紧密联系。其中，原色系列面料减少染色过程中化学制剂使用带来的污染及减少了水资源的使用；内搭长裙及上衣采用的环保真丝，在桑叶的培植过程中不喷洒对环境有害的农药。同时，之禾还将整个"大地调色盘"系列升级，欧根纱专利技术使软糯的羊绒大衣更具风骨，不仅让系列所创造的都市风格与乡村的质朴生活产生情感联结，更为巧妙地呼应了新农村建设中的呈现出来的厚重、广袤、生机与缤纷色彩。

之禾品牌提出"Made in Earth"口号，其产品主要采用羊绒、羊毛、亚麻、真丝和棉，采用环保技术和天然提取物加工面料，给予环境最大的尊重，做到不浪费原料，不追逐潮流，展现了品牌与自然和谐共生的愿景，其自然、简单、舒服、不追求过度的时髦感的品牌调性吸引一大批顾客。

歌力思（ELLASSAY）品牌成立于1996年，是中国高级时装知名品牌。歌力思的目标是成为有国际竞争力的高端时装品牌，同时，也致力于成为一家有社会责任感的企业，提出"可持续时尚是一种责任,要长远地去坚持"的发展使命(图8-24)。

图8-24 歌力思把"可持续时尚"列在官网首页

歌力思的首席时装总监Dominique Simard指出:"我们还有很多目标要完成,但有了坚定的可持续发展领导决心,和充满活力、矢志不渝的团队,我们一定可以做到。任重道远!"歌力思集团授予Dominique Simard "集团首席可持续时尚官"称号,并启动可持续宣讲,将可持续发展理念真实融入时尚创意,让时尚兼具美与社会责任感。在Dominique Simard的带领下,可持续时尚将不仅仅停留在品牌的意识层面,而是从服装设计、供应链、仓库环境到公司的团队建设、办公设计,全方位推进转型。

2021年,歌力思集团正式加入《时尚公约》全球联盟与世界各地的时尚集团及品牌(如Kering、Chanel、Burberry、Hermes等)分享可持续时尚的经验和行业资源。2022歌力思推出可持续环保系列服装,探寻环保与时尚的和谐共生,采用天然染色工艺,打造知性通勤单品,释放都市女性的率性与优雅,力做低碳环保践行者。

另一个我国可持续时尚的践行者是鄂尔多斯品牌。作为中国羊绒行业的风向标，鄂尔多斯在2017年正式将可持续设定为集团的战略重点之一，2019年鄂尔多斯发布中英文双语的ERDOS WAY——鄂尔多斯可持续时尚宣言，覆盖供应链、品牌、员工三大层面，八个方面的行动指引和目标，包括从源头上建设超细羊绒牧场、保护培育山羊品种，到生产环节引进全新技术和生产模式，以及在零售终端通过创新产品与各种活动和消费者达成持续沟通，鄂尔多斯将可持续时尚贯穿于产业链全程。2022年，鄂尔多斯集团荣获"可持续时尚绿色产业突破奖"。

2006年，鄂尔多斯创立高端羊绒品牌"1436"，在内蒙古鄂托克旗建立了阿尔巴斯山羊核心保护区（图8-25），邀请专家对该品种山羊进行保种改良，以期守住这条"软黄金"命脉，保住"火种"。同时，因为高品质羊绒产量低，为引导牧民不要为了产量去变种，"1436"一直在坚持对高品质羊绒的高价收购。

图8-25 鄂尔多斯品牌专属的"1436超细羊绒牧场"

在可持续时尚推进过程中，鄂尔多斯通过多品牌策略与消费者建立持久、高频的链接，通过上千家店铺，构成了细密而广泛的触点，来传递可持续时尚的理念，引导消费者更理性地消费。

2018年11月，"鄂尔多斯"启动"大衣换小衣"项目。顾客只要将旧的鄂尔多斯成人羊绒衫送到鄂尔多斯门店，就可以收到由此改做的同款童装产品。比如将妈妈的衣服改成女儿的，爸爸的衣服改成儿子的，甚至把姥姥的衣服改成外孙女的。此举的意义不仅在于"废物利用"，给予羊绒衫第二次生命，而且可以将其中蕴藏的温暖情感代代相传。2020年，鄂尔多斯荣获"THE GCFA ECO STEWARDSHIP AWARD绿毯生态保护奖"，这也是"时尚界的奥斯卡"首次授予中国品牌。

2021年7月，鄂尔多斯集团推出制作的纪录片《羊绒之致》（图8-26），以鄂尔多斯羊绒产业发展为缩影，展现了羊绒从草原到生产加工，再到成衣的完整产业链传递的旅程，每一个镜头都呈现出对草原、动物、生产者等全链条生态参与者的情感，展现鄂尔多斯正成为可持续时尚的有力推动者。

图8-26　鄂尔多斯推出纪录片《羊绒之致》来推动可持续时尚

当下，越来越多的消费者开始关注时尚产业背后的事实与真相，重视并参与到可持续时尚的消费中。对时尚品牌而言，道德标准正在成为品牌建设中至关重要的一环，在未来它将会成为消费者购买的先决条件之一。那么，可持续时尚不仅成为时尚品牌重要的营销策略，时尚品牌还可以通过多种方式提升其可持续性，包括提升产品的绿色设计，选择环保原材料，使用清洁能源，废料再利用，推动循环经济与共享经济模式等，可持续正在成为当下时尚品牌竞争开展的新战场。

参考文献

[1] 余燕.买下蒂芙尼[M].重庆:重庆大学出版社,2022.

[2] 吴小杰,贾荣林.北京时尚产业发展蓝皮书(2022)[M].北京:中国纺织出版社有限公司,2022.

[3] 科特勒,凯勒,切尔内夫.营销管理[M].16版.陆雄文,等译.北京:中信出版社,2022.

[4] 卢曦.时尚永不眠[M].杭州:浙江大学出版社,2020.

[5] 欧家锦.奢侈品在中国[M].北京:中国经济出版社,2020.

[6] 赵平,蒋玉秋,吴琪.服装心理学概论[M].3版.北京:中国纺织出版社有限公司,2020.

[7] 鹫田清一.衣的现象学[M].曹逸冰,译.北京:新星出版社,2018.

[8] 弗里尔.穿衣的基本[M].丁晓倩,译.北京:中信出版社,2018.

[9] 王伊千,李正,于舒凡,等.服装学概论[M].3版.北京:中国纺织出版社,2018.

[10] 艾瑞里.怪诞行为学[M].赵德亮,夏蓓洁,译.北京:中信出版社,2017.

[11] 格里格,津巴多.心理学与生活[M].19版.王垒,等译.北京:人民邮电出版社,2016.

[12] 叶奕乾,何存道,梁宁建.普通心理学[M].5版.上海:华东师范大学出版社,2016.

[13] 崔丽娟.心理学是什么[M].北京:北京大学出版社,2015.

[14] 所罗门,拉博尔特.消费心理学[M].2版.北京:中国人民大学出版社,2014.

［15］迈尔斯.心理学［M］.9版.黄希庭,等译.北京:人民邮电出版社,2013.

［16］王官诚,汤晖,万宏.消费心理学［M］.2版.北京:电子工业出版社,2013.

［17］巴宾,哈里斯.消费者行为学［M］.李晓,等译.北京:机械工业出版社,2011.

［18］程素萍,林慧莲.心理学基础［M］.北京:高等教育出版社,2011.

［19］布莱克韦尔,米尼德,恩格尔.消费者行为学［M］.10版.吴振阳,等译.北京:机械工业出版社,2010.

［20］程建强,黄恒学.时尚学［M］.北京:中国经济出版社,2010.

［21］赵云泽.中国时尚杂志的历史衍变［M］.福州:福建人民出版社,2010.

［22］鲍德里亚.象征交换与死亡［M］.车槿山,译.南京:译林出版社,2006.

［23］西美尔.时尚的哲学［M］.费勇,等译.北京:文化艺术出版社,2001.

［24］让·波德里亚.消费社会［M］.南京:南京大学出版社,2000.

［25］陈文晖,刘传岩.北京时尚产业发展及未来展望［J］.科技智囊,2022,315（8）:4-11.

［26］张洵.从化繁为简到挑战极限泳装发展史［J］.文明,2017（4）:134-151,6.

[27] 田超杰.时尚消费价值建构与实证研究——基于双因素情绪模型［J］.中国流通经济,2013,27（5）:87-94.

[28] 张建.试谈时尚消费的传媒叙事［J］.长江师范学院学报,2009,25（5）:75-78.

[29] 孙沛东.论齐美尔的时尚观［J］.西北师大学报（社会科学版）,2008（6）:95-99.

[30] 徐远峰.符号消费意义建构的实证研究［D］.长沙:中南大学,2006.

[31] 汪新建,吕小康.时尚消费的文化心理机制分析［J］.山东大学学报（哲学社会科学版）,2005（2）:155-160.

[32] 王新新.意义消费与符号价值［J］.经济管理,2003（9）:53-55.

[33] 周晓虹.时尚现象的社会学研究［J］.社会学研究,1995（3）:35-46.

彩图 16　潘通公布"非凡洋红"为2023年度流行色

彩图 17　蒂芙尼蓝色经典礼盒

彩图 18　蒂芙尼 The Blue Box Cafe 主题咖啡店

彩图 19　下陷的地板？

彩图 20　蒂芙尼推出的T1系列产品彰显蒂芙尼的勇气、力量和乐观